本书由
中央高校建设世界一流大学（学科）
和特色发展引导专项资金
资助

中南财经政法大学“双一流”建设文库

创｜新｜治｜理｜系｜列｜

真实型领导作用机制研究

韩 翼 著

中国财经出版传媒集团
中国财政经济出版社

图书在版编目（CIP）数据

真实型领导作用机制研究／韩翼著．--北京：中国财政经济出版社，2019．12
（中南财经政法大学“双一流”建设文库．创新治理系列）
ISBN 978-7-5095-9389-9

Ⅰ．①真…　Ⅱ．①韩…　Ⅲ．①企业领导学　Ⅳ．①F272．91

中国版本图书馆CIP数据核字（2019）第246446号

责任编辑：王芝文　　　　责任校对：李　丽
封面设计：陈宇琰

真实型领导作用机制研究

ZHENSHIXING LINGDAO ZUOYONG JIZHI YANJIU

中国财政经济出版社 出版

URL：http：//www.cfeph.cn

E-mail：cfeph@cfemg.cn

社址：北京市海淀区阜成路甲28号　邮政编码：100142

营销中心电话：010-88191537

北京财经印刷厂印装　各地新华书店经销

787×1092毫米　16开　16印张　256 000字

2019年12月第1版　2019年12月北京第1次印刷

定价：72.00元

ISBN 978-7-5095-9389-9

（图书出现印装问题，本社负责调换）

本社质量投诉电话：010-88190744

打击盗版举报热线：010-88191661　QQ：2242791300

总　序

“中南财经政法大学‘双一流’建设文库”是中南财经政法大学组织出版的系列学术丛书，是学校“双一流”建设的特色项目和重要学术成果的展现。

中南财经政法大学源起于1948年以邓小平为第一书记的中共中央中原局在挺进中原、解放全中国的革命烽烟中创建的中原大学。1953年，以中原大学财经学院、政法学院为基础，荟萃中南地区多所高等院校的财经、政法系科与学术精英，成立中南财经学院和中南政法学院。之后学校历经湖北大学、湖北财经专科学校、湖北财经学院、复建中南政法学院、中南财经大学的发展时期。2000年5月26日，同根同源的中南财经大学与中南政法学院合并组建“中南财经政法大学”，成为一所财经、政法“强强联合”的人文社科类高校。2005年，学校入选国家“211工程”重点建设高校；2011年，学校入选国家“985工程优势学科创新平台”项目重点建设高校；2017年，学校入选世界一流大学和一流学科（简称“双一流”）建设高校。70年来，中南财经政法大学与新中国同呼吸、共命运，奋勇投身于中华民族从自强独立走向民主富强的复兴征程，参与缔造了新中国高等财经、政法教育从创立到繁荣的学科历史。

“板凳要坐十年冷，文章不写一句空”，作为一所传承红色基因的人文社科大学，中南财经政法大学将范文澜和潘梓年等前贤们坚守的马克思主义革命学风和严谨务实的学术品格内化为学术文化基因。学校继承优良学术传统，深入推进师德师风建设，改革完善人才引育机制，营造风清气正的学术氛围，为人才辈出提供良好的学术环境。入选“双一流”建设高校，是党和国家对学校70年办学历史、办学成就和办学特色的充分认可。“中南大”人不忘初心，牢记使命，以立德树人为根本，以“中国特色、世界一流”为核心，坚持内涵发展，“双一流”建设取得显著进步：学科体系不断健全，人才体系初步成型，师资队伍不断壮大，研究水平和创新能力不断提高，现代大学治理体系不断完善，国际交流合作优化升级，综合实力和核心竞争力显著提升，为在2048年建校百年时，实现主干学科跻身世界一流学科行列的发展愿景打下了坚实根基。

“当代中国正经历着我国历史上最为广泛而深刻的社会变革，也正在进行着人类历史上最为宏大而独特的实践创新”，“这是一个需要理论而且一定能够产生理论的时代，这是一个需要思想而且一定能够产生思想的时代”①。坚持和发展中国特色社会主义，统筹推进“五位一体”总体布局和协调推进“四个全面”战略布局，实现“两个一百年”奋斗目标、实现中华民族伟大复兴的中国梦，需要构建中国特色哲学社会科学体系。市场经济就是法治经济，法学和经济学是哲学社会科学的重要支撑学科，是新时代构建中国特色哲学社会科学体系的着力点、着重点。法学与经济学交叉融合成为哲学社会科学创新发展的重要动力，也为塑造中国学术自主性提供了重大机遇。学校坚持财经政法融通的办学定位和学科学术发展战略，“双一流”建设以来，以“法与经济学科群”为引领，以构建中国特色法学和经济学学科、学术、话语体系为己任，立足新时代中国特色社会主义伟大实践，发掘中国传统经济思想、法律文化智慧，提炼中国经济发展与法治实践经验，推动马克思主义法学和经济学中国化、现代化、国际化，产出了一批高质量的研究成果，“中南财经政法大学‘双一流’建设文库”即为其中部分学术成果的展现。

文库首批遴选、出版二百余册专著，以区域发展、长江经济带、“一带一路”、创新治理、中国经济发展、贸易冲突、全球治理、数字经济、文化传承、生态文明等十个主题系列呈现，通过问题导向、概念共享，探寻中华文明生生不息的内在复杂性与合理性，阐释新时代中国经济、法治成就与自信，展望人类命运共同体构建过程中所呈现的新生态体系，为解决全球经济、法治问题提供创新性思路和方案，进一步促进财经政法融合发展、范式更新。本文库的著者有德高望重的学科开拓者、奠基人，有风华正茂的学术带头人和领军人物，亦有崭露头角的青年一代，老中青学者秉持家国情怀，述学立论、建言献策，彰显“中南大”经世济民的学术底蕴和薪火相传的人才体系。放眼未来、走向世界，我们以习近平新时代中国特色社会主义思想为指导，砥砺前行，凝心聚

① 习近平：《在哲学社会科学工作座谈会上的讲话》，2016年5月17日。

力推进“双一流”加快建设、特色建设、高质量建设，开创“中南学派”，以中国理论、中国实践引领法学和经济学研究的国际前沿，为世界经济发展、法治建设做出卓越贡献。为此，我们将积极回应社会发展出现的新问题、新趋势，不断推出新的主题系列，以增强文库的开放性和丰富性。

“中南财经政法大学‘双一流’建设文库”的出版工作是一个系统工程，它的推进得到相关学院和出版单位的鼎力支持，学者们精益求精、数易其稿，付出极大辛劳。在此，我们向所有作者以及参与编纂工作的同志们致以诚挚的谢意！

因时间所囿，不妥之处还恳请广大读者和同行包涵、指正！

中南财经政法大学校长

摘　要

在过去50年间，领导学学者已经发表了数千篇研究文章试图探讨伟大的企业领导者的卓越风格、魅力或个性特征，但没有一个研究产生一个清晰的画像。虽然许多学者都非常认可有关领导的研究已有所积累和成就，并且出现了众多领导理论丛林，但领导理论与思潮的嬗变也在不断演进之中。近年来出现的公司丑闻和管理渎职现象，引起了人们对领导者的信任危机，也引发了人们对领导者道德、社会责任及其真实问题的重新思考。一些组织行为学家以领导学、道德学、积极心理学及积极组织学等领域的相关研究为基础，提出了一种全新的领导理论，即真实型领导理论。由于其在企业中的广泛应用，如何有效发现、开发和培养领导者真实性成为许多学者和实践界关注的重要课题。因此，研究真实型领导的作用机制及其有效性显得非常重要。本书以一般员工为研究对象，对真实型领导进行测量，在此基础上，分别对真实型领导形成机制、干预机制和效应机制进行研究。

全书共分十章，概括为四个部分：概述部分、理论研究部分、实证研究部分、总结与展望部分，其中概述和理论研究部分由第一章、第二章、第三章和第四章组成，实证研究由第五章、第六章、第七章、第八章、第九章组成，总结与展望部分由第十章组成。

第一章主要交代了研究的背景、研究意义、研究范围、研究方法、研究框架以及研究创新，目的是对全文起一个概括作用。

第二章主要对真实型领导概念基础进行理论阐述，阐释真实型领导研究起源、概念区别、相关边界，并对与真实型领导相关的概念进行差异化分析。

第三章主要对真实型领导当前研究进行综述和评价，从真实型领导构念维度出发，先后分析了有关真实型领导决定机制和效应机制的研究，最后进行了评价。

为了更深刻地理解真实型领导的构念维度及其测量，第四章继续就真实型领导构念维度进行详细分析。在考察构念含义的同时，对构念形式进行分类。在此基础上，本章对当前有关真实型领导测量模型进行理论性的质化分析。

第五章、第六章、第七章、第八章、第九章主要是对真实型领导效应机制进行研究。第五章、第六章探索真实型领导对组织承诺的影响，第七章、第八章考察真实型领导对员工创造力和创新的影响，第九章则是检验真实型领导对任务绩效和关系绩效的影响。

第五章通过实证研究探讨真实型领导与组织承诺之间的关系。验证性因素分析显示，真实型领导、组织承诺、心理授权和圈内人感知能够有效区分为四个独立变量。在此基础上，通过回归分析发现，真实型领导与组织承诺、心理授权、圈内人感知呈现正相关关系，心理授权在真实型领导和组织承诺之间起中介作用。此外，圈内人感知修正真实型领导和心理授权之间的关系。

在第五章基础上，第六章继续通过实证研究探讨真实型领导与组织承诺之间的关系。研究发现，真实型领导与组织承诺、心理资本、政治技能四个变量区分效度良好，并且相互之间呈现正相关关系。此外，心理资本在真实型领导和组织承诺关系起中介作用，而政治技能在真实型领导和心理资本关系间起调节作用。

第七章通过对297份电力企业领导者及员工的配对问卷调查，试图探讨真实型领导对员工创新行为的影响机制，尤其是心理资本在二者间的中介作用和领导成员交换的调节作用机制。本章验证了真实型领导、领导成员交换（LMX）、心理资本和创新行为各概念的区分效度。层次回归分析结果表明，真实型领导与员工创新行为显著正相关，心理资本在两者间起完全中介作用，而领导成员交换在两者间起调节作用。

第八章通过对198名企业员工进行问卷调查，探讨真实型领导如何通过自我效能感对员工创造力产生影响。在信度和效度分析基础上，运用结构方程模型对假设模型进行验证。研究发现，真实型领导总体及其四个维度：关系透明、内化道德、平衡信息加工和自我意识均对员工自我效能感和创造力有显著的正向预测作用。并且自我效能感在真实型领导影响员工创造力过程中起完全中介作用。

第九章检验了真实型领导对员工任务绩效和关系绩效的影响，并分析了自我效能感在二者间的中介作用以及领导成员交换在真实型领导和自我效能感之间的调节作用。回归分析发现，自我效能感在真实型领导影响关系绩效过程中起部分中介作用，在真实型领导和任务绩效之间起完全中介作用。加入标准化的相应变量检验领导成员交换在真实型领导影响自我效能感过程中的调节作用发现，调节效应不显著。

最后，本书第十章根据文献综述、理论研究和实证研究结果提出了有针对性的管理对策，并指出本书的研究局限和研究展望。本书研究认为，企业必须重视促进真实型领导的产生，并不断培养员工自我效能感和心理资本，营造积极的组织文化氛围，建立良好的领导成员互动关系，培育领导卓越的政治技能，才能够从一定程度改善员工工作态度，提高工作绩效，提升创造力水平。

本书为国家自然科学基金项目“领导拒谏研究：构念、认知评估过程与双刃剑效应”（项目号：71972181）的阶段性成果。

目 录

第一章 绪　　论

第一节 研究背景

一、世界范围内对真实型领导的关注

在如今这个变动不居和充满挑战的时代，组织为了求生存、谋发展，其领导者[①]的自信、乐观、满怀希望、富有意义感、在灾变事件面前的坚韧、与企业所有利益相关者（包括下属、客户、股东及整个社会）建立积极的、真实的、伦理的、透明的关系等风格显得尤为重要（Luthans、Youssef 和 Avolio，2007）。美国《时代》杂志2002年的一项调研表明，企业逐渐失落了领导，更确切地说是失去了领导的真实性。71%的人认为企业高管层的真实性比普通人要低些。在对一些知名企业的调研评估中，72%的认为他们的道德水平很一般。在如此严峻的事态面前，大多数一流企业的领导者对此视而不见、充耳不闻（George，2003）。

在过去50年间，领导学者已经发表了超过1000篇的研究文章试图探讨伟大领导者的卓越风格（definitive styles）、魅力或个性特征，但没有一个研究产生一个了清晰的画像。“你必须是你，而不是其他人”，成为真实型领导最好的注脚。此外，近年来出现的公司丑闻和管理渎职现象，引起了人们对领导者的信任危机，也引发了人们对领导者道德、社会责任及其真实问题的思考（George，2003、2007）。鉴于此，组织行为学家 Luthans 等人（2003）以领导学、道德学、

① 本书研究的是以企业为代表的各类社会组织的领导学问题，因此，非注明的“领导”一词主要指的是企业领导。

积极心理学及积极组织学等领域的相关研究为基础，提出了一种全新的领导理论，即真实型领导（Authentic Leadership）理论（Luthans 和 Avolio，2003）。著名的盖洛普领导研究中心还于2004年6月在内布拉斯加州举行了一次峰会，专门探讨真实型领导及其发展问题。会议的目的就是促进来自不同背景的学者和实际管理者的交流，加速与诚信领导和诚信下属相关的基础理论和原创性观点的产生和发展。大会收到了80余篇理论文章，其中的7篇通过杂志 The Leadership Quarterly 的标准论文审核程序后，发表于2005年16期的“真实型领导”特刊上。盖洛普领导研究所大会的召开及其会议成果的陆续发表，显示了真实型领导理论已得到西方学者的充分重视（Avolio 和 Gardner，2005；韩翼、杨百寅，2009）。

自此之后，研究者陆续发表相关文章，2003—2010年间共发表文章91篇。2007年之后，发表的文章呈快速递增态势，这些文章列示于表1－1。

表1－1　　有关真实型领导的文章

	时间					
	2003年前	2003—2004年	2005—2006年	2007—2008年	2009—2010年	整体
发表类型						
定量	1	0	1	2	5	9
定性	2	0	3	3	8	16
质化研究						
数据收集方法						
焦点团队			1	1		2
案例研究	1			1	1	3
访谈					2	2
叙事					2	2
参与者观察					1	1
研究国家						
澳大利亚				1	1	2
新西兰					1	1
瑞士				1		1
美国	1		1		1	3
中国						

续表

	时间					
	2003年前	2003—2004年	2005—2006年	2007—2008年	2009—2010年	整体
没有报告					1	1
量化研究						
研究策略						
现场研究-第一步	2		3	3	6	14
现场研究-第二步					1	1
访谈				1		1
问卷调查	2		2	3	8	15
量表开发	1			1		2
研究国家						
加拿大					3	3
中国				1	1	2
新加坡					1	1
美国	2		2	1	3	8
没有报告			1	2		3
混合报告				1		1
时间框架						
水平研究	2		3	1	6	12
纵向研究				2	2	4
分析层次（结果变量）						
个体	1		3	2	7	13
组织	2				2	4

根据文献 Gardner，Cogliser，Davis，Dickens（2011）. Authentic Leadership：A Review of The Literature and Research Agenda. The Leadership Quarterly，2011，22：1120－1145 及其他相关文献整理。

二、领导力新变化和中国现实情境

在中国，企业出世快，消失也快。例如，全国每年新生 15 万家民营企业，但同时每年又消失 10 万多家；民营企业有 60% 在 5 年内破产，有 85% 在 10 年内消失。为什么中国的民营企业如此地“短命”？一个根本的原因就是部分民营企业和企业家喜欢弄虚作假，通过随意编造经营业绩、制造良好的企业数据、上市圈钱、操纵基金、欺骗股民和诈骗民众等经营手段已经成为一些企业发财的重要途径。当市场日益成熟起来以后，市场的选择功能和淘汰功能也强大了，微利取代暴利，消费者主权取代生产者主权，买方取代卖方，缺乏诚信的企业和企业家得不到民众的承认，最终就会被淘汰出局（张悦，2003）。变迁之中的中国企业的领导者往往由于权力失范、道德失范和财富失范，造成单位的重大损失（朱力，2006）。真实型领导研究在中国背景下具有特殊意义，因为中国是一个讲究诚信和道德的国家，中国人对领导的定义在P（绩效）、M（维持）之外，必须包含“德”和真实（诚信）的因素（凌文辁、陈龙、王登，1987）。在中国几千年历史长河中，真实和诚信一直为儒家思想所倡导，并为学者们所关注（陈丽君、王重鸣，2006）。在当代中国社会，真实型领导更成为社会前进的一面旗帜（韩翼、杨百寅，2011）。中国人力资源网近期的调查发现，近九成人士拥戴真实型领导（陈晓萍，2005）。另一方面，中国是一个讲究面子和权力的国家，领导在决策或主张时，通过工具性关系、情感性关系和混合性关系三种取向实行差异性决策：公平法则、信任法则和人情法则，考虑人缘、地缘、血缘、学缘等关系，给渎职和贪污埋下伏笔（黄光国、胡先缙，2004；翟学伟，2006）。特别是在经济转型的背景下，研究真实型领导为避免领导者行为失范提供了借鉴意义。因此，研究中国组织的真实型领导及其作用机制，显得尤为重要。

第二节　研究意义

一、理论意义

“那是最美好的时代，那是最糟糕的时代……那是信仰的时期，那是怀疑的时期……”小说《双城记》如此描绘当时法国社会所处的情景。对于今天的社会来说，双城记依然存在。

在当前社会中，一方面是企业频发领导者的非伦理、不道德和信任危机（谭亚莉、廖建桥、李骥），另一方面是社会对领导者真实、诚信、透明、道德的殷切期盼（韩翼、杨百寅，2011）。因此，探索在中国背景下的真实型领导问题显得非常必要。具体而言：

第一，真实型领导在理论研究中的作用日益突出。真实型领导不仅影响员工工作满意度、工作绩效（Walumbwa 等人，2008），降低工作倦怠（Wong 和 Cummings，2009a、2009b）、促进融通的人际关系、提高个体创业成功机会（Jensen 和 Luthans，2006）、增进个人福利（Ilies 等，2005）和上下级信任（Gardner 等人，2011），也对团队效能、领导能力（Toor 和 Ofori，2009；Walumbwa 等人，2011）和组织绩效（Hmieleski 等人，2011）产生巨大影响。正因为在组织中的作用日益显著，真实型领导理论促进了学术研究的迫切性和需求性（Walumbwa 等人，2008；Neider 和 Schriesheim，2011）。

第二，真实型领导的研究有待加强。真实型领导研究在过去十年间已经取得相当大的进步，但对于真实型领导实质性的定义还很粗糙（Coarse - grained）（Gardner 等人，20005），对于真实型领导构念维度的研究还处于矛盾境地（Algera 和 Wiersma，2011）。真实型领导包括哪些成分？受哪些因素影响？其作用机理是什么？尤其是关于中国文化背景下的真实型领导（构念维度、影响因素和结果变量）的研究还很缺乏，不够系统和深入。这些研究主要基于西方文化和价值观而形成的，是否与中国社会文化相吻合，还有待进一步探讨。

真实型领导理论对以往领导理论相对忽视的一些方面的强调，为未来的领导学研究和实践提供了新的方向和思路。真实型领导理论不同于家长式领导，他特别重视白我意识、自我调节、积极情绪、信任、持续高绩效等积极心理状态在领导过程中的作用及机制，主张发掘和培养领导者及其追随者的积极心理能力。此外，真实型领导理论有关领导者道德方面的探讨对于领导学研究也具有十分重要的意义。尽管如此，真实型领导仍然是一个全新（nascent）领导构念，需要进一步深化它的理论基础和实证效度。例如，如何区分真实型领导和其他领导构念、如何开发真实型领导行为、如何复制引致事件、如何将道德成分融入真实型领导结构、如何选择参与者进行真实型领导培训、如何选择测量工具和研究方法进行纵向研究等等都是真实型领导研究遗留的问题，这些问题对真实型领导研究提出了严重挑战。其次，研究真实型领导是将其看作一个过程还是一种特征，或者是二者的混合（机理），有待学者进一步思考。真实型领导提出了一个宏大的构念，从自我意识、积极的心理能力、道德、情感、价值、认知到领导对决策程序中信息的平衡处理，再到下属的情绪濡染，再到组织绩效的持续保持，它包含了特征、状态、行为（过程）、背景和属性等多维组合体，给实证研究带来很大困难。但是直到今天，还没有一个研究去考虑多层次的实证研究和理论基础问题。此外，真实型领导对下属工作福利（well - being）的研究虽然已经起步，但对下属创造力和工作绩效的研究还相应缺乏，也没有具体的研究成果发表（特别是实证研究）。真实型领导的概念是否具有跨文化的概括力？这也有待进一步的研究。在美国文化中被人为是真实的，在中国文化中可能不是。在不同的国家文化背景下，真实可能具有不同的内涵和表现方式，其受重视的程度也可能存在一定的差异。因此，真实型领导的跨文化比较也是一项值得深入探讨的领域。

第三，由于真实型领导理论尚处于新兴领域，学者们主要关注真实型领导涵义和构念维度，且大多数研究成果都是在西方文化背景下产生的。然而，很少有研究验证真实型领导对下属行为和绩效的影响作用，尤其是对下属创造力和创新的影响。事实上，真实型领导行为是一种开放的、透明的、支持的，会向下属传导一种积极的心理氛围，如信任、信心、希望，而这些积极的心理因素有益于促进下属理解和权衡创造力在组织中的重要性，并提升下属持续的高绩效。

真实型领导理论对以往领导理论相对忽视的一些方面的强调，为未来的领导学研究和实践提供了新的方向和思路。以往华人领导研究的文献中对于下属认知情绪的忽视，使得华人领导行为对员工态度、行为和绩效的影响显得隐晦不明（周丽芳等，2006），而对于下属的态度、行为的关注，能够为“如何成为有效地领导”提供一种新的思考方向——特别是对圈子和员工的心理资本的关注，不仅可以促进下属对领导的良好感知，也可以使其产生持久的创造力和工作绩效（Pieterse、Van Knippenberg、Schippers 等人，2010；Shalley 和 Gilson，2004）。

因此，探讨在中国社会文化背景下真实型领导构念维度，检验真实型领导测评工具，并探讨真实型领导形成机制、干预机制和效应机制，以弥补当前领导学研究中有关伦理、透明、诚信、真实的缺失，为避免领导者行为失范，增进员工福利和幸福感提供重要借鉴意义。

二、实践意义

真实型领导行为对实践也会产生巨大影响。

第一，近年来出现的公司丑闻和管理渎职现象，引起了人们对企业领导者的信任危机，也引发了人们对领导者道德、社会责任及真实性问题的重新思考。在西方，真实型领导概念一经提出，便受到理论界和实践界的广泛关注。比尔·乔治连续发表2本实践性专著，探讨真实型领导及其作用效能（George，2003；George和Sims，2007）。在国内，从名牌企业的"陈馅月饼"的曝光、三鹿"三聚氰胺"事件的连锁反应、蒙牛特仑苏牛奶OMP事件，到银广夏、蓝田股份上市公司的虚假信息事件，到康师傅"水源"事件，再到"锦湖轮胎"事件……数不胜数，显示了当前中国企业领导真实性的缺乏。但另一方面，九成人士拥戴真实型领导（陈晓萍，2005）。社会也对真实型领导提出殷切呼唤，贬斥失德现象，礼敬高尚道德。

第二，引发企业和组织中的领导者更加关注真实型领导风格的内涵和意义。近年来公众对商业领袖的信任度降到50年以来的最低点，引发学者对真实型领导行为研究，并期待更多的真实型领导出现。真实型领导不仅可以提高下属的信任水平，还能够向下属传导积极的心理氛围并带动真实性行为。通过开发真实型领导风格，有益于组织中建立良好的领导者与下属的关系，以营造企业和谐、诚信的整体氛围。

第三，为客观评价领导，特别是企业领导提供理论依据。在企业中推广真实型领导可以降低企业管理成本，能够避免领导渎职和不诚信发生，缓解领导与员工的关系，同时为建立领导与下属之间信任关系，推动下属和员工的持续、永恒的高绩效提供保障。开发领导真实行为，可以激发员工产生心理资本，建立信任关系和持续的高绩效。

第四，面对激烈的竞争环境，企业只有不断创新，才能获取竞争优势，领导者的创新意识对员工创造力产生极为重要的影响。一方面，真实型领导为企业营造一种真实、透明、开放的文化氛围，有助于企业更好地管理创造性人才，感染下属产生更多的真实性，从而促进员工创造力。另一方面，企业领导通过自我真实性的表现，开发员工强大的心理资本，激励员工充满自信，勇于挑战现状，并具有坚忍不拔的精神。因此，当员工对自己能够表现具备达成任务和目标的信念更加强烈，并且积极向上，敢于挑战困难时，员工越具有冒险精神，打破常规，最终产生创造力和持续高绩效，即自我效能感越强的员工，创造力水平就越高，从而为企业的持续创新能力和高绩效提供保障。同时研究员工创造力也为企业人力资源管理实践提供帮助，无论是在选拔、培训以及激励等人力资源策略中，关注创造力这一衡量因素，有助于提高和培养员工创造力，最终使企业受益。

总之，我国学者对真实型领导的研究目前还只是处于引进或验证方面，缺乏系统的本土化研究以及相应的实证支持。基于以上分析，本书研究试图进一步丰富对真实型领导实质及其作用机制的认识，在此基础上，基于中国情景，本书研究试图从多种视角探讨真实型领导的作用机制，并在上述薄弱环节有所突破。

第三节　研究内容

一、真实型领导构念维度研究

和西方基于个人主义和自我概念建构起来的真实型领导理论的社会背景不同，中国是一个以“关系”特征和儒家文化为主导，差序氛围浓重的集体主义国家（刘军、章凯、仲理峰，2007）。因此，中国的真实型领导理论与西方测量出来的真实型领导内容和构念维度可能有所不同。譬如，陈丽君和王重鸣（2002）认为，中国社会实践重真轻实，而西方社会实践则重实轻真。中国人的生活方式是情境中心（situation - centered）的和集体主义的，使其区别于西方个人中心（individual - centered）下建构起来的真实型领导内容和结构，它的特征是拥有一个将近亲永久地连结在家庭和宗族之中的纽带。由此，个人在一生的经历中，因情境不同而有不同的原则，但每一场合的原则都值得崇尚。因而，中国人的情感或者关系往往更加含蓄，这引致他们更渴求关系或者情感的真实性。西方人的生活方式是个人中心的，它的特征是近亲之间的纽带是暂时的：个人对待环境和生活的基本取向是自力更生（self - reliance）；子女选择摆脱对父母的依赖而自立，此后的同伴关系也不是持久的，因而，喜怒哀乐容易表露，集中在个人身上。而中国人则以家国为寄托，社会心理上倾向于相互依赖（集体主义）（许烺光，2002）。

此外，中国人在现代性与传统性上与西方人表现出极大差异（杨国枢，2004），这可能表明中国文化中传统价值观也会使真实型领导的构思、维度和表现方式不同于西方。尽管 Walumbwa 等人（2008）开发的问卷在中国情境下得到过验证，但以自我为中心建立的西方真实型领导内容和以关系自我建立的中国真实型领导构念维度是否存在差异？差异在哪以及具体如何？这也是本书研究需要关注的焦点之一。为了进一步研究真实型领导的内涵，检验真实型领导效度，我们将中国古代和现代西方领导中有关领导真实性所涉及的真实性进行理论分析，以探讨中国社会文化情景下真实型领导的有效性和可信性。

二、真实型领导形成机制研究

这部分将从个体因素、组织因素和中国社会文化因素三个方面探讨真实型领导形成机制，用理论展示其动态形成过程。

（一）个人因素对真实型领导的影响研究

研究者认为，以往研究往往从领导者个性特征和行为方面来探讨领导力形成，缺乏对领导者个人经历，如个人历史和引致事件的研究。个人历史是影响真实型领导行为的重要因素，人生故事则是领导者自我知识和自我概念清晰的来源。更确切地说，通过自我叙述人生故事，人生中个别不相关联的事件会组成连贯的、系统相关的一系列事件。通过人生故事可以反省自身，检验自己的优点和缺点，并将优点自我合理化，以实现人与领导者角色的高度统一。对于真实型领导来说，有更多积极的角色榜样（如教师、父母、师傅等），当他们具有高水平的诚实性、透明度、信赖度时，将很可能驱动领导者的个人成长和真实性演成。

引致事件即个人环境发生急剧的或者微小的改变，这会促进个人成长或发展。引致事件有很多，如外派到不同文化的国家工作、晋升到更一级岗位、更换新的职业、跟重要的领导人建立关系、阅读一本对自己价值观提出挑战的书等。同样，领导者某种早期的引致事件也会促进个人真实性的发展（Avolio，2005；Luthans 和 Avolio，2003）。实证研究发现，人生经历会显著影响真实型领导行为（Jensen 和 Luthans，2006）。

一些其他的个人因素，如大五人格、成就感、控制点，也可能会影响真实型领导，本书研究对此只做理论分析。因此，本部分主要从理论上探讨相关的个人因素对领导真实性形成的影响。

（二）组织因素对真实型领导的影响研究

ASA（吸引—选择—保留）理论认为，组织目标、结构、流程是由组织的创立者所选择的，或者说创立者的选择创立了一个特定的组织，并塑造了一个特定组织文化和组织特征。组织中的流程和结构经由领导者创立和推动演变（创立者），并满足与组织生存相关的日常需求。当一个人被吸引到组织中时，他们受到其他进入到该组织的员工行为和个性的影响，并形成一个同类型的"组织人"（Schneider，1987、1995；Smith，2008）。因此，无论是员工或者领导者的保留，都会受到组织个性、组织特征和组织气氛的影响，对于真实型领导来说同样如此。一些学者提出，当给每个人提供一个开放获取信息、资源、支持和平等机会的环境时，将会使领导者及其下属更能有效完成他们的工作。包容的、伦理的、关心人的组织氛围会正向预测真实型领导行为（Jensen，2003；Jensen 和 Luthans，2006；Sassoon，2010）。因此，本部分主要从理论上探讨组织因素对领导真实性形成的影响。

（三）中国社会文化因素对真实型领导的影响研究

以往研究支持了差序氛围（关系）、传统性和集体主义等社会文化因素对领导行为的影响。对关系的研究揭示出中国人"圈子"的存在和差序决策（费孝通，1948）。黄光国（1987）认为，个人之所以用权力来影响其他人，主要是这样做可以获得对方所能支配的某种社会资源，来满足自己的需要。但在获取对方所支配的社会资源之前，他们往往会考虑对方和自己之间具有怎样的关系。不同的关系会采取不同的交换和应对策略（黄光国，2004）。樊景立（1995）则认为，这种差异性关系和框架可以运用到一般的上下级关系中，因为以差序格局为基础的领导方式在华人企业管理中具有普遍现象。刘军（2009）等人对差序氛围的研究揭示出，中国员工特别重视与领导的关系，当团队差序氛围浓厚时，便容易感受到自己与其他核心分子的差异。我们认为，中国文化背景下真实型领导深受关系、集体主义和传统性（特别是儒家思想）的影响，关系并不直接和领导真实性存在冲突，并不像一些西方学者理解的、简单地将真实型领导理解为"个我"和"私我"，更应该强调关系性自我。因此，我们需要了解在中国社会情景下领导成员关系对真实型领导的干预作用。

三、真实型领导效应机制研究

已有的研究都表明真实型领导会影响部属的态度、行为和工作绩效。Ilies（2005）等人认为，真实型领导对部属个人表达性、自我实现以及自我效能、自尊具有正向影响。真实型领导者的真实性和不断提高的自我意识促进了与部属之间的关系和谐和信任，也增进了部属的组织认同。真实型领导通过积极情绪营造一种积极的氛围，促使部属形成积极的情绪。一些研究认为，真实型领导对部属通过榜样作用，对部属的态度和行为产生影响，例如Avolio（2004）强调真实型领导对部属信任、希望和积极情绪的影响，并最终影响部属的工作绩效、额外努力和撤退行为，而Garnder等人（2005）建立了真实型领导和工作绩效之间关系的模型，认为真实型领导者将促进部属高水平的工作场所的福利、敬业度、信任和持续高绩效。Wood（2007）研究结果发现，真实型领导通过促进部属的心理资本成长，而最终提高其工作绩效。Walumbwa等人（2008）利用中美样本证实了真实型领导和工作满意度、组织公民行为以及工作绩效之间的正相关关系。另外一些研究则讨论信任在真实型领导和部属工作绩效之间的中介作用（Simons，2002；Avolio等人，2004；Garnder等人，2005）。

本部分主要探讨真实型领导对员工产生的影响。这些研究包括：（1）研究真实型领导对员工创造力和创新的影响；（2）研究真实型领导对员工工作绩效的影响；（3）研究真实型领导对员工工作态度的影响（如组织承诺）。

本书最后，从人力资源实践的角度探讨促进领导真实性的管理对策研究。同时基于对上述理论及实证研究结果，探讨企业如何从个人和组织的情境因素出发以激发领导者真实性，并创造一种真实性氛围，促进员工心理资本，并最终提升创造力和工作绩效水平。

第四节 研究思路及创新

一、研究思路

本书研究的思路按照研究的逻辑顺序进行，遵循选题、构思、调研、分析数据、结果讨论的研究规划，在研究过程中按照此技术路线完成本书的创作。图 1－1 具体展现了本研究的技术路线。

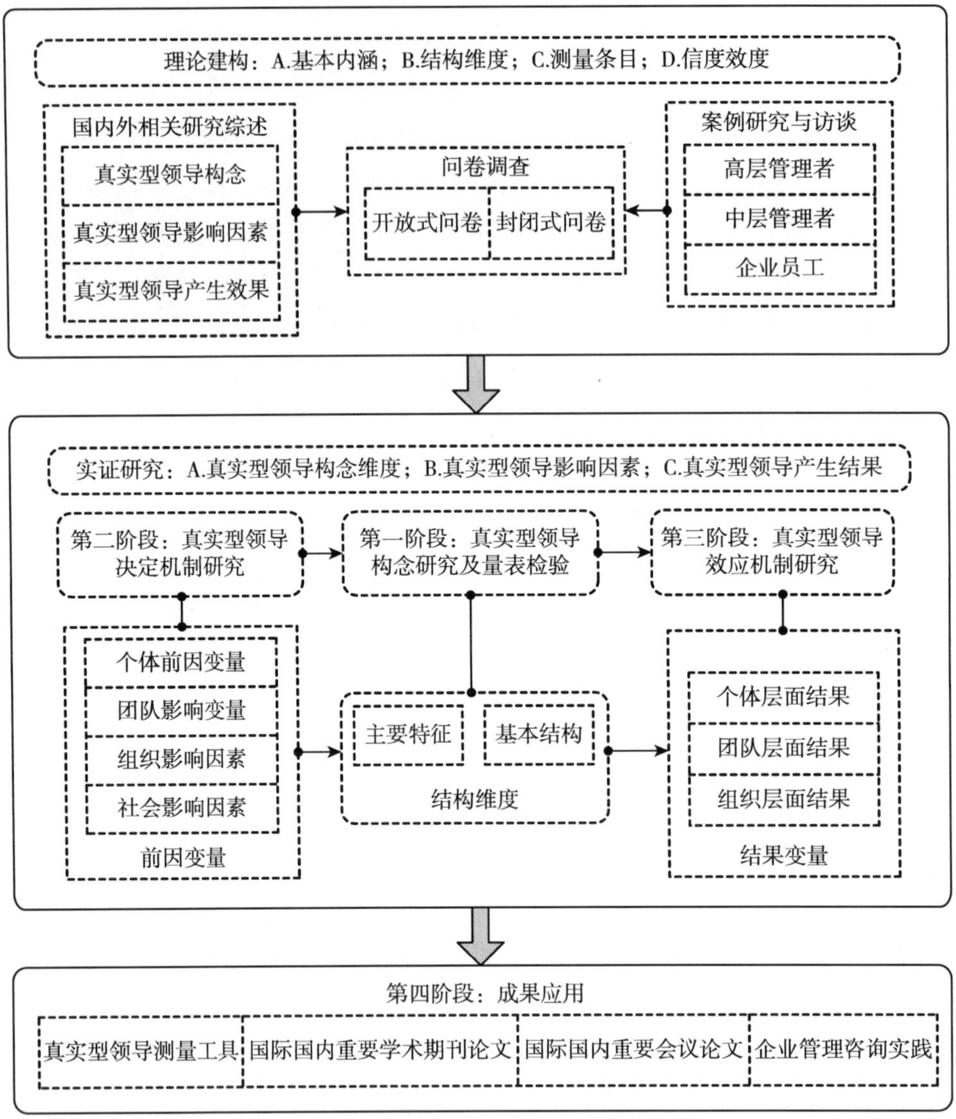

图 1－1 研究思路

二、结构安排

本书的结构安排是按照技术路线的指引，内容安排上也展现了技术路线的作用。以下是本书的研究逻辑思路及结构安排。

第一章：绪论。主要分析当前真实型领导的现实背景和理论背景，以真实型领导行为研究起源为起点，提出问题，确立本文研究的出发点、研究意义和目的、具体研究内容，同时提出本书研究的技术路线和结构安排。

第二章：真实型领导概念基础。探讨真实型领导在西方缘起的历史根源、理论根基和发展趋势，通过搜索文献中有关真实、诚信、真诚、诚实等语义，揭示领导真实性的现代涵义，并比较其与其他构念的差异。

第三章：真实型领导当前研究。通过系统搜寻当前真实型领导的研究，为后面的实证研究提供基础。

第四章：真实型领导构念维度。通过理论探讨真实型领导的构念维度及相关模型，为后面验证性因子分析作基础。

第五章：真实型领导与员工组织承诺（一）。主要研究真实型领导对员工的影响。

第六章：真实型领导与员工组织承诺（二）。继续探讨真实型领导对员工的影响。

第七章：真实型领导与员工创造力。探讨真实型领导、自我效能感和员工创造力的关系研究，阐述各变量之间的关系，提出相应的研究假设，建构研究模型阐述各变量的操作性定义，然后说明问卷设计的过程，包括研究对象及变量的测量项目。本章最后提出本研究所运用的统计分析方法，对搜集的问卷回收情况和样本的基本信息进行分析，检验问卷的信度和建构效度，然后对本研究提出的假设进行检验。

第八章：真实型领导与员工创新绩效。通过探讨四个变量之间的相互关系，并提出相应假设，运用实际调研，对假设进行验证，并利用相关软件进行分析。

第九章：真实型领导与员工工作绩效。主要研究真实型领导对员工任务绩效和关系绩效的影响。并探讨自我效能感的中介作用和领导成员交换（LMX）的调节作用。

第十章：真实型领导研究展望。对现存研究存在的问题以及未来研究的新的研究方向作出了理论的阐释。

三、研究创新

本课题创新之处在于以下几方面。

1. 真实型领导已成为管理学日益关注的话题，但从现有的文献来看，国外学者大多探讨真实型领导的概念、理论构想模型及验证模型，国内有关真实型领导的研究很少（韩翼、杨百寅，2009），通过实证方法研究真实型领导就更少（韩翼、杨百寅，2011）。本书研究正是在中国社会情境下，用实证研究方法探索真实型领导对下属态度、行为和绩效的影响。

2. 把真实型领导、自我效能感和部属创造力联系起来开展研究也不失为一个特色。与以往研究考察领导在创造力过程中的作用不同，本书研究着重真实型领导行为对员工创造力的影响过程研究。先前学者大多关注变革型领导行为对创造力的作用，如 Shin 和 Zhou（2003），Gong、Huang 和 Farh（2009），丁琳和席酉民（2008）。很少有研究聚焦于将真实型领导和员工创造力联系来探索其中的机制，尽管这种领导行为对创造力理论具有重要的理论研究意义。将自我效能感作用为真实型领导和部属创造力的中介变量，探讨三者之间的关系在国内也是首次。这将为积极心理学和积极组织行为学研究领域提供新的洞见。而且，过去许多的研究关注个体特征对创造力的影响（Zhou 和 Oldman，2001），或者情境因素对创造力的影响（Shalley 和 Gilson，2004），很少有研究同时研究个体的心理特征和情境因素对员工创造力的影响。本书以自我效能感作为中介变量，拟通过对所选择的外部情境因素（真实型领导行为）和员工个体的内部心理特征（自我效能感）的综合研究，构建情境因素和心理特征影响员工创造力的过程模型。

3. 跨文化的实证检验也是一个创新。新兴领导力是近年来的研究热点，然而大多学者关注变革型和魅力型领导研究，对其研究日渐成熟，更具特色的真实型领导研究则逐渐成为趋势。尽管如此，真实型领导在国外逐渐转热，而在国内却很少受到关注。由于文化情景的不同，西方研究结论并不完全适应于中国，对这一问题的本土化研究不仅可能创造出新的、有普遍意义的管理新知，而且可能为中国本土企业提供实操性的启示和意义。

4. 检验政治技能对真实型领导有效性的干预也不失为一个创新。翻阅所有的文献，我几乎没有看到将政治技能作为研究真实型领导变量文章。本书通过检验政治技能在真实型领导和员工之间调节作用，为真实型领导理论的发展提供了一个新的视角。

第二章　真实型领导概念基础

第一节　研究变迁

领导是一个最复杂和最多面化的现象。术语“领导者（Leader）”最早可以追溯到1300以前，而术语“领导（Leadership）”则仅仅在17世纪末期才出现（Van Seters和Field，1990），领导研究则始于20世纪初的美国社会科学领域，迄今已近百年。从那时开始，对领导的研究出现了不同的理论范式，领导理论出现了相应的丛林现象（Yukl，1989）。Stogdill（1974）就曾指出关于领导定义的不一致：“有多少个研究领导学的学者，就有多少种关于领导的定义。”

在过去几十年间，领导研究已经成为管理和组织文献的一个重要和中心部分。书籍、论文、报告数目达到几千份，并且文献数量有高速增长的趋势。领导学研究成为一个交叉学科领域，相关期刊既包括学术性期刊，也包括实践性期刊，并且涉及很多学科，如管理学、心理学、社会学、政治学、公共管理、经济学和教育管理。领导研究由于其陈旧的结构和支撑着很少的学术诚实性而遭到了众多学者的批评（Barker，1997；Gemmill和Oakley，1992）。引起这些问题的不仅仅是领导的实质、结构、作用机制，而且也包括领导的定义。领导到底是一门艺术、一个研究、一门学科、一个结构或是一个产业？如何才能成为一个有效的领导？领导的结构如何？这些问题已经引起许多学者的兴趣。事实上，在这个日益变革的年代，领导研究已经成为组织和管理管理研究领域不可或缺的焦点问题，或者说，它比以前起了更大的作用，不管研究存在这样或那样的问题。

鉴于此，回溯领导理论研究基础及评论领导研究的过程显得非常必要。本书首要目的是分析领导主要理论演变过程及其分类，定义领导实质，探索领导结构及其测量，评论最新领导理论，为建立新的真实型领导理论框架和领域，并指出未来研究方向，提供借鉴意义。

一、领导实质及其演变

领导理论的发展历史，大致可分为两个阶段。第一阶段为非科学实证性的研究阶段，学者仅提出若干领导的理念，并无科学实证的考验。此阶段的发展可谓源远流长，我国自孔子、西方自苏格拉底起即有领导理念的提出（黄书光，2008）。在20世纪初期心理学家用心理测验来测量人格之前，欧洲已发展出两个古典的领导理论：一是Carlyle创立的“伟人理论”（Great Man Theory of Leadership）（Borgatta、Bales和Couch，1954）；二是马克思创立的“时代潮流”理论（Zeitgeist）。这两个理论属历史及哲学研究的范畴，而非科学实证研究。伟人理论强调伟人的魅力和特质，时代潮流理论主张时势造英雄，领导力不是个人所有，而是时间和空间力量使然。“伟人理论”在20世纪初对领导的研究起到指导作用，使研究者通过特质与行为方法集中研究领导者的性格。20世纪中叶的实践研究主要反映后一学派的思想，重视领导力在具体情景中的性格特征。到了20世纪后半叶，两个学派互相融合，形成了众多的领导权变理论。第二阶段为科学实证研究阶段，学者们提出概念、命题及假设，再以实际调查所得资料加以验证，此一阶段缘起于20世纪初期，由于心理学家及社会学家积极介入，领导研究脱离早期的哲学研究与历史研究阶段，迈入科学实证研究的新纪元。

对领导理论的发展历程，学者们有不同看法。Van Seters和Field以时代划分的形式对领导理论进行整合，提出了领导理论的时代演变特征及其变化情况：个性时代、影响力时代、行为时代、情景时代、权变时代、交易时代、反领导时代、文化时代、变革时代以及他们所期望的整合时代。Lowe和Gardner（2000）通过对《领导学季刊》十年领导学研究的综述，提出了领导理论发展的8个分类：特质理论、行为理论、权变理论、多水平方法理论、领导和信息处理理论、新魅力方法学派、其他著名方法以及其他新的定向方法。Sternberg等人基于Lowe和Gardner的质和量两个方面的研究，将领导理论与研究流派按照时间和活跃性简要制图归纳成两个维度——暂时期（temporal，学派刚出现的时间）和高产期（productivity，引发研究兴趣、出现标志程度的特定时期），并形成8个流派：特质学派、行为学派、权变学派、情景学派、怀疑学派、相对学派、新型领导学派和信息处理学派（Antonakis、Cianciolo 和 Sternberg，2004）（如图 2－1 所示）。

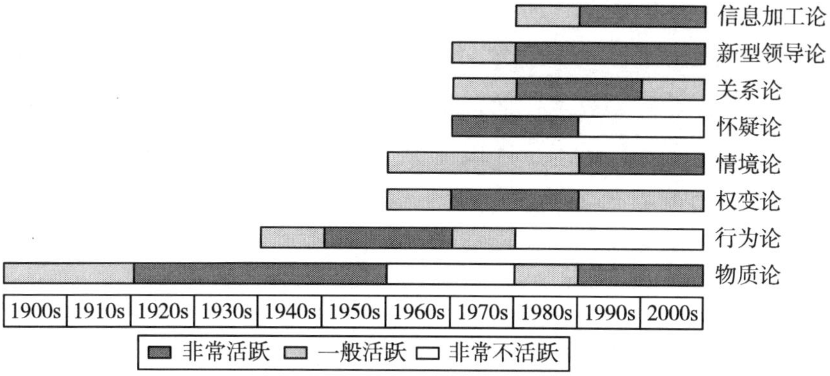

图 2－1　领导研究简史

来源：Antonakis、Cianciolo 和 Sternberg（2004）

这些学者对领导流派的总结可以归纳为三个方面：特质、行为和情景。特质强调领导是什么而不是做什么，领导是天生的、不能模仿的。领导特质在相当长的时间内是稳定的，非后天习得。然而许多卓越的领导者并没有同质的领导特质或者风格，但却表现出同样的有效性。许多研究者力图揭示不同特质在领导效能中的作用，实证研究却背离这一现实：没有找到普适的领导特征去展现什么是好的领导，什么不是好的领导。由于大多数个性特征不能模仿，对领导能力的开发也没有实际意义。由于许多领导研究者对研究发现做出了非常悲观的解释，因此特质研究，对大多数研究动机与目的而言，均因受影响而一度中断。行为方法则解释 3 个问题：（1）管理工作的实质是什么？（2）管理行为应该如何分类？（3）效能和什么样的管理行为相关？与此不同的是，特征方法思考 3 个问题：（1）领导效能和什么特征相关？（2）领导效能和什么技能相关？（3）领导效能如何与特征互动？情景方法则探讨：（1）情景什么方面影响领导行为？（2）领导者如何与情景互动？（3）何种特质在何种情景下成为有效的变量？（4）领导者如何解释下属绩效信息？（5）情景的什么方面作为一个中介变量？

领导理论的发展随着社会的变化而不断进行调整，从开始关注单一维度的内在和自我过程，如个性、特质或者行为到领导成员交换（LMX）演变到考虑情景和环境、群体和社会，再到多维的权变领导理论，折射出领导理论的发展从关注内在特征到关注外部互动以及情景、文化和环境的多元化变量的影响。每一个时代的领导理论对领导效能的解释都是不够的，研究者必须认识到领导是一个复杂的集合，在研究时必须整合个人、组织、社会（包括环境）在内的各个因素（Barrow，1977）。研究领导时必须考虑领导是：（1）一个复杂的、互动的过程，它包括行为、关系和情景因素；（2）它不仅建立在领导本身的基础上，还涉及个体水平、二元水平、群体水平和组织水平；（3）并不仅仅通过外在激励人们（如薪酬），而且也通过内在激励（如期望）激励人们；（4）领导承担个人角色、组织角色和社会角色。

二、领导理论研究整合及其科学分类方法

领导理论的演变提供了对领导的科学分类方法的启示。理解领导的分类必须理解领导的演变过程、范式及领导的实质。领导理论整合将在多个层次上进行：

（1）领导实质及其范围整合；

（2）领导理论流派整合；

（3）研究范式整合；

（4）研究方法及其层次的整合。

由于领导行为有一种被泛化的可能，对其实质和范围的整合势在必然。领导和管理、领导和监督、领导和上级之间的差异也成为学者关注的主题之一。领导和管理之间存在显著差异，管理者做事情正确，领导者做正确的事情。领导是由意志主导，是在价值观、理想、象征以及情感交流的基础上以达成变革目的，而管理者由目标驱动，在理性、行政手段以及履行契约义务的基础上最终达到稳定的目的（Zaleznik，1977）。尽管 Zaleznik 的初衷并不是攻击领导研究者，但他的意思非常清晰：领导研究包括了管理和监督，而不仅仅是领导。领导的全球研究计划（GLOBE）证实，领导和管理是有区别的，领导被看作是：详细阐释组织理想，游说主要的组织变革、提供智能激励和处理组织面临的外部强大压力。House 则认为，区分管理、上级领导、普通领导或战略领导非常重要，因为它帮助理解为什么学术文献称为的“领导”由于和实践不相关已经受到的严厉批评（House，1996）。管理者是稳定定向，而领导者是创新定向；管理者使人做事更有效率，而领导者使人同意应该做什么事情。进一步区分战略

领导者和管理领导者（Supervisory Leadership）是有益的。战略型领导者通过理想传递给组织、组织成员和其他组织以目的、意义和指南：包括制定战略决策、选择关键高级主管、分配战略资源、形成组织目标和战略、提供组织前进方向、外部组织谈判等。管理型领导倾向于指导、支持、对工作单位的成员日复一日具体活动的反馈。和领导相反，管理是一个人在一个正式权威岗位上的行为，他致力于使组织成员服从正式角色和岗位要求。管理由执行领导者提供的理想和战略、协同和配置组织资源、处理日常琐事等组成。管理者和领导者在不同的情景下可以互换，并且领导者常常执行许多管理者的职能（Barrow，1977）。

相应的整合还表现在 Barrow 关于领导变量范围的界定、Yukl 关于管理领导的界定、House 和 Aditya 关于领导范式界定、Yammarino 等（2005）关于领导分析水平的界定、Hunt（2004）对领导范式情景前因超级结构的整合以及 Lowe 和 Gardner 对领导理论的十年综述。这些研究主要从变量范围、空间结构、分析层次、流派演变、前因模式等方面进行整合。

表 2－1　　　　领导理论研究范式整合

作者	主要分类	主要内容及观点
Barrow（1977）	三维空间	领导行为、领导特征与环境因素互动产生领导效能
Yukl（1989）	四种方法	权力—影响方法、行为方法、特征方法和情景方法
House&Aditya（1997）	四种分类	领导特征范式、领导行为范式、权变理论、新型领导理论
Sternberg（2004）	八种演变	特质论、行为论、权变论、情景论 怀疑论、关系论、新型理论、信息加工论
Lowe&Gardner（2000）	八种分类	特质论、行为论、权变论、多水平方法论、信息论、新魅力方法论、其他著名方法、新方向方法
Hunt（2004）	五种前因	模式化、目的性、定义性、利益相关者、分析层次与暂时性前因

来源：本文整理。

领导的变量范围事实上是基于领导的内容或者维度结构所做的努力。领导往往被看作：（1）个性特征的集合；（2）群体过程的中心；（3）诱导服从的行动；（4）行动或行为；（5）劝说形式；（6）权力关系；（7）目标完成的工具；（8）互动的影响力；（9）差异性的角色；（10）结构的开创。

Barrow 定义领导为一种过程，并将决定领导效能的因素归结为三个大的方面：环境因素、领导行为因素和领导特征因素，形成了一个领导效能的三维空间结构函数：

$LE = f(LB, LC, E)$

三维空间结构函数囊括了领导的所有内容，从特征、行为、情景以及三者互动阐述了一个通用模型。但是，这种通用模型的建立似乎是一个可以无限添加变量的宇宙。首先，环境是一个博大的集合，它可能包含巨量信息，譬如，政策、经济制度、法律、股东利益、消费者偏好，这些变量还可以无限细分，从而形成一个无法在实践上进行操作的变量集合。再如，领导行为既有个人角色行为，也有组织角色行为，还有社会角色行为，这些不同角色由不同子行为集合而成。如果领导特征是一个比以上两个变量小的集合的话，展示所有的特征也将是非常庞大的，仅仅心理学的个性研究就列出几百种成分。尽管 Barrow 限定了三种变量的区间，如领导行为因素包含任务重点行为、强化行为等四种，领导特征因素包含自我定向、技术和能力专长、有利个性特征和不利个性特征等七种，环境因素包含组织期望和组织理念（Philosophy）及组织群体特征（包含五个子集，如组织文化），但是依然十分广泛。而且这许多变量是否仅仅限于领导，是否有把领导扩大为万能之神的可能？另外，三维空间模型是对领导效能的一个模糊整合，如果拥有这些，个体是否会成为一个有效的领导？如果缺乏这些，个体就不能成为一个有效的领导？一个包容万象的变量集合可能不仅仅解释领导的效能问题，它也许可以解释更多。它更多地交代给我们一个互动的场景：人与环境的互动及其在互动过程中所产生的行为，它决定了领导仅仅是什么的问题，也揭示了领导做什么和领导资源问题（Sternberg 和 Vroom，2002）。因此，三维模型实际上什么也解释不了。

Yukl 则指出领导研究分为四个导向：特质途径、行为途径、权力影响途径、情境途径。他认为，尽管领导理论的实证文献达到几千篇，但大多数研究结果是自相矛盾和没有说服力的，“四十年的领导研究产生了无数令人费解的发现……，无休止的实证数据的累积并没有产生对领导的整合性理解”。产生这种混乱状态的根本原因主要是方法或范式的差异性——大多数研究者缺乏理论知识基础，却有狭隘的问题焦点，无力从不同的方法中寻求发现。领导研究依赖于研究者对领导的定义和方法的偏好。

借鉴了以往理论，House 等人对领导理论进行整合。他们将领导理论分为四大类。在特质理论中，他们导入了早期的伟人理论和特质理论以及最近兴起的领导图式理论（LMP）、成就激励理论、领导者敏感理论和柔性结构理论以及魅力型领导理论。在权变理论中，他们介绍了五种相应理论：Fiedler 权变理论、路径 - 目标理论、生命周期理论、认知资源理论、决策程序理论。新近的理论则包括：领导成员交换理论、内隐领导理论、新魅力（Neocharismatic）理论等。这些分类有类似之处，如一些学者重点介绍了特质理论、行为理论，另外一些学者则分析了情景理论和新时代整合理论。较大的不同之处在于对情景理论和新魅力理论、认知资源理论与权变理论的归属认识。比如情景与权变的重叠问题——魅力是不是一种领导特质或者说魅力领导理论是不是特质理论的重新复苏？决策程序理论、认知资源理论是否隶属于信息学派？尽管这些研究者做出了大量的整合性研究，仍然没有脱离特质、行为、情景变量之间的组合，或者说，只是在人与环境的互动中添加或者减少不同的变量而已，空间的拓展或者变量集合的延伸，并不能带来理论上的突变。

近年来，分析层次也已经成为组织研究的一个重要问题。因为个体总是生活在一定社会互动的环境中，组织中的个体则是按照成双成群的方式工作，所以组织生来就是多层次的。构念可以在一个或者多个层次中运行，如在个体、一对、团体、部门、组织和行业中。好的理论必须确定现象所处的层次。Yammarino 等人（2005）认为，领导力可能在任何层次中都存在，因此，分析层次让组织中的领导研究显得十分复杂。他们通过对 348 篇论文的分析发现，只有 30% 的文章考虑了领导研究的层次问题。他们认为，如果过多的研究集中于个体层次水平，而不是领导者和追随者之间的互动或者组织层面的互动，可以断言，特质是决定领导力的唯一因素。换句话说，情景并不会成为领导效率的障碍。很多研究在评估领导效率的效度方面存在问题或者不足，主要是由于：（1）为组织中的领导者层次选择不恰当的标准；（2）不恰当地合计不同层次的领导者数据；（3）选择不恰当的评估方法或手段来评估不同层次的领导者；（4）对不该合并的数据进行合并；（5）检验理论时错误界定目标（对 A 假设，却对 B 进行论证）；（6）没有揭示可能歪曲的领导力数值的因素（如认知偏见）；（7）不同效率标准在权重方面的波动；（8）没有考虑时间的影响；（9）缺乏对于和评估工具有联系的、与心理评估特点有关的方法论问题的系统评估（Kroeck、Lowe 和 Brown，2004）。基于此，Kroeck、Lowe 和 Brown 提出了对不同层次评估成功的标准模型（如图 2 - 2 所示）。在不同的层次上，领导的

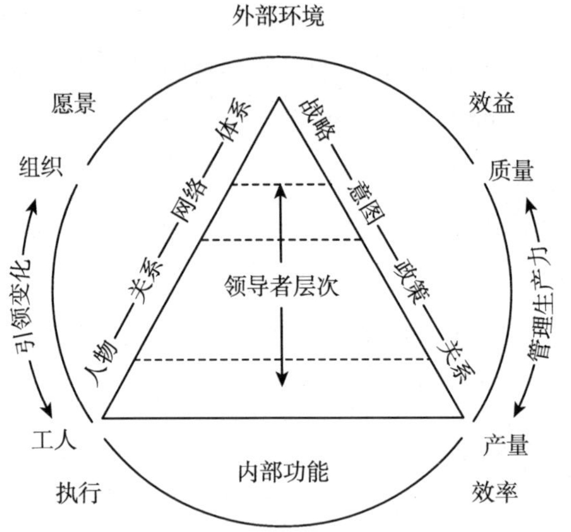

图 2-2　不同层次评估成功的标准（Kroeck、Lowe 和 Brown，2004）

职责和成功的标准不一样，因而效能标准也不一样。应对这种效能标准，其所要求的特质和所处的情景、执行的行为也不同。

Lowe 和 Gardner 利用内容分析法对 1991—2000 年的领导理论研究进行了综述，总结了领导研究的领域及其焦点：如个体差异和领导、特征型领导、环境和社会改变、多水平方法、领导和多元化、国际和跨文化研究、政治型领导、360 度反馈与领导力评估、魅力和变革型领导。不幸的是，这种评述并没有改变领导理论丛林的现实。Hunt 致力于这种研究，提出了领导力“历史与情景超级结构模型”。模型假定 5 个超级结构的每一个前因及其成分都是围绕“领导力”是什么进行的。这些超级结构模式包括：范式化前因、目的性前因、定义性前因、利益相关者前因以及分析层次与暂时性前因。超级结构模式试图整合领导层次、领导与文化、领导价值观、情景、特质、领导力开发、互动关系、领导集体等多重构念，似乎有包罗万象的趋势。近年来，更多的学者在各自的领域提出了花样繁多的领导理论，如伦理型领导、愿景型领导、服务型领导、分配型领导、政治型领导、分享型领导、家长式领导、真实型领导等。

不幸的是，领导研究者常常陷入大量虚假的假设、堆积如山的理论创建，以及自相矛盾的研究发现之中。这些学者力图经由理论要求，把领导本质理论整合并连贯起来，然而，他们最后都不同程度地让人感到失望。因为没有一个学者能够罗列出成功领导所具有的所有特质，也没有一个学者能够分析这一特质在所有情景下的卓越性。在人和组织、环境及个体自身的互动中，一个万能的领导学理论几乎是不存在的，除非这种空间结构是可以虚拟的。

第二节　研究缘起

一、积极心理学

一直以来，心理学家们研究的重点都集中在消极心理学上，临床心理学一直关注心理缺陷和心理治疗，他们从来不重视病人的自我修复能力、自我更新能力和心理能量，很少涉及健康、活力、繁荣、勇气、爱、自我效能和人类潜能。在美国，以心理学家 Seligman 为代表的一些研究者，逐渐开展了积极心理学（Positive Psychology）探索：使健康的人更加幸福并促进他们自我实现，这便是积极心理学的开端。

西方积极心理学的发展始于 20 世纪 60 年代，在人本主义思潮以及人类潜能开发思想的影响下，研究者开始研究快乐、幸福、满意、士气等积极的心理课题。到 20 世纪末，有关“积极心理学”的研究成果更是大量涌现。Seligman 自 1997 年任美国心理协会（APA）主席后更是积极倡导积极心理学的思想，并与 Csikszentmihalyi（2000）年在《美国心理学家》杂志正式撰文提出积极心理学的概念，指明积极心理学的作用在于“促进个人与社会的发展，帮助人们走向幸福，使儿童健康成长，使家庭幸福美满，使员工心情舒畅，使公众称心如意”。

积极心理学指利用心理学目前已比较完善和有效的实验方法与测量手段，研究哪些主要因素可以促进人类幸福和积极的力量（Snyder 和 Lopez，2002）。理解并促进人们获得幸福和主观幸福感或者心理成功是积极心理学的主要目标。积极心理学以健康人为研究对象，它要求心理学家用一种更加开放的、欣赏性的眼光去看待人类的潜能、动机、能力和福利等。幸福和幸福感意味着积极情绪、喜悦、沉浸体验或者欣慰。积极心理学从个体的积极情绪、沉浸体验、希望、乐观、情绪智力、创造力、积极自我、积极关系和积极改变方法探讨人类健康状态，为真实型领导的提出奠定了重要意义。Seligman（2002）提出了心理资本的概念，他认为可以将那些引致个体积极行动的心理因素导入资本的范畴。这一概念的提出大大激发了研究者的兴趣，并引发了大量关于心理资本的研究。其后，Luthans 等人在发展心理资本理论的基础上提出了真实型领导的概念。

二、积极组织行为学

积极组织行为学（Positive Organizational Behavior，POB）的理论基础源于积极心理学的研究成果，其代表人物是著名的组织行为学家 Luthans。自 2001 年起，Luthans 及其同事（2002）就开始逐渐将积极心理学引入积极组织行为学研究之中。Luthans 定义了积极组织行为学，即为了提升工作场所中的绩效，针对那些具有积极导向的、能够有效测量和开发的、可有效管理的人力资源优势和心理能力多进行的研究和应用。因此，Luthans 认为诸如希望、乐观、韧性和自信等心理状态是符合积极组织行为学标准的。在《心理资本：开发人的竞争优势》一书中，Luthans 等人认为，真实性应该作为潜在的心理资本进行研究，因为真实性符合心理资本的标准。在积极心理学中，Harter（2002）把真实性定义为："拥有自己的个人体验，不管是思想、情绪、需求、偏好或者信仰，因而能够根据真正的自我行事，采取与内心想法和感受一致的方法来表达自己。"此外，Luthans 等人认为，测量真实性是一个动态过程，并涉及多种自我，而且是在不同的情境中，在多样化的人际关系中被发现、探索和检测。

从以上论述可以看出，积极组织行为学的发展为真实型领导概念的提出、真测量及其作用机制的研究奠定了基础。

三、自我心理学

一百多年前，美国心理学创始人威廉·詹姆斯声称："自我是个人心理宇宙的中心。"心理活动的方方面面都与人的自我意识密切相关，只有深入了解自我才能准确了解人们的认知、情感、态度和行为。布朗认为，由于人们对自身的关注，使自我心理学与心理学的其他领域得以区分。自我心理学关注的是个体主观体验，而非人格心理学关注的个体的客观体验（布朗，2004）。对自我心理学产生最大影响的要数弗洛伊德。和尼采相仿，弗洛伊德相信，自我的大部分不为人们所知，或者说属于潜意识。弗洛伊德在对神经症病人分析基础上，提出了三重自我学说，把自我（self）划分为自我（ego）、超我（super - ego）和本我（id），也就是意识（consciousness）、良知（consciousness）和无意识（unconsciousness）。而在德文原著中，常常用“I”“above - I”和“it”来表达这些心理动力。“我”就是自我意识，是我们认同的那部分自身，是理想的自我（Burkitt，2012），而把自己身上被我们压抑或否定的东西，都看做是非我或者“他”。超我则是良知，即从婴儿期就开始灌输给我们的那些道德价值观、礼仪、社会规范和文化意识形态。

在弗洛伊德之后，许多心理学家提出了有关自我的许多相关概念，如自我表征、自我调节、自尊、自我意识等。真实、真实型领导相关概念正是在深入剖析自我理论基础上提出的。Harter（2002）提出的真实性概念是基于最优自尊，Walumblwa等人（2008）关于真实型领导构念维度则是基于自我意识和自我调节提出的。Klenke（2007）则综合了基于自我基础上的所有研究，如表2 - 2所示。

表2 - 2　基于自我的真实型领导经典模型（Klenke，2007）

自我构面	Gardner等人（2005）	Avolio等人（2004）	Ilies等人（2005）	Klenke（2004）
自我意识	√			
自我了解				
自我调节	√			
自尊			√	
自我效能			√	√
自我激励				√
自我认同		√		
自我发展			√	
自我超越				√
自我牺牲				√

注：√表示存在的成分。

第三节 真实边界

一、真实的意蕴

真实（authenticity）的概念源于古希腊哲学中的“对自己真实”或“成为真实的自己”（Harter，2002）。事实上，这个词的真实词源可以追溯到到希腊单词 authento，即“有充分的权力”（Trilling，1972），反映是真实的真正含义，即个体是“他或者她自己王国的主人”（Kernis 和 Goldman，2006）。这可以参考苏格拉底的观点，他认为“混混噩噩的活着是不值得的”。紧随苏格拉底，亚里士多德聚焦于通过自我实现去达到人性的真、善、美，以产生一个完整的生命。如此的自我实现，与“幸福论”（eudemonia）或享乐主义紧密相连，反映一个人的真实内心召唤（Kernis 和 Goldman，2006）。

Harter（2002）认为，真实是指个体拥有的个人经历和想法，了解和接受自己的情感、需求、需要、价值观、信念以及偏好，并以一种与这些真实自我相一致的方式行事。真实并不是一种与生俱来的内在品质，它在很大程度上取决于他人如何看待和归因，必须得到他人的认同。真实包括两方面的内容：拥有个人经验（价值观、思想、感情及信念）及行动与自己的真实信念相一致（表达真实的想法并且行动与此相一致）。真实的核心是了解自己、接受自己并且保持真实的自我。Erickson（1995）注意到，真实并不是一种非此即彼的状态。例如人们不是完全真实或完全不真实，而是比较真实或比较不真实。真实是以连续体的形式存在，人们越是忠于自己的核心价值、身份、偏好及感情，人们就越真实。Kernis（2003）在发展“最优自尊”理论时，从实证角度考察了真实。他将真实定义为“在一个人的日常工作中毫无障碍体现真实的、核心的自我”。真实的一个结果就是产生最优自尊。

现代真实构念出现在在过去的 85 年里（Erickson，1995）。人们将真实定义为“拥有个人经历和想法，了解自己的感情、需要、价值观、信念，并与自己的行为保持一致的行事方式”①。真实的核心是了解自我、接受自我并保持真实

① 转引自谢晓衡：《诚信领导的内容结构及其相关研究》，暨南大学论文，2007 年。

的自我（Avolio，2004）。近期的研究主要由积极心理学和积极组织行为学家推动、基于自我理论的基础上建立起来。正如 Kernis 和 Goldman（2006）引著，"当代真实性的心理学观点对哲学欠下了大量债务"，"真实表现为松散的主题，如形而上学或本体论之内；牢牢扎根于特定的运动，如存在主义和现象学；本地化为特定的作家所有，像萨特和海德格尔"。基于历史文献的审查，Kernis 和 Goldman（2006）通过阐述一系列的心理和行为过程，解释了人们如何发现和建构一个核心的自我意识，以及如何随着情景和时间的推移维持核心自我。此外，他们声称，这些文献反映四个中心主题："（1）自我理解；（2）客观地认识到自己的本体论的现实（例如，评估其受欢迎和不受欢迎的自我方面）；（3）行动；（4）人际关系定位。"此外，这些主题是与他们所谓的真实的概念一致的，包括四个主要组成部分：（1）意识（即在一个人的思想、情感、动机和价值观方面的认知和信任）；（2）无偏见加工（能够更加客观地评估和接受正的和负的信息，接受合格或不合格、技能缺陷、低绩效的现状和负的情感）；（3）行为（意味着个人的行为与其价值观、偏好和需要具有自我一致性，而不是仅仅通过虚假取悦他人以获得回报或逃避惩罚。他们的行动理论和宣称理论是一致的，并不受外部威胁、引诱、社会期望和报酬的驱动）；（4）关系定位（即实现和评估的真实性和开放性的密切关系）。

Trilling（1972）指出，authenticity 一词最早指在博物馆里，专家鉴定艺术品是不是它看起来或者声称的那样，是不是值它所要的价钱，或者在它已经买下来之后，鉴定它值不值为它而出的价钱。现在，authenticity 用来表达对人的存在的关怀，对人的情感的关注，这时，可以译为真实或者本真。真实的思想可以追溯到卢梭。但是，直到 20 世纪早期，真实才随着存在主义思潮成为西方社会中的流行观念（Baumeister，1987）。存在主义表达了对个人存在的失落状态的焦虑。卢梭指出，正是社会破坏了我们的真实，我们的感情依赖于别人的意见、社会压力或报酬。真实的观念是对既有的习俗持挑战的态度，它将审美的观点放在第一位，而将社会或者政治的观点放在第二位（Trilling，1972）。尽管真实可能是社会经历长期碰撞的结果。

最优自尊理论指出（Kernis，2003），真实具有五个基本特征：（1）开放的经验；（2）适应性和灵活性；（3）信任内在经历；（4）自由；（5）创新。Cloninger（1993）认为，一个具有全功能型的人或者说真实的人"感觉到内在的需要和情感不同的方面，并不受社会情境的扭曲。这个人整合他所有方面的经历，根据内在感觉去表达什么是对的。这种感觉是真实的：它不必依赖于外部权威说它是对的还是错的”。

二、真实与其他构念的异同

理解真实与其他构念的差异需要从它“不是什么”来进行。

真实不同于诚实（integrity）。真实的追求是一个比诚实的实践更加艰苦的道德体验过程。真实比诚实参照的背景更广大，比诚实对自我的要求更多。真实的观念参照人置身其中的宇宙，它与社会的关系不像诚实那样亲密，它比诚实更不易接受社会环境。按照真实的标准，很多曾是文化结构的内容，只是虚幻的、仪式的、弄虚作假的。相反，很多为文化所谴责和驱除的东西，如骚乱、暴力和非理性等，又以真实的名义加以肯定。人们曾经宣称，诚实有相当的原创力，但是，这种原创力与真实相比，就显得很有限了。真实的原创力要从所有文化的上层建筑开始向下回溯，直到回溯不能进行下去的时候，再进行创造。就像诗人叶芝（William Butler Yeats）所描述的，将梯子移开，躺在所放之处。这时，人可以倾听内心的声音，人的内心是没有被污染的。

可见，从诚实到真实，是重心由社会转入个人内心的过程。真实探索那些不易说清楚的内在内容，这些不易说清楚的内容，就是自我的深层内容。在探索深层自我的过程中，真实的道德观念与精神分析的无意识概念有着密切的联系。真实是一种存在的自我参照物，它超越于情感。而诚实则是一种情感的存在状态，表征了一个人与其他人的关系。

真实也不同于真诚（sincerity）或者诚信[①]。真实重情感，诚信重认知。真诚是指口头表达的感觉与实际的感觉相一致，受外部镜像的影响；而真实主要指个人的行动是否与其内心感情及思想相一致，尽管是社会互动的产物，是一种心灵的真正反映。真诚所指的是个人向外界表达的思想感情与其现实经验相一致的程度，而真实所指的是自己与自己的关系。真诚一词来源于拉丁文，原义是指“洁净的”（clean）、“无杂质的”（sound）和“纯粹的”（pure）。17 世纪时，欧洲人用这个词来描述人格，指外表的自我（outer - self）与内部的自我

① 尽管国内很多学者将 authenticity 译为诚信或者真诚，这里我们没有继承这种译法。诚信更多表现为社会或政治的结果，而真实更多体现为个人经历的结果。因此，有别于国内学者译法，我们第一次在国内将其翻译为“真实”。与此相对应，我们将“Authentic Leadership”翻译为真实型领导。

(inner-self) 相同。这时，诚实指一种美德，即个人能公开显露其私下的感受。后来，诚实纳入语言哲学的意义理论之中。这时，诚实结合了关于可信（credibility)、值得信赖（trustworthiness）和信任（truthfulness）等观念，指涉言语(words)、意图（intentions）和行为之间的关系。

如前所述，真实一词在博物馆里使用时，指专家测定艺术品是不是真品以及价值如何的意思。指涉人时，我们可以问他或她是不是他或她所看起来那样。这时，不是诚实的问题，因为行动者可能不是伪装一个同一性，而是困于幻觉(delusion) 之中。真实的关键在于行动的自由。他们认为，由于害怕、焦虑于他人的反应和压力而做出的、没有自己的头脑的行为，包括习惯或顺从于社会规则等，既不是自由的，也不是负责的。譬如，通常所说的伦理行为或者道德行为。这也为辨识伦理型领导和真实型领导提供了借鉴意义。一个真实的人是对自由地选择行动负责的人，这些行动遵循一些关于自我、潜能或原则性的内在标准。在现代社会中，旧格言“知道你自己”(know thyself) 已经让位于 新格言“成为你自己”(be thyself) (Weischer、Weibler 和 Petersen，2013)。个体不仅仅需要了解自己的优势、劣势或者性格，还需要在排除外界压力和报酬诱惑的情况下，深刻地表达自己。

真实也不是印象管理。不真实是背叛自己与自己的关系。Berman（1970）认为，不真实不仅仅针对其他人也是针对自己。不真实意味着隐藏自己真实的想法、情感，说其他人想听的话而不是自己真正想说的话。人的不真实是由于缺乏自我意识、内在一致的信息或者对自己不足够的承诺。当远离人群，不真实的可能仍然表征为不真实。印象管理则没有表征这种假定，印象管理是指人们影响他人对自己形象认知的过程（Rosenfeld、Gaiacalone 和 Riordan，2002)。Jones 和 Pittman（1982）将印象管理划分为 5 个维度：奉承、自我推销、做秀、示弱和威慑。印象管理首先也必然是通过操控社会信息去影响目标体或者观众对自己形象的美好看法。一个人可能有很高水平的自我意识，并且利用这种意识，通过表演来操控自己的外部形象。尽管不真实的人可能也会从事印象管理，但印象管理不同于不真实。另一方面，真实的个体可能也使用印象管理策略去确保自己真正的自我得以展现，并为人所知。区分真实和印象管理最重要的一个方面是，个体是否采取印象管理或者自我表演。

真实也不是一种自我控制。从不真实到真实的连续体可能是自我控制的一面镜子。高自我控制的人根据不同的情景展现不同的正确行为，而低自我控制的人倾向于听从情景的摆布。自我控制聚焦于个体行为的柔性，而真实则聚焦于存在的状态。高自我控制的人相信他们自己能够采取正确的决策展现真正的自我，而不真实的人的决策迫于环境和报酬的压力。真实的人关注自我参照系的表达程度，高自我控制的人表征社会印象。

真实也不同于伦理。从对真实型领导的内涵以及真实性的研究来看，真实最大特征并不仅仅是道德崇高性。道德的崇高性应该是伦理型领导的最大特点。道德只是真实型领导的一个成分。伦理更多强调利他性、伦理决策、诚实和角色榜样，强调道德管理（更多交易性的）和其他人意识，而真实更多强调存在的本真和自我意识。或者说，伦理行为受外部压力、报酬和诱因的驱动，而真实行为则是基于自我的呈现。二者理论基础完全不一致。伦理道德归因于外在，真实归因于自我。因此，真实区别于其他伦理的关键特征是自我，自我意识和自我调节是真实的关键特征。真实的个体是积极的，而道德或者伦理型的个体可能是消极的。道德并不完全来自于内在，因此可能是消极的。一个真实型的个体可能是道德的，但一个道德的个体可能不是真实的。

由于国内很多学者将（Authentic Leadership）翻译成诚信领导、真诚型领导、真实型领导，因此本研究需要将相应词汇进行区分。相关词汇和构念区分如表 2-3 和表 2-4 所示。

表 2-3　　相关词汇区别

词	定义和理解
真	（1）真实、真心。与“伪”、“假”相对。如：真人真事；真心诚意。《汉书·宣帝纪》：“使真伪毋相乱。” （2）本原、自身。《庄子·秋水》：“谨守而勿失，是谓反其真。”又《山木》：“见利而忘其真。”陆德明释文引司马彪曰：“真，身也。” （3）实职。《汉书·平帝纪》：“吏在位二百石以上，一切满秩如真。”颜师古注：“时诸官有试守者，特加非常之恩，令如真耳。”因称代署权摄的官员实授本职为“真除”。 （4）指“真书”。即汉字的正楷。如：真草隶篆。 （5）肖像。《景德传灯录·本童和尚》：“因门僧写真呈师，师曰：‘此若是我，更呈阿谁？’” （6）姓。汉代有真佑。
实	（1）财务。《礼记·表记》：“其君子尊仁畏义，耻费轻实。” （2）充实；富裕。《孟子·梁惠王下》：“而君之仓廪实，府库充。” （3）容忍。《庄子·逍遥游》：“惠子谓庄子曰：‘魏王贻我大瓠之种，我树之成，而实五石。’” （4）指实际内容。和“名”相对。《庄子·逍遥游》：“名者，实之宾也。”

续表

词	定义和理解
实	（5）真实、真诚。如：实事求是；实心眼儿。《后汉书·臧宫传》："传闻之事，恒多失实。"引申为查实，证实。《书·吕刑》："阅实其罪。" （6）坚实。《孙子·虚实》："兵之形，避实而击虚。" （7）实在、其实。《左传·庄公八年》："我实不德。"《汉书·高帝纪上》："实不持一钱。" （8）果实、种子。如：开花结果。《礼记·祭统》："草木之实。" （9）是、此。《春秋·桓公六年》："春正月，实来。"《公羊传·桓公六年》："实来者何，犹曰是人来也。"《诗·召南·小星》："实命不同。" （10）事迹。如：典实；史实。 （11）物资。如：军实。亦指充实容器或宫室的物品。如：豆实。《左传·庄公二十二年》："庭实旅百。" （12）佛教名词。与"权"相对。
诚	（1）真心实意。如：开诚布公。《后汉书·马援传》："开心见诚，无所隐伏。" （2）真是、的确。《三国志·蜀志·诸葛亮传》："今天下三分，益州疲弊，此诚危急存亡之秋也。" （3）果真、如果。《史记·张耳陈馀列传》："诚听臣之计，可不攻而降城。" （4）孟子用一位自然界和人事社会的最高道德范畴，提出："诚者，天之道也；思诚者，人之道也。"（《孟子·离娄上》）《中庸》认为"诚"这一精神实体起着化生万物的作用："诚者，自成也，而道自道也。诚者，物之始终，不诚无物。"唐李翱将"诚"视为"圣人之性"，是至静至灵寂然不动的"心"（精神）。北宋周敦颐用以为至高无上的宇宙本体："诚者，圣人之本。大哉干元，万物资始，诚之源也。"（《通书》）。明清之际王夫之提出："诚，以言其实有尔"（《张子正蒙注·天道篇》），"诚者，天之道也，阴阳有实之谓诚"（《太和篇》），用以指客观的"实有"，并作为宇宙的一般规律。
信	一、（1）诚实、不欺。中国古代的道德规范。《国语·周语上》："礼所以观忠、信、仁、义也……信所以守也。"《论语·学而》："朋友交而不信乎？"孔子把"信"作为"仁"的重要表现之一，要求"敬事而信"，"谨而信"。孟子认为"可欲之谓善，有诸己之谓信"（《孟子·尽心下》），自己确实具有具有善德称为"信"。此后，"信"称为儒家着重提倡的道德规范之一。 （2）确实。如：信而有征。《左传·昭公元年》："子皙信美矣。" （3）信用。如：守信；失信。 （4）相信。《孟子·尽心下》："尽信书，则不如无书。" （5）信奉。如：信教；信佛。 （6）听凭、随意。如：信步；信口。 （7）使者。《世说新语·文学》："司空郑中驰遣信就阮籍求文。" （8）凭据。如：印信；信物。 （9）信息。如：通风报信。 （10）书信。如：写信；寄信。（11）再宿。见"信宿"。 （11）表明、明示。《左传·定公八年》："王孙贾趋进，曰：'盟以信礼也。'"杜预注："信犹明也。" 二、通"伸"。《易·系辞下》："往者而屈也，来者信也。"《三国志·蜀志·诸葛亮传》："孤不度德量力，欲信大义于天下。"

表 2－4　相关构念区别

词	定义和理解
真实	（1）跟客观事实相符合；不假。汉朝荀悦《申鉴·政体》："君子之所以动天地、应神明、正万物而成王治者，必本乎真实而已。"宋代苏轼《叶涛致远见和二诗复次其韵》之一："那知非真实，造化聊戏尔。"清朝吴伟业《赠愿云师》："世法梦幻，惟出世大事，乃为真实。" （2）真心实意。宋朝苏轼《东坡志林》（《稗海》本）卷十："玄德将死之言，乃真实语也。"明代李贽《复杨定见书》："盖真实下问，欲以求益，非借此以要名，如世人之为也。" （3）确切清楚。明代冯惟敏《不伏老》第二折："且是眼花花的怎生去看的真实。"《三国演义》第四五回："后面言语颇低，听不真实。"
真诚	真实诚恳。《汉武帝内传》："至念道臻，寂感真诚。"明代唐顺之《刑部郎中唐嘿庵墓志铭》："故所设科条，其始甚迂阔，久之真诚溢出，吏民至不忍欺紿，遂以办治称。"
诚实	（1）言行与内心一致，不虚假。《旧唐书·韩思复传》："持此诚实，以答休咎。" （2）确实。《后汉书·郭太传》："贾子厚诚实凶德，然洗心向善。"
诚信	真诚，真诚之心。最先将"诚"与"信"连在一起使用的是在《逸周书》中："成年不尝，信诚匡助，以辅殖财。""父子之间观其孝慈，兄弟之间观其友和，君臣之间观其忠惠，乡党之间观其信诚。"这里的"信诚"实际上表达的是"诚信"的意思。从一般意义上，诚信是指诚实不欺，讲求信用，强调人与人之间应该真诚相待。

主要区别如下：

（1）诚实是指对事情的态度（性格）。比如我做了一件事，你问我做没做，我说做了。问我为什么这么做，做的怎么样，我不加个人感情色彩如实说完，这就是诚实。

（2）真诚是指对待别人的态度（感情）。真诚体现最多的地方就是：相互关心、相互帮助。

（3）真实是指每个人对待自己的态度。我拥有的东西，我可以保留，我有权沉默，但我如果把话说出去、把事情做出来，这就是绝对代表了我的真实想法和观点，不经过任何掩饰性的加工。

（4）诚信指处理人与人、人与社会之间关系时的一种无欺诈的品质、态度。在《说文解字》中的解释是："诚，信也"，"信，诚也"。诚信的本义就是要诚实、诚恳、守信、有信。

第四节　构念比较

真实型领导是一个新兴的领导学研究领域，它与变革型领导、魅力型领导概念不同，本书主要从领导的真实性层面来探讨领导行为和风格。以下将对真实型领导的有关概念和理论模型进行总结。

一、真实型领导概念

真实型领导是一种把领导者的积极心理能力和高度发展的组织情境结合起来发挥作用的过程，他们充满自信、乐观、富有韧性，具有高尚的品德并且是未来导向的（Luthans 和 Avolio，2003）。表 2－5 列示了研究真实型领导的著名学者对真实型领导的定义和理解：

表 2－5　　真实型领导定义

作者	年份	定义和理解
Luthans 和 Avolio	2003	真实型领导是将领导者的积极心理能力和高度发展的组织情境融合共同发挥作用的过程，给领导者和下属带来更好的自我意识和自我调节的积极行为，以带动积极的自我发展
Kernis	2003	真实型领导四个维度：自我意识、无偏见的信息加工、行为和关系
Avolio 和 Gardner Walumblwa，et al.	2004	真实型领导对自己的思想和行为深刻认知，客观了解自我价值观、情感、信念，并充满自信、乐观、有韧性。他们既可以是指导性，也可以是参与性，甚至是独裁性
Shamir 和 Eilam	2005	真实型领导具有以下特质：（1）领导者角色是自我概念的核心部分；（2）达到高水平的自我解析和自我概念清晰；（3）进行自我调节以达到目标；（4）行为受自我约束
Gardner 和 Avolio	2005	提出真实型领导与下属发展的模型，该模型主要关注真实型领导的自我意识和自我调节成分

续表

作者	年份	定义和理解
Ilies	2005	在 Kernis 定义的基础上提出真实型领导包括自我意识、无偏见处理、真实性的行为和真实的关系定向
谢衡晓	2007	真实型领导应该包括以下五个方面的品质：下属导向、领导特质、循规蹈矩、诚实不欺、正直无私
Walumblwa 等人	2008	将真实型领导划分为四个维度，包括自我意识，关系透明，平衡信息加工以及内化的道德观点

注：资料来自周蕾蕾：《企业诚信领导对员工组织公民行为影响研究》，武汉大学论文，2010 年。

本书将采用 Walumblwa 等人（2008）的真实型领导定义，认为真实型领导是一种为了培养和促进领导者具有更大的自我意识、内化道德视角、平衡的信息加工和关系透明程度，并提高积极的心理能力和营造积极的伦理气氛产生，从而促进追随者积极自我发展和自我调节的领导行为方式。其中，自我意识是指随着时间的推移，人们对世界的起源和意义的理解，以及这种理解对他们关于自身认识的影响。同时它也涉及人们对自身优点缺点以及多层次本质的理解，包括通过把自己的行为和思想展现给其他人，以期更加透彻地了解自己，同时感知到自己对他人的影响。关系透明是指把真实的自己呈现给其他人，没有虚伪或者隐藏，通过公开的分享信息，表达自己的真实想法和感受等行为以增加和下属之间相互的信任。平衡信息加工是指领导者在做出决定前，能够客观的分析所有相关信息。内化道德观点是指领导根据自己的高道德标准和内化的价值观做出决定，真实型领导的其他三个维度受到内化道德标准和价值观的引导。因此，领导者所做出的行为和所表现出的行为与自身内在的价值观是一致的。

二、真实型领导与其他构念区别

经过 100 余年发展，很多领导理论已经形成了，如愿景型领导（Spiritual Leadership，SP）、服务型领导（Servant Leadership，SL）、魅力型领导（Charismatic Leadership，CL）、伦理型领导（Ethical Leadership，EL）、变革型领导（Transformational Leadership，TFL）以及新近出现的真实型领导（Authentic Leadership，AL）理论。作为一种新的领导学构念，真实型领导与其他类型领导存在

着怎样的联系与区别？本书根据相关文献进行整理，并对不同领导模式和特征进行比较（如表2－6所示）。

表2－6 真实型和其他领导构念的比较

AL成分	TFL	SL	EL	CL	SP
1. 积极心理资本	▲				
2. 积极道德观点	●	●	●	●	●
3. 领导者自我意识					
价值	●	●	▲	●	●
认知	●	●	▲	●	●
情绪	●		▲	●	●
4. 领导者自我调节					
内化	●		●	●	●
平衡加工	●				
关系透明	●				
真实行为	▲	●	▲	▲	
5. 领导流程/行为					
积极模式	●	●	●	●	▲
个人和社会认同	●	▲	●	●	▲
情绪濡染				●	
支持自我决定	●	●	●	●	●
积极社会交换	●	▲	▲	▲	▲
6. 追随者自我意识					
价值	●	●	●	●	●
认知	●		●	●	●
情绪	●		●		●
7. 追随者自我调节					
内化	●	▲	●	●	●
平衡加工	●		●		
关系透明	▲		▲	▲	
真实行为		●			
8. 追随者发展		●	●		●

续表

AL成分	TFL	SL	EL	CL	SP
9. 组织环境					
不确定	●	●	▲	●	
内涵	●		●		●
道德	●		●		
基于积极、优势		▲			
10. 绩效					
名副其实			●		
持续	●		●		
超越期望	●		●	●	●

注：▲讨论过；●主要成分。

真实型、变革型、魅力型、愿景型和伦理型领导之间有许多类似或重叠之处。伦理型领导强调道德管理和他人意识，并不包含自我成分，但和变革型领导一样，是受外部压力、社会互动和社会诱致所形成，不是真实的自我体现。而真实型领导自我意识和自我调节来自于嵌入型（embedded）的自我，尽管受社会互动的影响，是个体经历或历史的互动过程，不是当前现实的受体或互动的结果。真实或不真实可能是一个连续体或相对（relative）的成分，但绝对不考虑其他人或外部压力对自我的改变。自我意识、开放、透明和一致性是真实型领导的核心。真实型领导具有积极的禀赋，如希望、乐观、韧性，能够从多角度正确判断模糊的道德问题，并依据自己的道德价值做出判断。这些都和伦理型领导存在重叠，特别是在个体特征方面，他们都分享了社会激励和关怀性（consideration）领导风格。

魅力型领导并不强调自我调节，而是特别关注通过魅力或权力致使领导者行为和追随者自我概念转换的动机机制得以启动，以使追随者认同和内化领导者的价值观和意识形态。魅力型领导的主要特征是对追随者的影响，其表现在：追随者相信领导者的思想体系，和领导者保持一致的信仰，无条件接受领导，对领导者表达热情，服从、认同领导者，从情感上参与领导者制定的目标等。但这一过程中领导者自我意识和自我调节的作用未得到充分的探讨。此外，魅力型领导理论也未涉及积极心理能力、平衡加工信息、真实行为以及领导者与名副其实的、可持续的绩效之间的关系。真实型领导者则更多靠自己的品质、楷模作用和奉献而影响追随者的价值观、道德观和信仰，而不是靠鼓舞人心的个人魅力、生动的陈述或其他形式的印象管理。

愿景型领导理论包含通过价值、态度和行为内在激励个人自我和其他人，形成一个愿景存在感觉。它是基于宗教信仰、伦理和价值观基础的领导学方法。愿景型领导强调：（1）愿景：描绘一个组织的愿景与认同；（2）希望、信念：反映了愿景实现的信心；（3）利他性：反映了一个充满关爱的组织氛围。与真实型领导相同的是，他们都强调正直、价值、信仰和希望。与真实型领导不同的是，愿景型领导并不刻意考虑伦理，并将使领导者和追随者经历一种被感召（Calling）过程。

服务型领导理论包含着对领导者自我意识和自我调节作用的重视，以及对领导者移情（empathy）和愿景的探讨。服务型领导理论的首要倾向是：服务他人而不是领导他人。强调自我概念：是服务或服务员，而不是领导者或雇主。服务型领导是一个逐步升华的过程，他的基础是领导者拥有一个愿景，他的终极是赢得领导者和追随者的高水平绩效，他的焦点和传播纽带是影响力。领导者通过建立愿景、树立可靠性赢得追随者的信任，并最终指导服务，取得高水平的工作绩效。然而，与真实型领导理论从临床、积极心理学和积极组织行为学的现有研究出发，探讨自我意识和自我调节在真实型领导发展中的作用不同，服务型领导理论探讨这些构念时，在很大程度上缺乏理论和实证研究的支持。服务型领导在动态文化中很难成功，而真实领导则在不确定环境中可以取得意想不到的成果。

第三章　真实型领导当前研究

第一节　研究总体描述

真实型领导是一种把领导者的积极心理能力（Positive Psychological Capacities）与高度发展的组织情境结合起来发挥作用的过程（Luthans、Youssef 和 Avolio，2006）。Luthans 等人（2003）认为，真实型领导过程对领导者和追随者的自我意识及自我控制行为具有正面的影响，并将激励和促进积极的个人成长和自我发展。真实型领导者对自己、对他人都是真诚的。他们自信、乐观、充满希望、富有韧性，具有高尚的品德并且是未来导向的（future - oriented）；他们对自己的思想（包括信念、价值观和道德观等）、行为以及所处的工作情境具有深刻的意识（Avolio 和 Gardner，2005）。一些学者认为，真实型领导者的一个关键特性是，即使面临强大的外部压力或有引发非真实行为的诱因存在时，他们仍能选择真实行为。因此，真实行为可以说是对正直行事（Behave with Integrity）的内在愿望的反应，而不是遵从某些规范或社会压力，而是一种真我（True Self）的反映。当他们开始认知到自己的优点和缺点时，他们展示出高水平的稳定性；这样的个体也会更加透明、开放并和同事保持亲密关系。他们的行动理论和宣称理论是一致的，并不受外部威胁、引诱、社会期望和报酬的驱动（Walumbwa、Avolio 和 Gardner 等人，2008）。Ilies（2005）等人则认为，真实型领导具有自我意识，能够认知自己的确定和优点，执行程序并无偏见，并且采取真实行动对待追随者，与其他人建立关系时，都是透明的，真实关系定向的。Shamir 和 Eilam（2005）等人以以往的相关理论及实证研究为基础，认为真实型领导者主要具有以下 4 个方面的特征，第一，真实型领导者不伪装自己。他们不会仅仅因为身处领导之位，而刻意发展出一种领导者的形象或面具。履行领导角色完全是真实型领导者的自我表达行为，而不是在遵从他人或社会的期望。第二，真实型领导者承担领导的职责或从事领导活动不是为了地位、荣誉或其他形式的个人回报，而是出于一种信念。他们有一个基于价值观的理想或使命，担当领导就是为了实现这一理想或使命。第三，真实型领导者是原创者，而非拷贝者。这并不意味着他们在人格特质上必然是独特的或彼此截然不同的。相反，他们的价值观、信念、理想或使命在内容方面可能与从其他领导者或追随者相似。然而，真实型领导者之所以具有这些价值观和信念，并不是一种模仿的结果，而是因为自己的亲身经历证明它们是正确的。第四，真实型领导者的行为是以自己的价值观和信念为基础的。他们的所言与他们的信念是一致的，他们的所行则与他们的所言及信念一致，因此真实型领导者具有高度坦率的特点；他们的行为不是为了取悦他人、博取声望或出于某些个人的或狭隘的政治兴趣，因而真实型领导者也具有高度正直的特点（Shamir 和 Eilam，2005）。

国内外对真实型领导的研究主要归结为三个方面：真实型领导内涵和实质的研究；真实型领导构念维度；真实型领导作用机制及其行为开发研究。其主要研究表现在：

一是对真实型领导内涵和实质的研究，主要包括四个方面的特征：（1）对真实性含义的研究；（2）对真实型领导含义的研究；（3）对真实型领导开发含义的研究；（4）对真实型下属概念的研究。Luthans 等人（2003）认为真实型领导过程对领导者和追随者的自我意识及自我控制行为具有正面的影响，并将激励和促进积极的个人成长和自我发展。真实型领导者对自己、对他人都是真诚的。他们自信、乐观、充满希望、富有韧性，具有高尚的品德并且是未来导向的（future - oriented）；他们对自己的思想（包括信念、价值观和道德观等）、行为以及所处的工作情境具有深刻的意识。Ilies 等（2005）提出了一个四成分真实型领导的模型，包括：（1）自我意识（Self - awareness）；（2）无偏见加工（Unbiased processing）；（3）真实行为/行动；（4）真实的关系定向。对于 Kernis（2003）来说，真实的副产品就是最优的自尊（Optimal self - esteem），及其伴随的真诚、真实、稳定和自我一致。真实型领导的核心要义在于：在一个积极的心理能力和高度发展的组织环境下，使领导者自身、下属和同事产生的更大的自我意识和自我调节能力，从而促进自我发展。

二是在真实型领导概念和内涵的基础上，提出真实型领导的构念维度，如自我意识、关系透明、内化道德、平衡信息处理、真实行为。Walumbwa 等人（2008）将变革型领导和伦理性领导与真实型领导进行对比研究，通过问卷调查比较真实型领导、伦理型领导和变革型领导的区分效度（Discriminative Validity）和集合效度（Convergent Validity），并用追随者的组织公民行为、和上级满意度检验其预测效度（Predictive Validity）。结果证实，真实型领导和其他两个构念有很好的区分效度，并且在预测追随者的组织公民行为和上级满意度方面比其他两个构念更好，路径系数更高，这是迄今为止唯一发表的实证性研究（Walumbwa、Avolio 和 Gardner 等人，2008）。

三是站在整合视角基础上，克服前面研究的不足，从真实型领导作用机制及其行为开发方面进行研究，主要探讨影响真实型领导因素、与下属的关系、真实型领导开发导致的结果以及下属的真实性开发等。影响真实型领导的因素主要有个人生活经历和引致事件（Trigger Events）和组织环境（包括组织气氛和组织文化）。结果变量主要有下属福利、敬业度、工作满意度、持续高绩效、自我效能等等。与下属关系则主要包括关系透明、信任、社会交换等。而中介机制则涉及心理资本、自我效能等等（谢衡晓，2007；韩翼，杨百寅，2009；孔芳，赵西萍，2010）。

尽管对真实型领导的研究日益增多，但到目前为止，真实型领导构念维度测量及其相关研究呈现出多元化特征，并缺乏一个组织框架将其进行有效整合。

第二节　构念维度

通过回顾近几年真实型领导有关文献，可以发现真实型领导的研究都集中在三维模型、四维模型。目前，Kernis、Ilies 和 Gardner 等学者都对真实型领导的结构进行了研究。其中以 Ilies 等人（2005）等人的观点最具代表性，他们以 Kernis（2003）有关真实理论为基础，构建了一个真实型领导的四维模型：自我意识、无偏见加工、真实行为和真实关系导向等成分。Gardner 等人则试图整合真实型领导结构，他们的模型集中在自我意识和自我调节。作为真实型领导的一个成分，自我意识指的是对个体自己的个人特征、价值观、动机、情感及认知的意识和信赖，而自我调节则包括内化调节、平衡加工信息、关系透明和真实行为等成分。从上述分析可以发现，Ilies 等人则使用了无偏见加工，而 Gardner 等人则用平衡加工进行替代。平衡加工意味着当前信息以一种能够虑及他人观点的方式而得到加工和理解，能够更加客观评估和接受正的和负的信息，合格或不合格，技能缺陷、低绩效和负的情感。

上述理论建构了真实型领导的结构，但由于缺乏实证研究的支持，无法获得学者的一致支持（韩翼、杨百寅，2009）。Walumbwa 等人（2008）将 Gardner（2005）和 Ilies（2005）的结构研究进行了更进一步的整合，在一定假设的前提下提出了相应的真实型领导结构模型，并进一步进行了实证研究。他们将真实型领导划分为四个维度，包括自我意识、关系透明、平衡加工以及内化道德（将在第 4 章继续进行论述）。相比 Ilies 和 Gardner 的归纳演绎方法，Walumbwa 利用实证方法得出的真实型领导结构具有更高的信度和效度，更加具有科学依据。具体讨论见第四章有关真实型领导构念维度的论述。

第三节 决定机制

真实型领导的概念提出以后，学者们从不同的角度探讨了真实型领导产生的因素，建立相关的模型。Harvey、Martinko 和 Gardner（2006）利用归因观点，建立了如图 3－1 所示的综合决定机制模型。模型涉及组织背景、引致事件以及个人因素。透明的、支持性的和低随机模糊性的组织氛围会影响领导者平衡地搜索信息，从而影响自我意识及情绪反应，最终影响到真实型领导行为。领导者引致事件（未期望的或者相关的强烈道德感）激发领导者随机过程，以进一步引发领导者自我意识和情绪反应，开发领导者真实行为。另外，个人心理亲密性、归因偏见及积极心理资本都会激发领导者随机搜寻，而触发领导者意识的自觉唤醒以及情绪反应，进而开发真实型领导行为。Avolio 和 Walumbwa（2006）也提出了相似的作用机制框架，在他们的模型中，真实型领导主要受领导者自我意识（如价值观和道德）、归因、心理契约、效能感的影响。

尽管如此，模型中都未包含社会文化因素，没有考虑社会文化因素对人生经历和引致事件的影响。以下，我们将就影响真实型领导行为的个体特征、组织情景因素和社会文化因素进行评述。

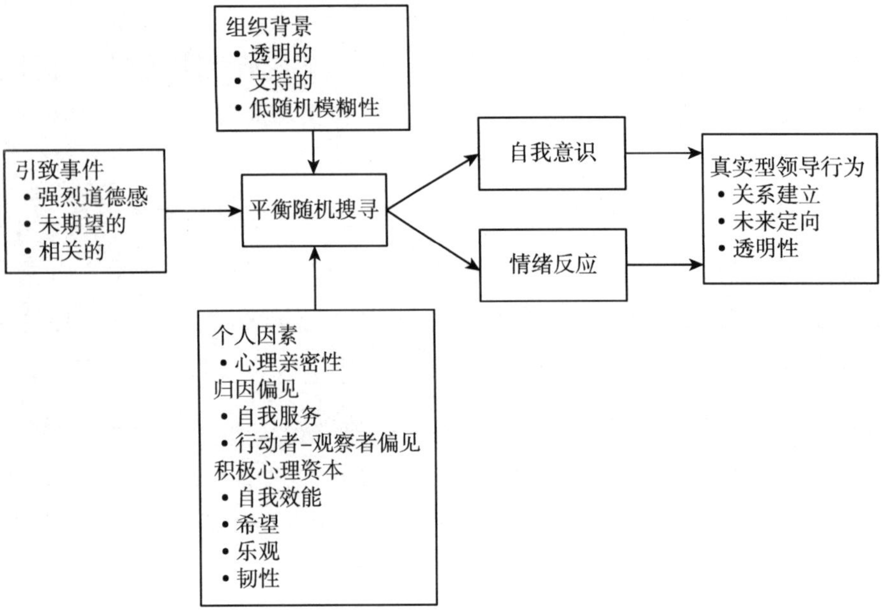

图 3-1　归因观点的决定机制研究

一、个人特征因素

研究发现领导的个人经历和某些引致事件（Trigger Events）可能影响真实型领导的开发。Gardner 等人（2005）认为，个人历史的关键因素包括家庭、孩提时代经历、文化、教育、职业、工作经历、角色榜样和先前的领导经历。领导者的个人生活经历，例如家庭环境、早期生活挑战、教育及工作经验，特别是师傅的角色榜样会濡染领导者，使其成为真实的人和真实的领导者（George，2003、2007）。个人生活经历作为一种自我知识储藏在记忆之中。对于真实型领导来说，有更多积极的角色榜样（如教师、父母亲、师傅），当他们具有高水平的诚实、透明、值得信赖时，将很可能驱动领导者的个人成长和真实性。引致事件包括：个人环境中发生的促进个人成长和发展的重大事件或微妙变化。引致事件则包括个人环境中发生促进个人成长和发展的事件或者微妙变化，它往往提高领导者自我认知水平，形成自我认知图式，并通过自我反省，获得对自己核心价值观、身份、感情及动机的一致性的认识，从而达到自我调节。引致事件有很多，如外派到不同文化的国家工作、晋高升到更一级岗位、更换新的职业、和重要的领导人建立关系、阅读一本对自己价值观提出挑战的。同样，从生命周期观点，领导者某种早期的引致事件也会促进个人真实性的发展（Avolio，2005；Luthans 和 Avolio，2003）。无论是积极的引致事件还是消极的引致事件，都会定型领导者后期的性格，形塑其决策行为。实证研究发现，人生经历会显著影响真实型领导行为（Jensen，2003；Jensen 和 Luthans，2006）。

研究者认为，以往研究往往从领导者个性特征和行为方面来探讨领导力的形成，缺乏对领导者个人经历，如个人历史和引致事件的研究，因此建议用人生故事法来建构真实型领导理论（Gardner 等人，2005）。个人历史是影响真实型领导行为的重要因素，人生故事则是领导者自我知识和自我概念清晰的来源。更确切地说，通过自我叙述人生故事，人生中个别不相关联的事件会组成连贯的、系统相关的一系列事件。一个人通过人生故事可以反省自身，检验自己的优点和缺点，并将优点自我合理化，以实现人与领导者角色的高度统一。人生故事不是现实客观事件的证明，而是个体对所经历事件的感受和阐释的体现（Shamir 等人，2005）。

尽管一些实践者提出了真实型领导的影响因素，但很少学者对此做出过努力。仅有两项研究提供借鉴，一项是 Gardner 等人（2005）提出的研究模型，他们认为个人经历和引致事件（Trigger Events）将影响真实型领导，并最终促进下属产生积极效果；另一项研究则是 Jensen 和 Luthans（2006）对创业者企业家的调研。他们认为领导者的积极心理资本会影响真实型领导行为，同时领导者的生活经历与组织情境也会对真实型领导产生影响。他们主要探讨领导的积极心理资本对真实型领导的影响，积极的心理资本包括乐观、韧性和希望。该研究结果表明积极的心理资本能够显著地影响真实型领导行为，而生活经历以及组织环境对真实型领导无显著影响。详见图 3 – 2。

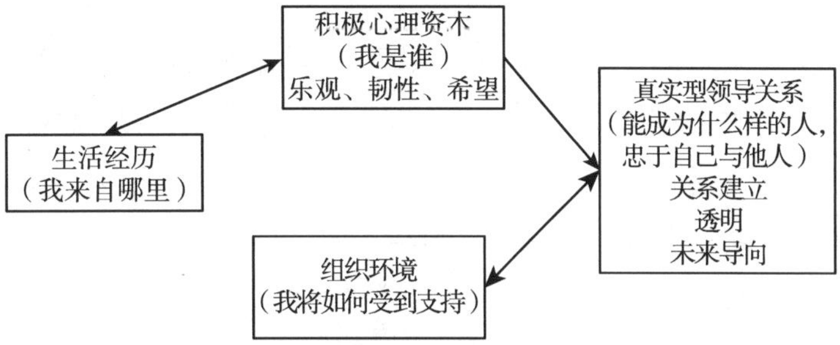

图 3 – 2　积极心理资本与真实型领导的关系模型

资料来源：Jensn，S M，and Luthans，F.，“Relationship between entrepreneurs’ psychological capital and their authentic leadership”，Journal of Managerial，2006，18：254 – 273.

遗憾的是，到目前为止，和其他领导理论研究不同的是，没有文献探讨过领导者个性对于真实型领导的影响。有效的真实型领导是否会和其他普适的领导风格一样，如自信、谦逊、诚实可靠、幽默、果断和情绪稳定等特征会对真实型领导产生积极影响？一些其他领导行为理论的研究可以给予我们以启示，譬如 Walumbwa 和 Schaubroeck（2011）研究发现，领导者个性，如责任心、神经质和宜人性影响伦理型领导（Ethical Leadership）行为。这方面的研究还很缺乏，有待进一步的本土化研究。Brown 和 Treviño（2006）对伦理型领导的评价认为，个人特征如宜人性、责任心、神经质、焦点控制等都会对伦理型领导产生影响。

二、组织情景因素

因为所有的领导互动都发生一个动态的、新兴的情景下，因此将情景包含在真实型领导研究之中也非常必要。Gardner 等人（2005）认为，不仅个人历史和引致事件能促进真实型领导的产生，包容的、重伦理的、关心人的、高度发展的组织气氛（文化）也有利于真实型领导的开发。ASA（吸引—选择—保留）理论认为，组织目标、结构、流程是由组织的创立者所选择，或者说通过创立者的选择创立了一个特定的组织，并塑造了一个特定组织文化和组织特征。组织中的流程和结构经由领导者创立和推动演变（创立者），并满足与组织生存相关的日常需求。当一个人被吸引到组织中时，他们受到其他进入该组织中员工行为和个性的影响，并形成一个同类型的“组织人”（Schneider，1987、1995；Smith，2008）。因此，无论是员工或者领导者的保留，都会受到组织个性、组织特征和组织气氛的影响，对于真实型领导来说同样如此。一些学者提出，当给每个人提供一个开放获取信息、资源、支持和平等机会的环境时，将会使领导者及其下属更能有效完成他们的工作。包容的、伦理的、关心人的组织氛围会正向预测真实型领导行为（Jensen，2003；Jensen 和 Luthans，2006；Sassoon，2010）。

与创新、安全、进谏等特定氛围相似，此处组织氛围主要指向真实型领导行为。组织氛围被定义为在某种环境中员工对一些事件、活动和程序以及那些可能会受到奖励、支持和期望的行为的认知，这种认知与员工的思想、情感和行为密切相关。组织氛围可分为两种性质：支持性组织氛围和控制性组织氛围

（Luthans 等人，2008）。支持性的组织氛围意味着组织鼓励包容多元化（Shore 等人，2011）、开门纳谏、集思广益、支持新观点、委派具有挑战性的工作，管理人员并不害怕来自下属负面反馈、能够及时提供各种必要的组织支持，员工拥有工作自主性；反之就是控制性组织氛围（Luthans 等人，2008；王端旭、洪雁，2011）。支持性组织氛围由于鼓励创新、包容风险、支持多元化，因而可能会促进领导真实型领导行为，而控制性组织氛围可能会妨碍领导真实型领导行为。Brown 和 Treviño（2006）认为，伦理文化会影响到伦理型领导，与此相似，Leroy、Palanski 和 Simons（2102）研究发现，组织伦理文化对真实型领导产生积极正向影响（相关系数达到 0.51）。

三、社会文化因素

一些学者认为，真实型领导受社会文化环境的影响（谢衡晓，2007；韩翼、杨百寅，2009）。Barker（2001）认为，微观系统，如组织或者领导者自己，和环境交换能量并不能脱离宏观环境制约，过程而不是情景是领导力的源泉。环境不是解决领导实质的理由，而是他们演变、适应和重生的引擎。领导模式是一种特定环境下的特质权变行为和过程。从宏观上来说，社会文化因素包含制度范式、知识体系、机会结构、信仰和社会规范，意味着一个特别的文化、子文化或者其他社会情境。

长期以来，文化被认为是组织行为和领导实践的决定因素。这也是理解文化多元化，以及如何影响管理理论和管理实践的关键。通常来说，文化包括思想、言论、行动以及现象在内的人类行为的综合模式，是心理软件的集合。文化是一个群体（可以是国家，也可以是民族、企业、家庭）在一定时期内形成的思想、理念、行为、风俗、习惯、代表人物，及由这个群体整体意识所辐射出来的一切活动。包含 3 个子维度：价值观、信仰和社会规范。价值观是一群人所共同认可的关于事物重要性的概念，它反映在人们对于好坏、善恶和是非的观点以及对人生的期望。是人们对于客观世界中事物真实性的认识。克拉克洪认为："价值观是一种外显的或者内隐的，有关什么是值得的看法，它是个人或者群体的特征，它影响人们对行为方式、手段和目的的选择。"而社会规范是人们对客观世界中事物真实性的认识。价值观和信仰是隐性的，是处于"冰山"之下部分，而社会规范是显性的，是处于"冰山"以上部分。

霍夫斯泰德（2010）受帕森斯社会结构理论的启示，在总结前人研究基础上，利用74个国家和地区的数据，提出了四个有影响力的文化维度：

（1）权力距离。权力距离即在一个国家或者组织中，弱势成员对权力分配不平等的期待和接纳程度。权力距离能够告诉我们一个国家中人们相互依赖关系。在高权力距离的国家，人们较易接受人与人之间权力差异；而在低权力距离国家，人们心理上较不易接受人与人之间的权力差别。高权力距离的国家容易采取家长式领导，员工害怕与上级意见不一致；在低权力距离国家，员工喜欢通过多数表决的方式实施管理，可能容易接受真实型领导风格。

（2）不确定性规避。是指人们感受不明确的情况带来的威胁，从而想方设法去规避这种不明确情况的程度。不同民族、国家或地区，防止不确定性的迫切程度是不一样的。相对而言，在不确定性避免程度低的社会当中，人们普遍有一种安全感，倾向于放松的生活态度和鼓励冒险的倾向。而在不确定性避免程度高的社会当中，人们则普遍有一种高度的紧迫感和进取心，因而易形成一种努力工作的内心冲动。这意味着，不确定性规避低的文化更容易采取真实型领导风格。

（3）个人主义与集体主义。个人主义是指在人与人之间联系松散的社会，人们只顾及自己和核心家庭，依靠个人的努力来为自己谋取利益。集体主义则意味着一种结合紧密的社会组织，其中的人往往以圈内人和圈外人来区分，他们期望得到圈内人的照顾，但同时也以对该群体保持绝对的忠诚作为回报。这意味着，真实型领导不是集体主义氛围所需要的，因为集体主义氛围更需要和谐。

（4）男性化与女性化。男性化是指社会传统上强调代表男性特征的价值观倾向明显。对于男性社会而言，居于统治地位的是男性气概，如自信、武断、进取好胜、野心等；而女性社会则完全与之相反，是指社会强调传统上代表女性特征的价值观倾向。如瑞典、挪威、芬兰等强调女性化，而斯洛伐克、日本、匈牙利等强调男性化。

组织行为和领导实践往往是许多跨文化管理研究的主题，可以被视为社会规范的子维度，因为它们反映的是某些组织或社会的行为模式。

第四节　效应机制

一、理论模型

与对真实型领导前置变量及作用机制研究较少不同，自真实型领导概念提出之后，对真实型领导结果变量的研究相对较多，尤其是对追随者态度和行为影响的研究。但现有研究主要从理论上建构真实型领导与下属态度和行为之间的关系，较少实证研究。

这些研究主要有：（1）Ilies 等人提出的真实型领导对下属幸福的影响；（2）Gardner 等人基于自我理论而提出的真实型领导对追随者工作绩效的影响；（3）Avolio 等人基于积极心理学和积极组织学基础上的对追随者态度和行为的影响。如表 3－1 所示。

表 3－1　　　　真实型领导对追随者态度和行为影响模型

作者	真实型领导	真实型追随者	追随者态度	追随者行为和绩效
Ilies 等人（2005）	自我意识、无偏见加工、真实行为、关系真实	积极行为模式、支持自我决定、积极社会交换	个人和组织认同、积极情绪濡染	个人表现、自我实现/自我发展、心流经历、自我效能/自尊
Gardner 等人（2005）	自我意识（价值观、认同、情绪、动机、目标）、自我调节（内化道德、平衡加工、关系透明、真实行为）	自我意识（价值观、认同、情绪、动机、目标）、自我调节（内化道德、平衡加工、关系透明、真实行为）	信任	工作福利、工作绩效、敬业
Avolio 等人（2005）	自我意识（价值观、认同、情绪、动机、目标）、自我调节（内化道德、平衡加工、关系透明、真实行为）		个人认同、社会认同、希望、信任、积极情绪	组织承诺、工作满意、工作意义、敬业、工作绩效额外角色、撤退行为

Ilies 等人探讨了真实型领导对自我和下属幸福福利的影响。他们建立了相应的概念模型，并从理论上描述了真实型领导对领导者和追随者个人表达性、自我实现、个人经历以及自我效能、自尊的正向影响关系。真实型领导者的真实性和不断提高的自我意识促进了与追随者之间的关系和谐和信任，也增进了追随者的组织认同；真实型领导通过积极情绪营造一种积极的氛围，促使下属形成积极的情绪；真实型领导支持下属自我决定，提供给下属技能开发和自由的机会，并增进下属内在激励水平、自尊和创造性。真实型领导者通过言行中展现出的自信及对追随者的信任和信心，为他们提供认知、情感及道德援助，使他们对自己的能力持发展的观点，并促进其自信心的提高。真实型领导者能够预期潜在的压力或逆境，制定应急计划以支持和帮助追随者积极地应对它们，并且当追随者向自己求助时能够挺身而出并做出积极的回应，从而使他们在面临变革时不仅能坚持住，而且能最终获得成功，这些都有助于提高追随者的韧性。此外，真实型领导者通过为追随者创设支持性的工作环境而提高和维持追随者的希望水平，还可以借助一定的培训向追随者展示和灌输现实的乐观主义，并通过这一过程提高追随者的绩效。

图 3 – 3 显示了 Gardner 等人对真实型领导对追随者福利和结果影响机制的研究结论。

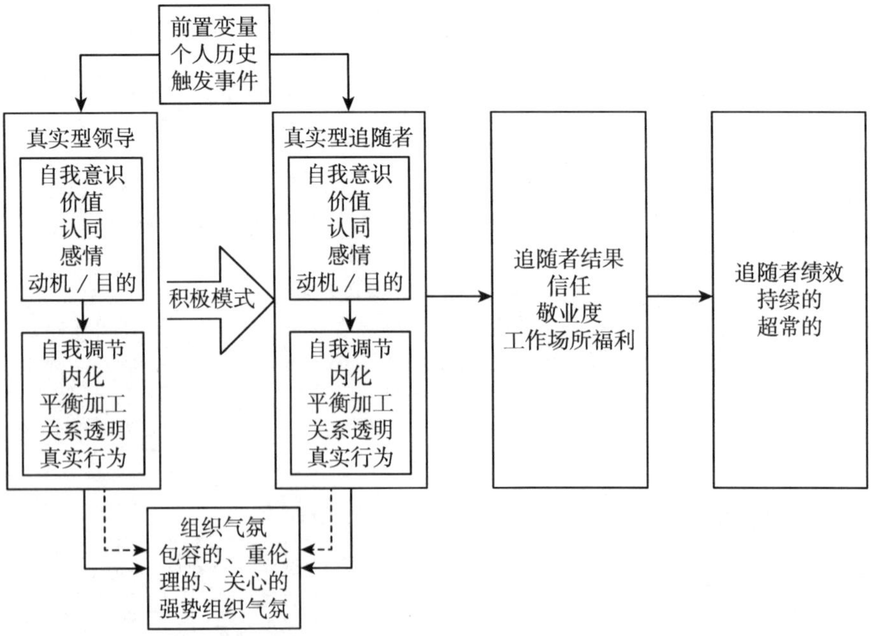

图 3 – 3　真实型领导对追随者福利和结果影响机制（Gardner 等人，2005）

真实型领导者不仅可以提升追随者对领导者的信任水平，还能够通过帮助追随者发现自己的才能、将他们安排到合适的职位上、提供丰富的工作及发展同事间关系的机会，从而提高追随者的敬业度（Engagement）；追随者的敬业度能够有效提升其工作场所幸福感（Well - being），而幸福感和投入又均有助于促进追随者名副其实的、可持续的绩效。

真实型领导通过认同、希望、积极情绪、乐观以及信任等关键心理过程和状态影响追随者的态度和行为。具体而言，真实型领导者率直、开放，勇于承认自身不足并对自己的行为负责，愿意为追随者的成功做出承诺，并鼓励追随者诚实和正直的品质。这些领导行为将会促使追随者对领导者及其价值观、信念和目标的认同（即个人认同）。真实型领导者还通过创造一种更深层的道德价值感，以及在与追随者的交往过程中所表现出的高水平的诚实和正直而增加追随者的社会认同。追随者的个人及社会认同对真实型领导行为与希望、对领导者的信任及积极情绪的关系具有中介作用，即真实型领导者通过提高追随者的社会及个人认同而间接地对希望、信任和积极情绪产生正面的影响。希望、对领导者的信任及积极情绪与追随者的工作态度存在显著正相关，而后者又对追随者行为具有重要的作用，可以显著提高追随者的工作绩效，使其乐于付出额外的努力，并能减少追随者的撤出行为（Withdrawal Behavior）。同时，追随者的积极情绪与追随者的乐观呈显著正相关，而乐观对追随者的积极情绪与追随者的态度及行为之间的关系具有部分的中介作用。另外，中介变量之间也会发生相互影响，存在一些关键性联系。例如高水平信任可能会促进积极情绪的发展；类似地，尽管从理论及心理测量学角度而言，希望和情绪是截然不同的构念，但它们也存在一些相似性，如希望和情绪既是早期社会化的结果，又是与他人进行社会互动的产物，因而相互间也存在一定的影响。

如图 3 - 4 所示，Avolio 等人（2004）前通过整合前人研究，检验真实型领导对下属的工作态度（组织承诺、工作满意度、敬业度）和下属的行为（工作绩效、额外的努力和撤出行为）的影响，并得出他们之间的正向显著关系。同时验证了真实型领导通过建立下属的信任、希望、乐观和积极的情感等心理过程和状态来影响下属的态度和行为。这些中介变量之间还存在一定的联系，如积极情绪会促使高水平的信任，而高水平的信任促使员工产生希望。此外，下属的个人及社会认同对真实型领导行为与希望、对领导者的信任及积极情绪的关系具有中介作用，即真实型领导者通过提高下属的社会及个人认同而间接地

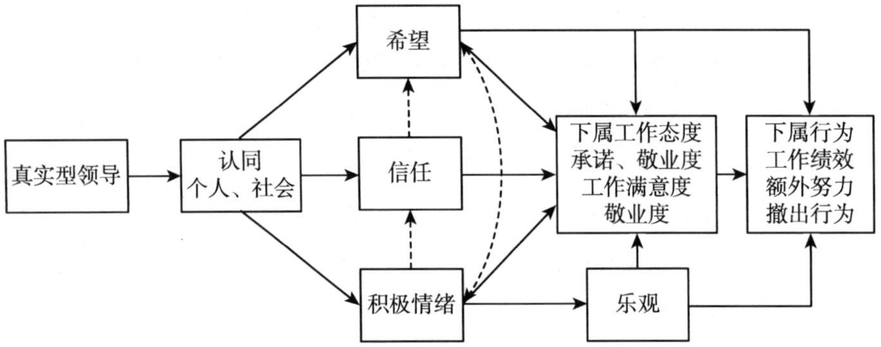

图3-4 真实型领导与下属态度行为的关系模型

资料来源：Avolio, B. J., William, L., Walumblwa, F. Q., Luthans, F. &May, R., " Unlocking the mask: a look at the process by which authentic leaders impact follower attitudes and behaviors", The Leadership Quarterly, 2004, 15: 801-823.

对希望、信任和积极情绪产生正面的影响。乐观对积极情绪与下属工作态度之间的关系具有部分中介作用。该模型第一次提出积极的情感和信任在真实型领导过程中的作用。

二、实证模型

（一）对个体的影响

最早的实证研究是由 Henderson 和 Brookhart（1996）采用对学校职员的调查进行的。Henderson 和 Brookhart 发现，领导真实性对员工真实性产生积极影响。Jensen 和 Luthans（2006）通过对创业家的调查发现，真实型领导对员工组织承诺、工作满意度产生积极影响，并且也会影响到员工在工作中的幸福感。研究者发现，不仅真实型领导对下属积极的态度和情感产生影响，包括组织承诺（包括情感承诺、规范承诺和持续承诺）（Jensen 和 Luthans, 2006; Lagan, 2007; Walumbwa 等人, 2008; Tuttle, 2009; Chen, 2010; Kiersch, 2012; Leroy 等人, 2012）、工作满意度（Jensen 和 Luthans, 2006; Walumbwa 等人, 2008; Patara, 2011）、满意上级（Walumbwa 等人, 2008; Tuttle, 2009）、进谏行为（Wong 和 Cumming; 2009b; Wong, 2010; Hsiung; 2012）、心理资本（Tuttle, 2009; Woolley, 2012; Rego 等人, 2012; Peterson 等人, 2012）、敬业度（Wong, 2010）、信任（Tuttle, 2009; Wong 和 Cumming, 2009b; Wong, 2010; Weischer, 2013）、感知压力（Kiersch, 2012）、积极情感（Hsiung, 2012;

Peterson 等人，2012；Weischer，2013）等。而且，少量的研究也探讨了真实型领导对偏差行为（Tuttle，2009）、工作耗竭（Wong 和 Cumming，2009b）、离职倾向（Kiersch，2012）和消极情感的影响（Peterson 等人，2012）。这些少量的研究发现，真实型领导会减少偏差行为、降低工作耗竭、降低离职率，并削平消极情感。

与此同时，部分研究也对真实型领导对下属工作绩效、工作福利和创新产生的影响进行研究。Wood（2007）在建构真实型领导构念维度后，对其预测效度进行检验发现，真实型领导很好预测员工工作绩效。一些其他的学者检验了真实型领导对角色内绩效（工作绩效、角色绩效）和角色外绩效（组织公民行为，包括针对个人的组织公民行为和针对组织的组织公民行为，即 OCBI 和 OCBO）（Walumbwa 等人，2008；Tuttle，2009；Valsania 等人，2012；Wherry，2012）。这些研究有力证明了真实型领导对下属态度、行为和工作绩效的影响。

（二）对团队的影响

少量研究者采用多层次分析方法，从团队层次研究真实型领导对下属产生的影响。Henderson 和 Brookhart 发现，真实型领导不仅对职员真实性产生影响，也对团队领导效能产生影响。对 146 名领导者和 526 名员工配对调查研究发现，真实型领导通过团队信任和集体心理资本对团队公民行为和团队绩效产生显著影响（Walumbwa 等人，2009）。研究还发现，真实型领导对集体效能感、团队公民行为、团队绩效、集体认同、团队协作、团队道德、团队情感承诺、团队创造力和团队作风都产生积极影响（Jensen 和 Luthans，2006；Wood，2007；Walumbwa 等人，2009；Tuttle，2009；Patara，2011；Hannah 等人，2011；Kiersch，2012；Rego 等人，2012；Hmieleski 等人，2012；Cerne，2013）。

（三）对组织的影响

研究者也从组织层次研究真实型领导对下属产生的影响。例如，Henderson 和 Brookhart 发现，真实型领导在个体层次职员真实性产生影响，在团队层次对团队领导效能产生影响，而在组织层次则对组织气氛和组织健康产生影响。Clapp－Smith 等人（2009）调研了真实型领导对财务绩效的影响时发现，信任管理者中介二者之间的关系，但真实型领导也对单位销售增长产生显著影响（$\beta = 0.30$）。对 288 名护士的研究发现，上级领导的真实性会提升单位护士的照顾质量（Wong，2010）。对 179 为公司创立者的调研发现，真实型领导提高滞后

1 年的风险绩效。被认为是真实型 CEO（首席执行官）的乔治所领导的美敦力公司，18 年间平均收益增长 18%，平均利润增长 22%，平均市值增长 32%（George，2003），这预示着真实型（CEO）领导提高组织绩效。

我国学者谢衡晓在结合凌文辁 CPM 理论的基础上系统研究了中国情境背景下真实型领导的内涵结构、结果变量及真实型领导与结果变量间的中介变量等问题（谢衡晓，2007）。研究结果表明，在企业中推广真实型领导可以有效降低企业的管理成本和人员流动率，改善领导与下属的关系，提高员工的满意度和积极性。此研究还开发了中国情境背景下的真实型领导量表，并验证其量表的信度和效度，为今后国内推进真实型领导的发展奠定了基础。

最后，表 3－2 列示了国内外真实型领导和结果变量之间关系研究的主要结论。

表 3－2　　国内外真实型领导和结果变量之间关系研究

作者	样本	后果			
		个体态度行为	个体绩效	团队结果	组织结果
Henderson 和 Brookhart（1996）	学校领导（63）/职员（835）	职员真实性		领导效能	组织气氛、组织健康
Jensen 和 Luthans（2006）	雇主（62）/员工（179）	工作满意度、组织承诺、工作幸福感			
Lagan（2007）	毕业大学生（117）	情感承诺	工作福利		
Wood（2007）	军校学员（335）		下属绩效	领导绩效	
Walumbwa 等人（2008）	研究 1：美国员工（414）	组织承诺、满意上级	组织公民行为		
	研究 2：肯尼亚领导/员工（478）	工作满意度	工作绩效		
Walumbwa 等人（2009）	美国领导者（146）/员工（526）			团队信任、集体效能感、团队公民行为、团队工作绩效	

续表

作者	样本	后果			
		个体态度行为	个体绩效	团队结果	组织结果
Tuttle（2009）	团队（59）/学生（500）	满意上级、情感承诺、信任领导、心理资本	任务绩效、组织公民行为、偏差行为	集体认同	
Clapp－Smith 等人（2009）	团队（26）/员工（89）	信任领导			财务绩效
Wong 和 Cumming（2009b）	临床人员（147）/非临床人员（188）	进谏行为、工作耗竭、信任领导	工作绩效		
Chen（2010）	管理者（162）/员工（173）	组织承诺			
Wong（2010）	护士（288）	个人认同、社会认同、信任领导、敬业度、进谏行为			单位效率
Patara（2011）	新西兰和澳大利亚领导者（40）/员工（150）	工作满意度、发展机会、下属真实性		团队绩效	
Hannah 等人（2011）	军队团队（47）/战士（217）			团队真实性、团队协作行为、团队生产率	
Kiersch（2012）	领导者（37）/员工（187）	感知压力、情感承诺、离职倾向		群体绩效	
Leroy 等人（2012）	团队领导（49）/员工（252）	情感承诺	角色绩效		
Valsania 等人（2012）	团队领导（40）/员工（227）		OCBI、OCBO		
Wherry（2012）	领导者（32）/员工（240）		OCBI、OCBO		

续表

作者	样本	后果			
		个体态度行为	个体绩效	团队结果	组织结果
Hsiung（2012）	台湾连锁商店团队（70）/员工（404）	进谏行为、积极情绪、LMX、程序公正			
Rego 等人（2012）	公立大学团队（50）/个体（500）			团队效能、团队情感承诺、团队道德	
Woolley（2012）	新西兰员工(828)	心理资本			
Rego 等人（2012）	葡萄牙组织（33）/员工（201）	心理资本	员工创造力		
Leroy 等人（2012）	比利时团队（39）/员工（345）	真实型追随者、基本需求满意、	角色绩效		
Hmieleski 等人（2012）	公司创立者（179）			团队积极作风	公司绩效
Peterson 等人（2012）	研究 1：中尉(54)/准尉（162）	消极情感、积极情绪	工作绩效		
	研究 2：战士（171）	心理资本	下属绩效		
Weischer（2013）	参与者（334）	积极情绪、信任			
Cerne 等人（2013）	团队领导（23）/企业员工（289）			团队创新、团队创造力	

资料来源：根据本书整理。

第五节　研究评价

综上所述，目前国内外学者对真实型领导及其作用机制的研究还处在概念探讨及理论构想的提出阶段，还没有大规模的实证研究来验证这些概念或理论构想。目前学者们提出的与真实型领导相关的概念与构想，虽然有助于推动学术界和企业界对真实型领导的重视和研究，但是却存在一些不足，主要表现在：

（1）真实型领导构念维度与测量需要整合。真实型领导提出了一个宏大的构念，从自我意识、积极心理能力、道德、情感、价值、认知到领导对决策程序中信息的平衡处理，包含了特征、状态、行为（过程）、背景和属性等多维组合体，给实证研究带来很大困难。研究者需要设计出针对真实型领导可信、有效的测量工具。如果学者们能通过实证研究将真实型领导与其他的领导构念区分开来，则真实型领导理论就有可能获得进一步的发展；相反，如果这种构念不能与其他现有领导构念（伦理型领导、包容型领导）区分开来，即意味着真实型领导的构念与其他的领导构念是相同或相似的，因而也就是多余的。对于真实型领导中的有些成分（如自我意识），目前还没有相应的有效测量方法（韩翼、杨百寅，2009）。因此，研究者有必要首先开发出测量这些成分的有效方法，案例研究、访谈、人生故事和叙事等质化方法为问卷调查法提供有益补充。即定性与定量研究有机结合，可以解决这个问题。

不同学者对真实型领导的概念及内容结构的理解不同。一方面，由于真实型领导理论本身的发展正处萌芽阶段，不同西方学者对真实型领导的理解不同，这些不同观点虽然有助于开启人们的视角，但基本概念界定方面存在的分歧，却不利于真实型领导理论的整合与发展，比如一些研究者认为真实型领导构念维度中应包含道德成分。另一方面，国内关于真实型领导内容结构的研究还未展开，国内不同学者对真实型概念的理解也存在差异。所以，如何借鉴西方学者关于真实型领导的研究成果，并结合我国的实际情况，在此基础上确定真实型领导的概念及内容结构，建立和发展适合我国国情的真实型领导理论的成为当务之急。

（2）目前学术界提出的各种真实型领导模型还处于理论构想阶段，缺乏实证研究支持。西方学者从理论上探讨了真实型领导与一系列后果变量的关系及真实型领导与后果变量间的中间效应，但还没有对这些理论假设进行实证研究，这些理论假设是否适用于中国也未可知。故而有必要以中国员工为调查对象，建立适用于中国社会的真实型领导模型。首先，真实型领导对追随者的态度和行为的影响研究主要是从理论模型上进行，实证研究也仅仅是基于对真实型领导效度的验证，大多数研究并没有对真实型领导与追随者之间的关系进行深入互动，如没有探讨真实型领导中自我意识和自我调节各个成分对追随者态度和行为的影响。其次，在探讨真实型领导对追随者态度和行为影响过程，很少出现调节变量，如不同目标定向的追随者是否更有可能展现不同的绩效水平，A

性格的追随者比 B 性格的追随者更能坚持真实性等。最后，真实型领导传递给追随者的是不是一种积极的效果，在那些情况下，真实有助于组织效能和追随者效率提高，在那些情况下，真实可能导致追随者败德行为。

（3）跨文化真实型领导的实证研究非常缺乏。目前真实型领导研究主要在西方完成，仅有少量研究是在中国文化背景下进行的（Walumbwa、Avolio 和 Gardner 等人，2008；韩翼、杨百寅，2011）。而中西方文化有较大差异，西方的研究结论不可能在中国情景下完全复制。譬如西方真实型领导更多强调表里如一，而中国文化主张言行一致，西方文化强调真我，而中国文化更强调真情。另一方面，以关系为特征和儒家文化为主导的中国文化（感性）可能表现出对领导真实性的差异感知（关系真实），而以理性为特征的西方文化可能侧重于自我意识（认知真实）（韩翼、杨百寅，2009），所以解决中国组织中领导真实性与伦理问题需要更多有针对性的本土化研究来完成。

（4）组织层次的效应机制尚需开展。尽管一些西方学者提出过有关真实型领导的多层次作用机制模型，但相应的实证研究还很缺乏，有限的变量和缺乏边界界定的解释不足以提供充足的证据（Yammarino 等人，2008）。为了加深了解真实型领导作用机理，需要使用多层次方法探讨在个体层次和组织层次真实型领导效应。多层次研究不仅能够解释单一个体层次不能解释的现象，而且也能丰富真实型领导视角（Yammarino 等人，2008）。真实型领导是一个多维结构，往往处于一个被激活的自我概念状态（Working self - concept），分别呈现于意识、信息、行为和关系层面（Kernis，2003），因此有必要采取多层次研究设计。目前计算机提供了诸如 WABA（With - and - Between Entities Analysis）和 HLM（多层线性分析）等工具对多水平设计进行测量。这方面的研究还很缺乏，这也给本课题留下进一步研究空间。

总之，对近 10 年文献的综合阅读发现，真实型领导研究以理论研究居多，而实证研究居少。少量的研究分析了真实型领导构念维度、形成机制和影响效果。但主要是对真实型领导积极的影响结果研究，如下属福利、敬业度、工作满意度、持续高绩效、自我效能、组织公民行为（OCB）等等。但这些研究仅仅考察了真实型领导对个体组织行为的影响，而忽视了对组织效能的影响（Gardner 等人，2011；韩翼、杨百寅，2011），譬如对组织绩效和企业公民行为的影响（Clapp - Smith，Vogelgesang 和 Avey，2009；韩翼、杨百寅，2011；Gardner 等人，2011）。少量的研究不仅是有益的，也是对此领域研究者的鼓励和启发。如果能够对真实型领导进行更为细致、规范的研究，无疑会推进其相关研究成果。未来研究如果能够突破以上缺陷，也将会具有非常广阔的前景。

对真实型领导的研究，符合建设和谐社会管理理论的要求。在新的时代下，建立上下级之间和谐关系，以促进领导者自身和下属福利和健康显得非常重要（王忠军、龙立荣、刘丽丹，2011；郭晓薇，2011）。领导不仅要促进企业取得非凡的业绩，他们也必将这些发展成果与利益相关者共享（包括员工），以促进他们的福利和幸福感。一些主要的研究验证了这种想法。Ilies 等人（2005）认为，真实型领导将积极影响下属幸福和福利，这包括下属的个人表达、自我发展、沉浸体验、自尊和自我效能。真实型领导者不仅可以提升追随者对领导者的信任水平，还能够通过帮助追随者发现自己的才能、提供丰富的工作及发展同事间关系的机会，从而提高追随者的敬业度（Engagement）；追随者的敬业度能够有效提升其工作场所幸福感（Well - being），而幸福感和投入又均有助于促进追随者名副其实的、可持续的绩效（Gardner 等人，2005）。Avolio（2005）认为，真实型领导通过认同、希望、积极情绪、乐观以及信任等关键心理过程和状态而影响追随者的态度和行为，并最终通过影响下属的组织承诺、工作满意度、工作意义，并增加工作投入而对员工工作绩效和角色外行为和撤退行为产生影响。Walumbwa 等人（2008）研究则发现，真实型领导对员工组织承诺、工作满意度、组织公民行为和工作绩效产生影响。尽管如此，这些研究并不能显著区分于其他领导风格对上述相应变量的影响。正因为如此，一些研究者认为，如果不能有效区分真实型领导影响的独特差异性，提出一个新的构念是否是必要的，这也是我们需要进一步研究的原因之一。

第四章　真实型领导构念维度

第一节　构念及构念维度

在管理研究中我们经常会用到“构念”或者“模型”，“构面”或者“维度”以及“变量”或者“指标”一系列的术语，这些术语贯穿于我们的研究体系中。就构念而言，分为单维构念和多维构念，根据 Law 等人的定义，存在于多维范围内并且是包含一组联系的属性或者维度的构念才是多维构念（Law、Wong 和 Mobley，1998）。例如组织承诺是一个多维构念，它由情感承诺、持续承诺和规范承诺等三个维度组成（Meyer 和 Allen，1991）；工作绩效也是一个多维构念由任务绩效和关系绩效构成（Borman 和 Motowidlo，1993）。

Law 和 Wong 等人根据多维构念中整体构念与维度关系的差异，区分了多维构念的不同类型，他们指出在多维构念的应用中，需要明确整体构念与维度的关系，他们通过一项实证研究，展示了在整体构念与维度关系不同时所得出的研究结论也不同。（Law 和 Wong，1998，1999）。但是在现实的研究中，许多研究者经常忽视整体构念层面分析和维度层面分析的差异，这种问题主要表现在两个方面：首先是研究者没有清晰定义整体构念与维度的关系，他们用一般指标来指代一组相关联的构念并用标签来代替多维构念，譬如 Gelade 和 Ivery 提出的组织绩效是由销售额、顾客满意度、员工留职率和办事效率构成的，组织绩效是这一组指标的一般概念，而销售额和员工留职率是显性指标，顾客满意度和办事效率是隐性指标（Gelade 和 Ivery，2003），指标本身便存在内在的不一致性，这些指标完全可以独立于其他指标以及整体而存在，不能构成一个科学的多维构念。其次许多研究者将在维度层面的研究结论自动的应用到整体构念层面，例如 Moorman 等人的组织公民行为研究是在构念层面进行理论假设，却在维度层面的进行分析又将维度层面的研究结论应用到整体构念层面（Moorman、Blakely 和 Niehoff，1998），在心理契约（Dabos 和 Rousseau，2004）、心理授权（Huang 等人，2006）等研究中也有这问题存在。

Law 等人根据多维构念与维度关系的不同，按照关联层次和关联形式的不同将多维构念分为三类，具体分类标准如下：首先根据整体构念与维度的关联层次标准，如果多维构念相比其维度有更高层次的含义，或者说在多维构念中维度只是整体构念的不同表现形式，那么这一类多维构念就是潜在模型（Latent Models）；如果多维构念相比其维度没有更高层次的含义，即整体构念与维度表现了相同层次的含义，就要根据构念与维度的关联形式不同来区分。如果在多维构念中维度可以是整体构念的代数形式集合或者是整体构念的组成部分，这一类多维构念称为组合模型或者聚合模型（Aggregate Models）。如果多维构念中的维度不能成为整体构念的代数组合，而维度的不同层次的离散组合构成的整体构念形式称为剖面模型（Profile Models）。这三类多维构念模型在实际应用中都比较普遍（Law，Wong 和 Mobley，1998）。

一、潜在模型

在实际的分析中，我们经常使用显变量和隐变量的概念，所谓显变量是指可以直接观测的指标，譬如 GDP、离职率、薪酬水平等；而隐变量是指不可直接观测的必须用其他的指标间接的测量和体现，譬如离职倾向、组织支持感、组织承诺等。潜变量的测量指标与潜变量不在同一层次上，与潜变量一致的是，多维构念的潜在模型在整体构念上与其维度不在一个概念层次上，或者说整体构念只是其维度的共同因子，是相比维度更加抽象的概念。以柯江林和孙健敏等人的团队社会资本研究为例，社会资本综合而言是团队利用嵌入在团队中的社会网络进行资源交换的能力，他们经过实证研究认为团队社会资本包含六个维度分别是：互动强度、网络密度、同事信任、主管信任、共同语言、共同愿景，每个维度都是表示不同的含义并且存在内在的联系（柯江林、孙健敏、石金涛和顾琴轩，2007）。相比团队成员的互动强度而言，团队的社会资本是一个更加抽象的概念，而互动强度只能表示某个时间水平上不同成员之间普遍接触的程度，我们可以说互动强度是社会资本的一种表现形式，其他的维度也是分别代表了社会资本的一种表现形式，所以社会资本只是这六个维度的共同方面或者共同因子。在社会资本的多维构念构建中既要有坚实的理论基础作为支撑（Burt，1992；Nahapiet 和 Ghoshal，1998），也要有规范的实证分析来验证，比如用探索性因子分析（Exploratory Factor Analysis，EFA）和验证性因子分析（Confirmatory Factor Analysis，CFA）来对多维构念进行验证。另外如 Liden 和 Maslyn 提出的领导—成员交换包含情感、忠诚、职业尊敬和贡献等四个维度（Liden 和 Maslyn，1998）；Meyer 和 Allen 提出的组织承诺包含情感承诺、持续承诺和规范承诺等三个维度（Meyer 和 Allen，1991）；Borman 和 Motowidlo 通过对空军飞行员的研究，提出的工作绩效包含任务绩效和关系绩效两个维度（Borman 和 Motowidlo，1993）。在组织行为和管理学研究中，大部分多维构念都是潜在模型（Latent Models）。

二、聚合模型

与潜在模型相比，聚合模型和剖面模型的维度与整体构念在研究层次上属于同一层次。在聚合模型中，整体构念是具体维度的代数组合即每个维度只是整体构念的一部分，譬如最明显的聚合多维构念模型的例子，是 Stone 提出的工作特征（Job Characteristics）模型，他认为工作特征是由多样性、自主性、任务显著性、任务明确性和反馈等五个维度构成，虽然各维度也是潜变量，但是各个维度是工作特征的直接体现，维度与整体构念属于同一层次的研究，譬如任务多样性只是构成了工作的内容的丰富程度这一特点，而自主性是工作中员工能够自主决策和开展工作的程度这一特点，总之这五个维度共同构成了工作特点这一多维构念（Stone，1976）。这五个维度虽然代表了独特的含义，而且也存在内在的联系，一个工作需要不同的技能、明确性和显著性，并且需要一定的自主性和反馈。工作特征不是这五个维度的共同因子，而是这五个维度构成了工作特征。从内在逻辑关系而言，聚合模型是维度形成了构念，而潜在模型代表了维度的共同因子，这些维度完全可以独立于整体构念成为一个变量，所以潜在模型是一种共同的属性包含了相应的维度。从因果关系和路径方向来说，聚合模型中维度的尖头是指向整体构念的，而潜在模型中是整体构念的箭头指向具体维度的。

三、剖面模型

剖面模型是指不同维度的不同特点的集合，展现了不同维度的不同侧面的多维构念。虽然和聚合模型类似，在剖面模型中整体构念和维度处于同一研究层次，但剖面模型不能看作各维度的代数组合形式。最常见的剖面模型是 Myers 等人提出的个性倾向模型即 Myers Biggs Type Indicator（MBIT），表现为四个维度：（1）感觉—知觉，用以测量个体提取信息的方法；（2）外向—内向，用以衡量个体注意力的差别；（3）思维—情感，用以衡量个体做决策或判断使用的方法；（4）判断—认识，用以衡量个体与外界交往或者适应过程中所采用的生活方式（Myers 和 McCaulley，1985）。这四个维度上表现出高低的差异，从而形成 16 种可能的人格特点。另一个明显的剖面模型是 Holland 提出的职业性向模型，分为现实型、研究型、社会型、传统型、企业型、艺术型等六个维度（Holland，1973）。剖面模型所表现的特点是个体可能在某个维度或者两个维度的测量中表现出高分，可以认定该个体在某些维度有突出的特征，但是个体不可能在所有的维度表现出高分，因为某些维度内在关系就是相对的，我们可以根据个体在维度上的表现确定在整体构念的类型，这与聚合模型和潜在模型都是有区别的。

四、非多维构念模型

在有些研究中，用一个标签代替一组松散联系的变量的集合，不属于以上提到的多维构念中的任何一种，不适合在多维构念的视角下进行分析，譬如上文中 Gelade 和 Ivery 提出组织绩效是由销售额、顾客满意度、员工留职率和办事效率构成的，组织绩效是这一组指标的一般概念，而销售额和员工留职率是显性指标，顾客满意度和办事效率是隐性指标（Gelade 和 Ivery，2003），指标本身便存在内在的不一致性，这些指标完全可以独立于其他指标以及整体而存在，不能构成一个科学的多维构念。Gelade 和 Ivery 还在其研究得出结论组织气候（单维构念）是人力资源管理实践影响销售的中介变量，却不是人力资源实践影响顾客满意度的中介变量，首先销售额和顾客满意度这些变量与组织绩效的关系就是松散的不存在紧密的联系，我们无法将组织气候影响相关变量的结论应用到组织绩效上去。当然后来的研究者注意到了组织绩效这个伪多维构念模型在分析时的问题。

另一个典型的伪多维构念是 Hofstede 提出的文化模型，他认为文化有四个维度：个体主义、权力距离、不确定性规避和男子气概。这四个维度形成了一个松散的集合，他并没有定义这四个维度与文化之间是怎样的关系，截至目前也没有一个有力的实证研究来验证他的这一文化构念，所以 Hofstede 的文化模型不能称为一个科学的多维构念，更为确切的提法是文化架构或者框架。

通过以上分析我们可以看出，明确构念与维度的关系即使用的多维构念类型在实证研究中十分重要，这将我们的研究结论产生影响。因此，在研究真实型领导时，需要区分相应的模型的区别。

第二节　构念维度研究

真实型领导的构念维度，主要建立在真实和真实型领导定义基础上。现行的研究主要有三维模型、四维模型、五维模型和高阶二维模型，它们的比较如表 4－1 所示。

表 4－1　　真实型领导构念维度比较

研究者	样本量	题目数	构念维度	模型类型
Kernis（2003）	无	3	自我意识	潜在模型
		3	无偏见加工	
		3	真实行为	
		3	关系透明	
Jensen（2006）	148	30	领导行为	聚合模型
		8	未来定向	
		26	伦理气氛	
Wood（2007）	335	7	透明性	潜在模型
		10	利他性	
		3	行为一致	
谢衡晓（2007）	523	5	下属导向	聚合模型
		5	循规蹈矩	
		5	领导特质	
		4	诚实不欺	
		4	正直无私	

续表

研究者	样本量	题目数	构念维度	模型类型
Tate（2008）	115	9	自律和伦理标准	潜在模型
		4	建立积极关系	
		5	指向目标的激情	
Walumbwa 等人（2008）	436	4	自我意识	潜在模型
		5	关系透明	
		4	内化道德	
		3	平衡加工	
Gerber（2006）	119/250	3	了解真实自我	潜在模型
		6	诚实领导	
		3	沟通做作	
		3	他人取向	
		3	发展他人	
Wood 等人（2008）	90	4	从自我疏离	剖面模型
		4	接受外部影响	
		4	真实生活	

上述理论建构了真实型领导的结构及其维度，但由于缺乏实证研究的支持，无法获得学者的一致认可。一些学者认为，正在兴起的真实型领导理论必须在以下四个关键问题上有所突破：（1）科学地界定与测量真实型领导构念；（2）确定真实型领导构念的结构效度和区分效度；（3）考察真实型领导构念的法则关系；（4）确定真实型领导是否可以开发。一些学者尝试着做出努力，相继开发出不同版本的真实型领导结构量表，对比如表 4－2 所示。

表 4－2　　　　真实型领导的测量

研究者	样本量	题目数	维度结构	信度	效度（载荷）	评估方式
Jensen（2006）	148	30	领导行为	0. 82	－	自我（创立者）
		8	未来定向	0. 88	－	
		26	伦理气氛	0. 80	－	
Wood（2007）	335	7	透明性	－	－b	自我，学生
		10	利他性	－	－b	
		3	行为一致	－	－b	

续表

研究者	样本量	题目数	维度结构	信度	效度（载荷）	评估方式
Tate（2008）	115	9 4 5	自律和伦理标准 建立积极关系 指向目标的激情	0.84 0.84 0.88	0.43－0.72 c 0.72－0.86 c 0.53－0.82 c	自我，学生
Walumbwa 等人（2008）	436	4 5 4 3	自我意识 关系透明 内化道德 平衡加工	0.85a 0.78a 0.78a 0.77a	0.67－0.71 d 0.63－0.78 d 0.62－0.74 d 0.68－0.74 d	追随者
Neider & Schriesheim（2011）	499	3 3 4 4	自我意识 关系透明 内化道德 平衡加工	0.79 0.80 0.85 0.85	0.61－0.71 0.74－0.79 0.70－0.77 0.68－0.74	EMBA
谢衡晓（2007）	428	5 5 5 4 4	下属导向 循规蹈矩 领导特质 诚实不欺 正直无私	0.82 0.86 0.84 0.74 0.74	0.67－0.80 0.71－0.84 0.71－0.80 0.68－0.83 0.64－0.67	企业员工

注：（1）a 为第一次研究的中国样本的结果；d 为第二次研究的美国样本；（2）b，NNFI、GFI、CFI 指标均大于 0.99，RMSEA 小于 0.04；效标效度相关系数大于 0.49；（3）c，第 18 个题目“在压力之下我表现得很情绪化”载荷低于 0.5。

一、Kernis（2003）理论模型

在建立最优自尊理论时，Kernis（2003）提出真实包含四种成分：意识、无偏见加工、行动和关系定向。意识涉及一个人有意识或者信任自己的动机、情感、愿望和自我相关的认知。它意味着对个体自己的个人特征、价值观、动机、情感及认知的意识和信赖。简而言之，真实成分的意识涉及了解一个人的需求、价值观、情感、个性和它们对行为产生的作用。无偏见加工涉及不否认、不扭曲、不夸大或不忽视私人信息，内在经历和基于评估的外部信息，实际上涉及一个人客观接受积极的和消极的方面、归因和品格。真实的第三个成分是行动或者行为，即言行一致。真实的行为是个体以自己的价值观和信念为基础的。个体的所言与他们的信念是一致的，个体的所行则与他们的所言及信念一致。个体的行为不是为了取悦他人、博取声望或出于某些个人的或狭隘的政治兴趣。

同时，Harter（1997）认为，三种不同的动机削弱真实行为：个体由于不喜欢自己或者权威人物不喜欢自己而贬低自己的价值；想要取悦其他人或者是被其他人喜欢；作为一种角色扮演的方式想要不断试验不同的自我。Kernis（2003）认为，角色扮演并不必然是不真实的，因为人们在不同的情境下，真实激活的模式是不一样的。真实的第四个成分是关系定向，涉及认可和你关系亲近的人是否真正的了解你，了解你的好和坏。关系真实性意味着自我暴露的选择过程和共同信任的开发，意味着真诚地而不是虚伪地对待亲密的人。

Ilies 等（2005）提出了一个四成分真实型领导的模型，包括：（1）自我意识；（2）无偏见加工；（3）真实行为/行动；（4）真实关系定向。自我认识是指一个人对自己的性格、价值观、动机、感情及认知等方面的知识和信任程度。无偏见加工是指一个人在处理与个人相关的信息的过程中不否认、不扭曲、不夸大、不忽视私人知识、内在经验及建立在外部评价基础上的评价信息。真实行为是指人们的行动是否与他们的真实自我相一致。真实行为意味着某行为与一个人的价值观、偏好、需要是一致的，该行为不是仅仅为了取悦他人、或获取某种利益、或避免某种惩罚。真实关系倾向包括在人际关系中重视公开性、信任及竭力去寻求公开性和信任。可以看出，上述二者的模型中反映了人类自我实现的六种成分：自我接受、环境掌控、生活目的、积极关系、个人发展和自我决定（Ryff 和 Keys，1997）。自我意识和无偏见加工会增强自我接受和环境掌控，同时也定义了一个人的生活目的；真实的关系定向会导致积极关系；自我意识和无偏见加工通过自我开发会增进一个人的自我发展；真实行为有自我决定所定义。

Gardner 等人试图整合真实型领导结构，他们的模型集中在自我意识和自我调节。作为真实型领导的一个成分，自我意识是指对个体自己的个人特征、价值观、动机、情感及认知的意识和信赖。具体到真实型领导者而言，自我一致是他们的本质特征，即行动（Actions）和语言（Words）一致。他们确认了许多和自我调节相关的成分，包括内化调节、平衡加工信息、关系透明和真实行为。这些成分与 Ilies 等人四维度模型中的无偏见加工、真实行为和真实关系导向是一致的。作为讨论真实性和最优自尊的一部分，Kernis 使用了无偏见加工，而 Gardner 等人建议使用平衡加工（Balanced Processing）代替无偏见加工，因为人类作为信息加工者具有与生俱来的缺陷和偏见，尤其是当加工与自我相关的信息时更是如此。平衡加工意味着当前信息以一种能够虑及他人观点的方式而得到加工和理解，能够更加客观评估和接受正的和负的信息，合格或不合格，技能缺陷、低绩效和负的情感。真实行为是指个体是否以一种与其真我（True Self）相一致的方式行事。真实行为意味着个人的行为与其价值观、偏好和需要具有自我一致性，而不是仅仅通过虚假取悦他人以获得回报或逃避惩罚。真实行为不是一种强迫的行为，而是自由地、自然地表达核心情感、动机和倾向。尽管当外部环境和内在自我受情景因素影响可能发生冲突，真实型领导会根据自我信仰行事，而不受外部压力影响作出决策。真实型领导的第四个成分，即真实关系导向，指重视并努力达到关系中的坦率、真诚，它是一个自我展现和发展相互亲密及信任的积极过程。关系真实与真实型领导的其他成分具有紧密的联系。当个体逐渐了解自己的优点和缺点时，他们展示出高水平的稳定性。这样的个体对于周围其他人将会更加透明、开放并保持亲近关系，他们愿意和他人分享他们的想法和情感。使用关系透明比使用真实关系导向更好，因为关系透明更有效地描述聊领导者和追随者彼此分享信息和亲密关系的特征，更好地反映了透明性和公开性。尽管如此，Gardner 等人仍然认为，积极的模式（Positive Modeling）应该加入到真实型领导成分之中。

二、Walumbwa 等人（2008）模型

Walumbwa 等人（2008）对上述模型进行了修补，提出了自己的四维模型：自我意识、平衡加工、真实行为和关系透明。受自我决定论的影响，作为真实型领导的一个成分，自我意识是指对个体自己的个人特征、价值观、动机、情感及认知的意识和信赖。具体到真实型领导者而言，自我一致是他们的本质特征，即行动（Actions）和语言（Words）一致。自我意识涉及价值观、认知和情绪。这些特征也会作为一种积极的范式影响到下属的价值观、认知和情绪。自我调节包括内化调节、平衡加工信息、关系透明和真实行为。Kernis 使用了无偏见加工，而 Gardner 等人建议使用平衡加工（Balanced Processing）代替无偏见加工，因为人类作为信息加工者具有与生俱来的缺陷和偏见，尤其是当加工与自我相关的信息时更是如此。平衡加工意味着当前信息以一种能够虑及他人观点的方式而得到加工和理解，能够更加客观评估和接受正的和负的信息，合格或不合格，技能缺陷、低绩效和负的情感。真实行为与 Wood 行为一致维度类似，是指个体是否以一种与其真我（True Self）相一致的方式行事。真实行为意味着

个人的行为与其价值观、偏好和需要具有自我一致性，而不是仅仅通过虚假取悦他人以获得回报或逃避惩罚。真实行为不是一种强迫的行为，而是自由地、自然地表达核心情感、动机和倾向。真实型领导的真实关系导向在所有模型中都出现过，只是所使用的名词不同而已，如真实关系、关系透明、积极关系等。关系真实与真实型领导的其他成分具有紧密的联系：当个体逐渐了解自己的优点和缺点时，他们展示出高水平的稳定性。这样的个体对于周围其他人将会更加透明、开放并保持亲近关系，他们愿意和他人分享他们的想法和情感。使用关系透明比使用真实关系导向更好，因为关系透明更有效地描述了领导者和追随者彼此分享信息和亲密关系的特征，更好地反映了透明性和公开性。

Walumbwa 等人首先利用演绎和归纳法形成相应题目（Items），通过与研究者及研究生探讨什么成分组成真实型领导，形成了最初的 5 种成分：自我意识、关系透明、平衡信息加工、内化调节和积极道德观点。其后用内容分析法在读博士中进行访谈，结果发现，没有新的维度增加，但最终的维度减小到4 个，将内化调节和积极的道德观点合并成一个维度：内化的道德观点。为了进一步测试四维真实型领导的效度，他们对变革型领导和伦理性领导与真实型领导进行对比研究。通过内容分析，最终形成 16 个题目：自我意识（4 个）、关系透明（5 个）、内化的道德观点（4 个）、平衡的信息加工（3 个）（见表 4 – 3）。使用中美两国样本进行的验证性因素分析发现，二阶模型匹配指数最节俭，匹配指数也更好，且中美版本的因子载荷均大于0. 6 以上，证实了真实型领导区分为四个维度的可能性。通过问卷调查比较真实型领导、伦理型领导和变革型领导的区分效度和集合效度，并用追随者的组织公民行为、组织承诺和上级满意度检验其预测效度。结果发现，真实型领导和其他两个构念有很好的区分效度，并且在预测追随者的组织公民行为、组织承诺和上级满意度方面比其他两个构念更好。

表 4 – 3　　　　　　　真实型领导的测量对比

Walumbwa 等人（2008）	Neider 和 Schriesheim（2011）
能准确说出自己的意思	
愿意承认所犯错误	
鼓励每个人说出他们的想法	鼓励每个人说出他们的想法
会告诉你事实真相（说实话）	会告诉你事实真相（说实话）

续表

Walumbwa 等人（2008）	Neider 和 Schriesheim（2011）
表露真情实感	表露真情实感
行动与信念一致	行动与信念一致
基于自己的核心价值观做出决策	基于自己的核心价值观做出决策
要求我立场坚定以支持我自己的核心价值观	要求我立场坚定以支持我自己的核心价值观
在决策困难时，往往基于高标准的道德操行进行	在决策困难时，往往基于高标准的道德操行进行
征求挑战自己根深蒂固的立场意见	征求挑战自己根深蒂固的立场意见
分析有关数据之后才做出决定	分析有关数据之后才做出决定
仔细倾听不同的观点，然后得出结论	仔细倾听不同的观点，然后得出结论
寻求反馈意见以改善与他人的互动	寻求反馈意见以改善与他人的互动
能准确描述其他人如何看待他/她自己的能力	能准确描述其他人如何看待他/她自己的能力
能适时重新评估自己在重要问题上的立场	能适时重新评估自己在重要问题上的立场
展示自己知道如何采取具体行动以影响他人	展示自己知道如何采取具体行动以影响他人

Neider 和 Schriesheim（2011）认为，Walumbwa 等人（2008）的问卷主观性过强，主要依赖博士生和其他专家的主观体验和判断。该量表也和变革型领导构念的测量有许多重叠。该测量中二阶模型也比一阶模型匹配效果更好。由此，Neider 和 Schriesheim（2011）基于 Walumbwa 等人的量表进行了重新开发，并进行 3 次研究，形成一个四维度 14 题目的量表（如表 4－3 所示）。

可以看到，上述真实型领导不仅从认知（自我意识）、情感（平衡加工）、行为（真实行为）三个方面进行定义，而且考虑关系（关系透明）进行了强化。

三、其他模型

在考察心理资本与真实型领导关系的实证研究中，Jensen 从真实型领导行为、未来导向以及组织的伦理气氛三个维度设计真实型领导量表。取样较小（N＝60），信度效果却较好，但由于缺少对真实型领导结构的效度分析，它并不能作为真实型领导具有三维结构的可靠支持。Wood 主要利用三种方法考察真实型领导的法则关系，即运用内容分析法和评分法对真实型领导范围进行界定，结果内部评定（Inter－rater）为 88%，结构方程分析发现，三维结构拟合指标最优，证实真实型领导三维模型具有较好的结构效度和法则效度。Tate 的研究主要是纵向检验自我监控、真实型领导与感知的领导力之间的关系，通过设计初始感知的领导力和感知改变的领导力之间关系，利用多层线性模型分析时间 1 和时间 2 的真实型领导的变化。对量表的检验发现，真实型领导具有很好的效度和信度。

Wood（2007）三维模型强调透明、利他性和行为一致，符合领导内容结构的传统理论模式：特质（利他性）、关系（透明）、行为（行为一致）。透明表达了三个方面的含义：开放性地、清晰地向相关利益者表达自己的价值观、信仰、态度以及自己的优点和缺点；公正、透明地对待追随者，无偏见加工来自追随者的信息和相关利益者对道德和伦理困境公开地展开讨论。事实上，这一维度契合了四维模型中的自我意识、无偏见加工和关系透明（关系真实）三个维度。利他性则强调公平公正对待他人，尊敬对待他人，为群体放弃自我利益，开放对待他人的创造性主意以及为了相关这里以充满激情地用心领导。这个维度也考虑了真实型领导志在开发追随者的真实性的目的，提供追随者自由的环境和支持性的气氛，并帮助追随者解决道德和伦理两难困境，通过积极的范式和心理状态，促使追随者展现与自我概念一致的真实性。这个维度包含了其他研究者所没有的内容，在真实型领导构念维度中导入了积极情绪、便利他人，创造高度发展气氛的内容。行为一致则从领导者本身出发，暗示真实型领导言行一致，表里如一，以一种与个人深层价值观和信念相一致的方式行事，树立可信性，通过鼓励不同观点以及与追随者建立协作性关系网而赢得追随者的尊敬和信任，并因此而以一种被追随者确认为真实的方式来进行领导。当这一过程传递给追随者时，他们也可能以类似的、可以向领导者、同事、顾客以及其他利益相关者展示真实的方式来工作，因此随着时间的推移，真实就有可能成为组织文化的基础。很遗憾的是，这一模型并没有对自我意识进行充分的强调，但却包含了以前研究者所没有的情绪内容以及以后研究者所关注的真实行为的内容。

Tate（2008）的研究主要是纵向检验自我监控、真实型领导与感知的领导力之间的关系，通过设计初始感知的领导力和感知改变的领导力之间关系，利用多层线性模型分析时间 1 和时间 2 的真实型领导的变化。对量表的检验发现，真实型领导具有很好的效度和信度。

高阶模型则是对前面理论的整合，强调自我意识和自我调节两个高阶成分，并对自我意识和自我调节进行细分。这与自我理论的根基是一致的，因为当人类行为与自我概念不一致时，他们会对自己的行为进行调整，否则会发生行为失调和产生抑郁。三维模型、四维模型和高阶二维模型从各自的视角出发，建立了相应的真实型领导构念维度，对理论的发展提供了坚实基础，但差异化的理论模型也提醒研究者谨慎对待。

中国的一些研究者也对此做出了相应贡献。陈劲（2007）在对中国古代和中国现代人诚信结果分别进行了探讨。在对《辞源》97024个词汇分析基础上，通过逐步缩减，最后形成106个有关诚信的相关词汇。然后利用改词汇表，施测于424名研究生和专家，让他们对中国古代76名诚信人物进行评价，经过因素分析，得出古代正性诚信维度为：信近于义、诚敬恭谨、内真外直、仁者爱人和至信勇行。负性诚信维度为：虚滑不实、欺诈无信、轻狂自大、奸巧狡猾。现代人的诚信维度也包括正性和负性维度。正性维度包括：严谨性、宜人性、友善性和公正性。负性维度包括：虚假、自私、世故和钻营。尽管这一研究建立在可靠的词汇分析基础上，但诚信所包含的的意义与真实有很大差别。

谢衡晓（2007）在回顾中西方文献的基础上，通过访谈和多次测试，对诚信领导结构维度进行测试，最后形成五因素结构模型：（1）下属导向，主要包括如实评价下属贡献、尊重下属、不离间下属、说话算数并能兑现自己的诺言；（2）循规蹈矩，主要包括遵守社会公德、悟守自己的信念、遵纪守法、以身作则并自觉遵守组织的规章制度、坚持原则；（3）领导特质，主要包括有远见、有激情、敢于创新、有亲和力、有魄力；（4）诚实不欺，主要包括不发布虚假信息、不弄虚作假、不说一套做一套、不口是心非；（5）正直无私，主要包括真诚对待下属、做事公平公正、对上对下态度一致、不会为个人私利而损害组织或下属利益。和西方领导模型开发不同的是，这一构念的开发，既包含了领导行为，也包含了领导特征。

王勇和陈万明（2012）在前人研究基础上，通过对题目的分析，建构了四个不同层次的维度结构：员工导向真诚、关系导向真诚、价值导向真诚和工作导向真诚。尽管这一研究基础非常薄弱，但提供意义却是非常大的。至少从不同的解释水平上对真实型领导进行了研究。

第五章 真实型领导与员工组织承诺（一）

第一节 问题提出

作为一种普遍存在的重要社会影响过程与行为，领导者与领导现象始终是公众的焦点。从20世纪开始，西方学术界开始采取科学研究的方法，对领导进行系统性地研究，学者们致力于寻找、开发优秀领导者的要素，包括：特质、能力、行为、权力来源，以及部属、工作、其他情境条件等因素如何影响领导者在领导部属及目标达成上的有效性。到20世纪70年代后期，价值多元、竞争加剧和组织环境不确定性增强，在客观上要求研究者聚焦领导（Leadership）区别于管理（Management）的独特功能，探求如何通过提高领导效能，提升组织绩效、推动社会进步的有效路径。这一努力过程真正揭示了领导与管理本质区别的是兴于20世纪80年代的新领导理论，即有关的魅力型领导、愿景型领导和变革型领导（韩翼、杨百寅，2009）。

在过去50年间，领导学者已经发表了超过1000篇的研究文章试图探讨伟大领导者的卓越风格（Definitive Styles）、魅力或个性特征，但没有一个研究产生一个了清晰的画像（George 和 Sim，2007）。虽然不少学者都非常认可有关领导的研究已有所积累和成就，并且出现了众多的领导理论丛林，但领导理论与思潮的嬗变及与时俱进也在不断演进之中。近年来出现的公司丑闻和管理渎职现象，引起了人们对领导者的信任危机，也引发了人们对领导者道德、社会责任及其真实问题的重新思考。一些组织行为学家以领导学、道德学、积极心理学及积极组织学等领域的相关研究为基础，提出了一种全新的领导理论，即真实型领导（Authentic Leadership）理论（Luthans、Youssef 和 Avolio，2004）。著名的盖洛普领导研究中心还于 2004 年 6 月在美国内布拉斯加州举行了一次峰会，专门探讨真实型领导及其发展问题。会议的目的就是促进来自不同背景的学者和实际管理者的交流，加速与真实型领导和真实型下属相关的基础理论和原创性观点的产生和发展。大会收到了 80 余篇理论文章，其中的 7 篇通过 The Leadership Quarterly 的标准论文审核程序后，发表于其 2005 年 16 期的真实型领导特刊上（Avolio 和 Gardner，2005）。盖洛普领导研究所大会的召开及其会议成果的陆续发表，显示了真实型领导已得到西方学者的充分重视。

与对真实型领导前置变量及作用机制研究较少不同，自真实型领导概念提出之后，对真实型领导结果变量的研究则相对较多，尤其是对追随者态度和行为的影响理论研究。Avolio 等人（2004）研究发现，真实型领导通过影响心理资本，进而影响到员工的工作满意度、组织承诺以及敬业度等，可能直接影响到员工的绩效，也可能是通过对工作态度的作用而影响工作绩效。Avolio 等人（2005）以领导、情绪、信任、社会认同和同一性以及积极心理学等方面的已有理论及实证研究为基础，理论上探讨了真实型领导对追随者态度和行为影响过程和机制。他们认为，真实型领导通过个人认同和社会认同对希望、积极情绪、乐观以及信任等关键心理过程和状态产生影响，并最终影响追随者组织承诺、工作满意度、工作敬业度和工作意义。Walumbwa 等人（2008）将变革型领导和伦理性领导与真实型领导进行对比研究，通过问卷调查比较真实型领导、伦理型领导和变革型领导的区分效度（Discriminative Validity）和集合效度（Convergent Validity），并用部属的组织公民行为、组织承诺和工作满意度检验其预测效度（Predictive Validity）。结果证实，真实型领导区分为 4 个子维度：自我意识、关系透明、内化道德和平衡加工，并和其他两个构念有很好的区分效度，在预测部属的组织公民行为、组织承诺和上级满意度方面比其他两个构念更好，路径系数更高。

遗憾的是，过去较少研究探讨关系在真实型领导中的边界作用。根据以往的研究，本章试图考察真实型领导对员工组织承诺的影响，并检验相关调节效应和中介效应在真实型领导和组织承诺之间干预机制，这将丰富真实型领导的相关研究。有关真实型领导对组织承诺的研究分为两章：本章主要探讨试图检验圈内人感知在真实型领导与心理授权之间的调节作用，这将丰富真实型领导的相关研究。主要目的在于：第一，在中国情景下，检验真实型领导行为对员工工作态度的影响；第二，从心理授权的视角解释真实型领导作用机制；第三，本研究通过检验员工圈内人感知的调节作用也将进一步丰富跨文化研究的相关理论。

第二节　研究假设

一、真实型领导与员工组织承诺

已有的研究表明真实型领导会影响部属的态度、行为和工作绩效。Ilies 等人认为，真实型领导对部属个人表达性、自我实现以及自我效能、自尊具有正向影响（Ilies 等人，2005）。真实型领导者的真实性和不断提高的自我意识促进了与部属之间的关系和谐和信任，也增进了部属的组织认同。真实型领导者通过为部属创设支持性的工作环境而提高和维持部属的希望水平，还可以借助一定的培训向部属展示和灌输现实的乐观主义，并通过这一过程提高部属的绩效（Avolio 等人，2005）。一些研究认为，真实型领导对部属通过榜样作用，对部属的态度和行为产生影响，例如，Avolio 等人强调真实型领导对部属信任、希望和积极情绪的影响，并最终影响部属的工作绩效、额外努力和撤退行为（Avolio 等人，2004）；而 Garnder 等人建立了真实型领导和工作绩效之间关系的模型，认为真实型领导者将促进部属高水平的工作场所的福利、敬业度、信任和持续高绩效（Garnder 等人，2005）。Wood 研究结果发现，真实型领导通过促进部属的心理资本，而最终提高其工作满意度。Walumbwa 等人（2008）利用中美样本证实了真实型领导和组织承诺、工作满意度、组织公民行为以及工作绩效之间的正相关关系。国内学者在真实型领导研究领域基本上还是空白，谢衡晓进行了诚信领导与员工态度行为的相关研究，结果表明，诚信领导对满意度、角色绩效、组织认同及同事间的利他行为均有显著的正向影响（谢衡晓，2007）。另外一些实证研究已经发现，真实型领导对员工敬业度、组织承诺和工作绩效产生影响（Gardner 等人，2011）。理论研究指出，在一个包容的、伦理的和关心人的组织氛围中，真实型领导会促进员工更加投入（敬业度），态度更加积极，因而会对组织更加忠诚（组织承诺），并产生更多角色外行为（Jensen 和 Luthans，

2006；Gardner 等人，2011）。基于此，提出以下假设：

H1：真实型领导对员工组织承诺有显著正向的预测作用。

二、心理授权中介作用

心理授权是一个多维度概念，它通过四种认知来体现，即意义（Meaning）、能力（Competence）、自我决策（Self－determination）和影响力（Impact）。心理授权能够促进员工的组织承诺，这是因为：员工对自己能力的信心能够激励他们为了组织的利益而付出相当的努力；员工对组织的影响力使他们有机会参与组织体系的形成过程；一项有意义的工作能在工作角色的要求和个人的价值体系之间形成适当的匹配；自我决定性使员工能够控制自己的工作并能参与和工作相关的决策过程（Janssen，2004）。研究表明，感觉自己被授权的员工更有可能向其所在的组织报以更高的组织承诺（Spreitzer，1995、1999）。被授权的员工将会认为自己更有能力、能以更有意义的方式影响他们的工作和组织（Thomas 和 Velthouse，1990），并认为自己对组织是重要的、有影响力的、留在组织中是值得的（Kark、Shamir 和 Chen，2003）。员工所感知到的被组织重视的程度与他们对工作职责的尽责程度以及他们对组织的情感依附程度成正相关关系。也就是说，员工越是感觉到自己被组织所重视、被授权，就越是表现出组织承诺，即组织承诺。如果组织给员工提供决策自由、挑战和责任的机会以及能让员工感觉到意义、影响和自我决定性的机会，那么员工将会感激组织，并且他们对组织的认同、依附和组织承诺度将增强，即心理授权能够促进员工对组织的组织承诺（雷巧玲、赵更申、段兴民，2006）。陈永霞等人的研究也发现，心理授权在变革型领导和组织承诺之间起中介作用。以上研究表明，心理授权对组织承诺产生正向影响（陈永霞、贾良定、李超平、宋继文、张君君，2006）。

心理授权也会在领导真实型领导和组织承诺之间起中介作用。戈夫曼曾提出过一种戏剧理论，将人们的日常生活中的行为分为前台行为和后台行为。当下属并没有感知到授权，他们就不会感知到自由、自信、工作意义及工作影响力，因而将领导行为看做是一种面子工程。这不仅不能使员工产生组织承诺，相反可能会使员工产生逢迎行为（Ingratiation）。真实型领导支持部属自我决定，提供给部属技能开发和自由的机会，并增进部属内在激励水平、自尊和创造性。不仅如此，真实型领导者还通过言行中展现出的自信及对部属的信任和信心，为他们提供认知、情感及道德援助，使他们对自己的能力持发展的观点，并促进其自信心的提高。真实型领导者能够预期潜在的压力或逆境，制定应急计划以支持和帮助部属积极地应对它们，并且当部属向自己求助时能够挺身而出并做出积极的回应，从而使他们在面临变革时，不仅能坚持住，而且能最终获得成功，从而产生对工作意义的感知。此外，真实型领导者通过为部属创设支持性的工作环境而提高和维持部属的希望水平，还可以借助一定的培训向部属展示和灌输现实的乐观主义，并通过这一过程提高部属的绩效（Avolio 等人，2005），达到对组织影响。真实型领导者通过授权部属、增加对部属信任、组建支持性团队，用目标和激情领导部属，开发部属的真实行为，完成从“我”到我们的转变，从而激发部属对组织的承诺，以实现持续的高绩效。一些研究表明，真实型领导、领导信任与组织认同三个变量之间存在相应的逻辑关系，真实型领导会促进领导信任的增加，并最终提升部属的组织认同（谢衡晓，2007）。基于上面论述，有以下假设：

H2：心理授权在真实型领导和部属组织承诺关系中起中介作用。

三、圈内人感知调节作用

Bass（1990）指出，“即使是独裁者也不得不授权”，因为他没有时间直接处理所有的事情，因此可以说关系圈的存在不可避免。受有限的时间、资源以及个人精力的限制，一个领导者不可能和组织里每一个员工都建立起平等的关系。实现组织目标的最有效率和最有成效的方式，往往是建立一个由可信赖的成员组成的群体（圈子）作为助手。圈内人/圈外人的研究在中国已经有几十年的历史。尽管没有系统的理论进行阐述，但在中国社会中，圈子现象与差序格局普遍存在，并在社会各个层面发挥着重要作用（翟学伟，2011）。中国人的人际关系，是呈波纹圈状一圈一圈向外扩展，关系随着圈子的扩大越往外越弱，人与人之间的关系有明显的远近、亲疏差别，呈现出梯级差序形态（费孝通，1948）。中国人意识中的圈内人/圈外人，自己人/外人的差别对待，也普遍存在于组织和工作场所之中（郑伯埙，2006）。在实际工作中，人们能体会到成员和领导的关系有“圈内”和“圈外”之分，领导者对成员的领导方式也有不同。有大量的实证研究证实了圈内员工和圈外员工的存在，而且很多组织中确实存在圈子的现象（蔡宁伟，2008）。

对关系的研究也揭示出中国人圈子的存在和差序决策。黄光国（2004）认为，个人之所以用权力来影响其他人，主要是这样做可以获得对方所能支配的某种社会资源，来满足自己的需要。但在获取对方所支配的社会资源之前，他们往往会考虑对方和自己之间具有怎样的关系。不同的关系会采取不同的交换和应对策略。郑伯埙（2006）则在前人研究的基础上提出了“差序型领导”的概念，认为企业领导人会对员工进行归类和区别对待，例如按照亲—疏，忠—逆、才—庸组合分类，员工在领导人心目中是“业务辅佐”“不肖子弟”“事业伙伴”“耳目眼线”等8种。樊景立（1995）则认为，这种差异性关系和框架可以运用到一般的上下级关系中，因为以差序格局为基础的领导方式在华人企业管理中具有普遍现象。刘军（2009）等人对团队差序氛围的研究揭示出，中国员工特别重视与领导的关系，当团队差序氛围浓厚时，便容易感受到自己与其他核心分子的差异，由此导致认同外团体的价值观。当领导对不同关系（圈子）的人群使用不同的政治技能时，领导和亲近的部属之间感知的类似性（Perceived Similarity）便会增强且促使部分部属成为紧缩圈层的一部分，也即是圈内人（周建国，2005）。当领导者感知到部属具有类似性和共同爱好时，将会对部属的态度和行为产生正向影响（Kolodinsky、Treadway和Ferris，2007）。

与此对应，研究者也从圈内人感知方面探讨组织成员的地位问题（Masterson和Stamper，2003）。所谓圈内人感知，主要是指“员工对作为组织成员所获得的个人空间和接受程度的认知”，也即员工在某一特定组织内能够感知到他或她“内团体”成员身份的程度（Stamper等人，2002）。Masterson和Stamper（2003）指出，员工对个体与组织之间关系的感知包含很多维度，而圈内人感知主要是衡量员工在组织中的归属感（Belonging）。也有些研究者强调，圈内人感知是员工自我概念的一个重要维度（Chen和Aryee，2007）。与此同时，在华人家族企业中，领导者通常也会对员工进行自己人或外人归类，并倾向将具有自己人特性的员工归类为内团体，而将具有外人特性的员工归类为外团体（郑伯埙，2006）。因此，在华人家族企业中，员工的圈内人感知通常更多地表现为员工对自己人身份的认知。

依据领导—成员交换理论，领导者会与不同的部属建立差异性的交换关系，这些关系的质量反映了员工的“圈内人”与“圈外人”两种不同的身份（Graen和Uhl－Blen.，1995）。企业领导者将会据此提供相应的诱因（Inducement），例如将会提供较多的培训、晋升、信任以及授权等给内圈内人，暗示他们已经获得了内部人身份。关于这一点，Chen和Aryee（2007）也强调，高质量的领导—

部属交换能够增强员工的圈内人感知。他们的研究也证实，高质量的领导—部属交换的重要特征即领导者的授权行为与员工的圈内人感知之间存在显著的正相关关系。总的来说，在高质量的领导—部属交换中，部属将因为圈内人而获得相对较多的信任、支持以及授权等诱因，这同时也为这些员工提供了信号，即他们已在组织中获得了个人空间并被组织所接受，从而影响他们的态度和行为。

真实型领导和领导—成员交换关系都会对部属工作态度产生影响。不同的领导—成员交换关系质量会影响部属的工作满意度和组织承诺，进而对部属的工作绩效产生影响。经济的交换关系正式的上下级关系属于低质量的领导—成员交换关系，领导凭借其领导权力要求部属，同时部属根据领导的要求做出回答，因为领导对部属的工作行为有奖惩的权利，所以部属对领导的要求有可能是非自愿地服从，这就被理解为交易型的领导行为（Graen 和 Uhl - Bien，1995）。反之，部属通过自己的努力获得领导的肯定与支持，进而与领导建立相互信任的关系，便形成了一种高质量的领导—成员交换关系。研究表明：与领导建立高质量的交换关系的部属，更易获得领导的帮助，在工作上有更大的发挥空间，提高工作绩效，影响组织承诺和组织公民行为，同时领导也获得部属更大的尊敬和信任（Liden 和 Graen，1980）。对 106 对上下级配对（dyad）样本研究可以看出，部属通过领导—成员交换得到的更大的授权，这与部属的工作绩效和工作满意度存在明显的正相关关系（Schriesheim、Neider 和 Scandura，1998）。Bass 还证实与领导建立高质量交换关系的部属会获得更大的自主性（Bass，1990）。在有关领导—成员交换影响因素的研究中，Maslyn 和 Uhl - Bien 发现，领导与其下属建立关系的努力程度对形成高水平的领导—成员交换有着重要的影响作用。基于此，提出以下假设：

H3：圈内人感知在真实型领导和部属心理授权关系中起调节作用。

相关概念模型如图 5 - 1 所示。

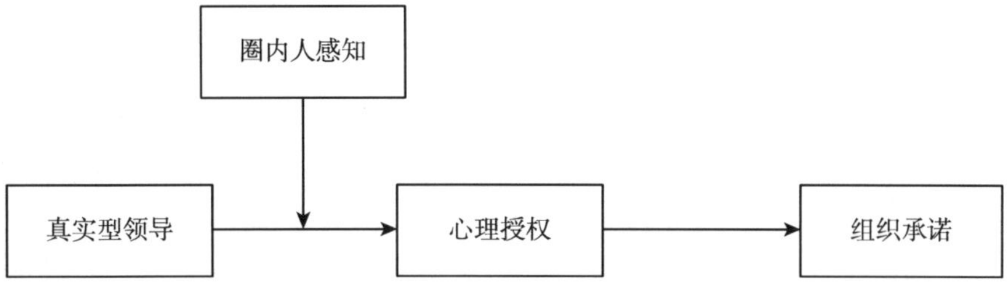

图 5 - 1 研究概念模型

第三节　研究设计

一、研究对象

本书所研究的概念的测量量表主要来自于西方学者的研究文献。为了确保英文版本和中文版本的对等性，我们采用了标准的翻译—回译程序。首先对英文问卷进行翻译，然后经过会议讨论，修改后形成初始问卷，再进行回译（将中文再翻译成英文），对比翻译后的英文与原英文的差异，对中文翻译问卷进行修改，并形成最终问卷。

本书研究选取北京市3家国有商业银行和3家股份制银行作为样本，共发放250份问卷，最终回收205份有效问卷，有效问卷占82%。此次问卷调查中，男性占55.1%；工作年限：5年以内18.5%，6—10年占14.6%，11—15年占61.0%，16年以上占5.9%。员工年龄：25岁以下占14.6%，25—34岁占42.4%，35—44岁占28.3%，46—55岁占14.6%；高中及以下占2.0%，大专27.8%，本科63.4%，研究生及以上占据6.8%。

二、测量工具

真实型领导问卷采用Walumbwa等人（2008）所编制的四维度量表，共16个题目。此量表已经被使用于中国情境下的实证研究，并显示良好的信度，例如关系透明（5题）、内化道德（4题）、平衡加工（3题）和自我意识（4题）。

心理授权采用Spreitzer编制，经李超平、李晓轩、时勘和陈雪峰在国内修订的心理授权问卷。修订后的心理授权量表在国内具有较好的信度和效度。心理授权包括四个维度，共12个题目，包括工作意义（3题）、自我效能感（3题）、自主性（3题）和工作影响（3题），如“我所做的工作对我来说非常有意义”“我自己可以决定如何着手来做我的工作”“我掌握了完成工作所需要的各项技能”“我对发生在本部门的事情的影响很大”。

组织承诺取自 Allen 和 Meyer（1991）开发的组织承诺问卷，已经在国内得到有效验证。组织承诺包括三个维度，共 18 个题目，即感情承诺（6 题）、规范承诺（6 题）和持续承诺（6 题），如“我认为组织的问题就是我的问题”“我对组织有很强的依赖性”。

圈内人感知采用 Stamper 和 Masterson（2002）编制的量表，共 6 个题目，如“我觉得我是公司里非常重要一份子”“我觉得在这个公司中我是一个圈内人”。

除人口统计学变量外，其他所有量表均采用 1—5 级 Likert 量表，1 表示强烈不同意，5 表示强烈同意。

第四节　研究结果

一、区分效度检验

本书研究也运用验证性因素分析对变量区分效度进行检验。根据 Netemeyer、Johnston 与 Burton（1990）、Zhang 和 Bartol（2010）以及 Wang 等人（2005）的方法，我们将真实型领导、心理授权和组织承诺的题目平均到各维度，并将各维度作为潜变量指标（indicators），而圈内人感知只有一个因子的变量，因此将其随机分成 3 个部分（这种方法可以避免结构方程模型中潜变量仅有一个指标所导致的模型不能识别问题）（Netemeyer、Johnston 和 Burton，1990；汪林、储小平、倪婧，2009）。从表 5－1 可以看出，4 因素模型（模型）（$\chi^2=242.31$，df = 71，CFI = 0.96，RMSEA = 0.11，NNFI = 0.96）比其他嵌套模型（nest model）拟合效果都要好，且具有比较好的匹配指数，这就意味着，本研究的 4 个变量之间具备很好的区分效度。图 5－2 也显示了四个变量的区分效度情况。

根据 Wang 等人（2005）、Fornell 和 Larcker（1981）以及 Netemeyer、Johnston 与 Burton（1990）的建议，我们进一步利用平均萃取变异量（AVE）对四个变量的区分效度进行检验（如表 5－2 所示）。所有四个变量的 AVE 值均高于 0.5 的临界值。同时，我们也分析了各个变量的组合信度，以判别变量的内在质

表 5-1　　　　验证性因子分析结果（N=205）[①]

模型	因素	χ^2	df	χ^2/df	RMSEA	NNFI	CFI
模型 1	4 因子：AL；PIS；PE；OC	242.31	71	3.41	0.11	0.95	0.96
模型 2	3 因子：AL+PE；PIS；OC	308.44	74	4.17	0.12	0.94	0.95
模型 3	3 因子：AL；PE；OC+PIS	340.89	74	4.61	0.13	0.92	0.94
模型 4	2 因子：AL+PE；PIS+OC	368.45	76	4.85	0.14	0.92	0.94
模型 5	1 因子：AL+PIS+PE+OC	480.27	77	6.24	0.16	0.91	0.92

注：PIS 表示圈内人感知；OC 表示组织承诺；PE 心理授权；AL 表示真实型领导。+代表 2 个因子合并为一个因子。

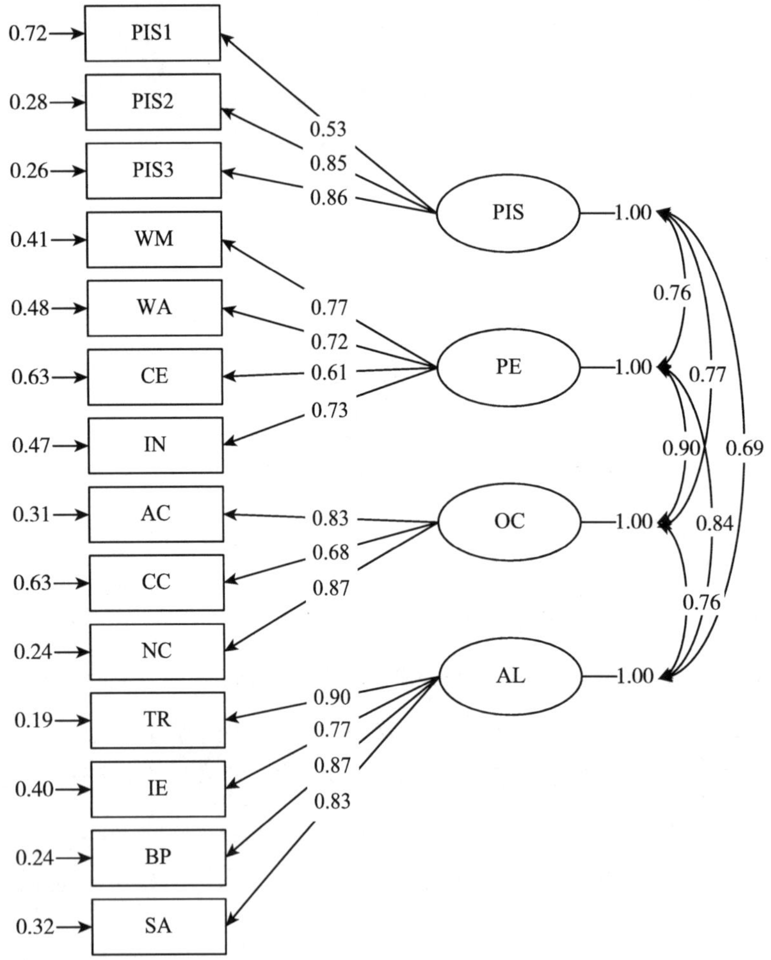

图 5-2　变量的区分效度

注：PIS 表示圈内人感知；OC 表示组织承诺；PE 心理授权；AL 表示真实型领导。

① 从理论上考虑，真实型领导和心理授权是关于领导者，而圈内人感知和组织承诺是关于下属或者员工的，所以只列示 5 种模型进行比较。

量。结果发现，所有四个变量的组合信度系数均大于0.60的临界值，且均显著高于各个变量的AVE值（Wang等人，2005；Netemeyer、Johnston和Burton，1990）。综合CFA和以上分析结果，可以证明四个变量具有良好的区分效度，因此可以进行下一步结构方程模型分析。

表5-2　　　　　　　　　测量项目属性

构念和指标	标准化载荷	信度	平均萃取变异量
真实型领导		0.91[a]	0.71
因子1	0.90	0.81	
因子2	0.77	0.59	
因子3	0.87	0.76	
因子4	0.83	0.69	
圈内人感知		0.80[a]	0.58
因子1	0.53	0.28	
因子2	0.85	0.72	
因子3	0.86	0.74	
心理授权		0.80[a]	0.50
因子1	0.77	0.59	
因子2	0.72	0.52	
因子3	0.61	0.37	
因子4	0.73	0.53	
组织承诺		0.84[a]	0.64
因子1	0.83	0.69	
因子2	0.68	0.46	
因子3	0.87	0.76	

注：a表示组合信度。

二、描述性统计

表5-3列示主要变量的平均数、标准方差、相关系数和内部一致性系数。

通过信度检验发现，真实型领导、心理授权、圈内人感知和组织承诺的内部一致性系数均超过 0.7，达到可接受的标准。真实型领导与心理授权（r = 0.71，p < 0.01）、圈内人感知（r = 0.68，p < 0.01）及组织承诺（r = 0.68，p < 0.01）显著相关，而心理授权也与圈内人感知（r = 0.59，p < 0.01）和组织承诺（r = 0.73，p < 0.01）、圈内人感知与组织承诺（r = 0.69，p < 0.01）之间也显著相关。

表 5 - 3　　主要变量的描述性统计

	均值	标准差	圈内人感知	心理授权	组织承诺	真实型领导
圈内人感知	4.05	0.99	(0.79)			
心理授权	3.97	0.57	0.59 **	(0.82)		
组织承诺	3.99	0.57	0.69 **	0.73 **	(0.85)	
真实型领导	4.01	0.67	0.68 **	0.71 **	0.68 **	(0.88)

注：** 表示 p < 0.01（双尾）。对角线括号内的数字是内部一致性信度系数。

表 5 - 4 给出了真实型领导、心理授权、圈内人感知和组织承诺各因子作为指标的均值、标准差和相关系数。

三、中介效应检验

根据 Baron 和 Kenny（1986）所介绍的对中介效应的检验方法，要证明心理授权的中介作用，必须首先证明真实型领导、心理授权、圈内人感知与组织承诺之间有显著相关性。我们由表 5 - 3 可知，真实型领导、心理授权与组织承诺之间均显著正相关，因此可以进行中介效应检验。表 5 - 5 显示了在控制人口统计学变量基础上，通过真实型领导对心理授权直接回归，显示出正向显著性（β = 0.79，T = 14.08，p < 0.01）。心理授权在真实型领导与组织承诺之间中介作用是显著的（β = 0.38，T = 4.84，p < 0.01）。但同时，真实型领导对组织承诺直接影响也是显著的（β = 0.64，T = 10.63，p < 0.01）。这说明心理授权在真实型领导和组织承诺之间起部分中介作用，且中介效应所占效应比为 46.90%（0.79 × 0.38/0.64 = 0.469）。因此，假设 2 得到验证。

表 5-4　　作为显示条目的平均值、标准差及相关系数

变量	均值	标准差	1	2	3	4	5	6	7	8	9	10	11	12	13
圈内人感知															
因子 1	3.98	0.66													
因子 2	4.14	1.04	0.40**												
因子 3	4.13	0.80	0.46**	0.74**											
心理授权															
因子 1	4.01	0.82	0.39**	0.41**	0.44**										
因子 2	3.99	0.68	0.47**	0.41**	0.45**	0.55**									
因子 3	3.93	0.65	0.37**	0.29**	0.38**	0.53**	0.51**								
因子 4	3.96	0.74	0.38**	0.60**	0.57**	0.56**	0.47**	0.38**							
组织承诺															
因子 1	4.03	0.61	0.40**	0.56**	0.59**	0.64**	0.58**	0.56**	0.68**						
因子 2	3.87	0.80	0.24**	0.47**	0.34**	0.39**	0.38**	0.23**	0.42**	0.46**					
因子 3	3.95	0.59	0.43**	0.57**	0.56**	0.51**	0.57**	0.45**	0.58**	0.69**	0.75**				
真实型领导															
因子 1	3.99	0.76	0.34**	0.54**	0.49**	0.60**	0.57**	0.42**	0.53**	0.62**	0.40**	0.59**			
因子 2	3.86	0.73	0.36*	0.38**	0.46**	0.51**	0.47**	0.38**	0.41**	0.60**	0.36**	0.50**	0.72**		
因子 3	4.13	0.82	0.38**	0.53**	0.50**	0.66**	0.55**	0.40**	0.52**	0.61**	0.41**	0.57**	0.76**	0.69**	
因子 4	4.08	0.73	0.37**	0.54**	0.52**	0.55**	0.48**	0.38**	0.43**	0.54**	0.41**	0.54**	0.76**	0.60**	0.73**

注：** 表示 $p<0.01$，* 表示 $p<0.05$（双尾）。

表5-5　心理授权在真实型领导和组织承诺之间的中介作用

变量	组织承诺					
	M1		M2		M3	
	β	T	β	T	β	T
第一步（控制变量）						
性别	-0.17	-2.43	-0.10	-1.79	-0.09	-1.67
年龄	-0.13	-1.84	-0.08	-1.47	-0.06	-1.25
学历	0.37	5.45	0.13	2.21	0.14	2.50
工龄	0.15	1.93	0.00	0.09	0.01	0.17
职位	-0.30	-3.84	-0.17	-2.67	-0.15	-2.64
第二步（自变量）						
真实型领导			0.64	10.63	0.34	4.05
第三步（中介变量）						
心理授权					0.38	4.84
ΔF	12.35**		112.98**		23.41**	
R^2	0.27		0.57		0.62	
ΔR^2	0.27**		0.30**		0.05**	

注：** 表示 $p<0.01$，* 表示 $p<0.05$（双尾）。

四、调节效应的层次回归分析

我们通过层次回归分析来检验真实型领导在影响心理授权过程中的调节作用（表5-6）。层次回归分析表明，在控制人口统计学变量以后，分别加入真实型领导和圈内人感知两个变量，真实型领导对员工的感知心理授权解释效应明显增加（$\Delta R^2=0.46$，$p<0.01$），而圈内人感知则没有解释效应（$\Delta R^2=0.01$，$p<0.05$）。进入真实型领导和圈内人感知交互项，结果发现交互效应对心理授权有显著影响（标准化斜率为0.23，$\Delta R^2=0.03$，$T=3.54$，$p<0.01$）。这说明员工圈内人感知影响真实型领导与心理授权之间的关系，因此假设3得到验证。图5-3表明交互作用的影响模式。根据图5-3可知，高圈内人感知可以提高真实型领导对心理授权的影响，而低圈内人感知几乎不能产生积极的效果。

表 5－6　　　　　　圈内人感知调节作用的回归分析

变量	心理授权							
	M1		M2		M3		M4	
	β	T	β	T	β	T	β	T
第一步（控制变量）								
性别	－0.12	－1.63	－0.03	－0.63	－0.02	－0.40	0.04	0.75
年龄	－0.10	－1.38	－0.04	－0.84	－0.02	－0.39	0.00	0.00
学历	0.29	3.89**	－0.02	－0.36	－0.04	－0.69	－0.08	－1.54
工龄	0.16	1.99*	－0.02	－0.27	－0.04	－0.70	－0.07	－1.21
职位	－0.20	－2.38*	－0.03	－0.55	－0.01	－0.20	0.03	0.55
第二步（主效应）								
真实型领导			0.79**	14.08	0.73**	10.90	0.85**	11.64
第三步（主效应）								
圈内人感知					0.11	1.52	0.20*	2.59
第四步（调节效应）								
真实型领导×圈内人感知							0.23**	3.54
ΔF	6.69**		198.32**		2.32		12.56**	
R^2	0.17		0.62		0.63		0.66	
ΔR^2	0.17**		0.46**		0.01		0.03**	

注：** 表示 $p<0.01$，* 表示 $p<0.05$（双尾）。

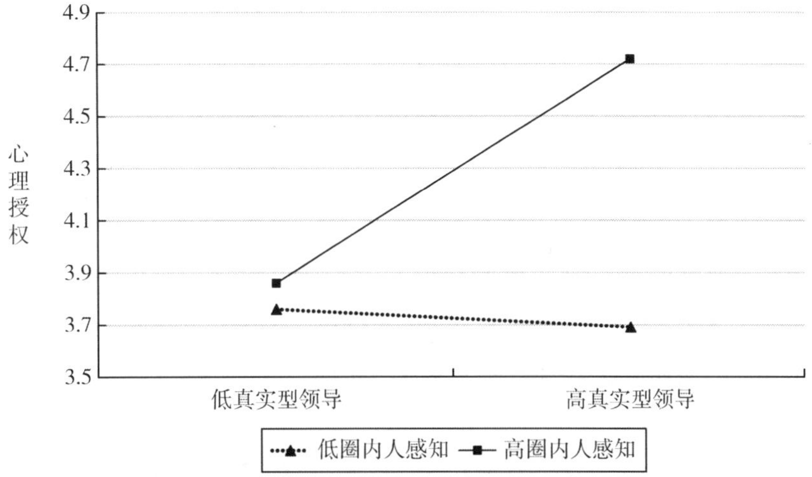

图 5－3　圈内人感知对真实型领导和心理授权调节效应图

第五节　结论与讨论

一、主要结论

（一）真实型领导能够促进员工组织承诺

我们从前文的数据分析可以看到，真实型领导不仅自身能够激发员工的组织承诺，也通过激发员工心理授权感知最终促进员工组织承诺。组织承诺不仅表现在情感方面，也表现在规范和嵌入方面。Allen 和 Meyer（1990）认为：员工感情承诺表示员工想要和组织持续雇佣，高水平组织承诺的员工想要留在组织（want to do so）；持续承诺涉及员工离开组织的一种成本认知，高水平持续承诺的员工认为必须留在组织（need to do so）；而规范承诺则反映员工持续雇佣的责任感情，高水平规范承诺的员工感觉他们应该留在组织（ought to do so）。真实型领导对部属个人表达性、自我实现以及自我效能、自尊具有正向影响（Ilies 等人，2005）。真实型领导者的真实性和不断提高的自我意识促进了与部属之间的关系和谐和信任，也增进了部属的组织承诺。真实型领导者通过为部属创设支持性的工作环境而提高和维持部属的希望水平，还可以借助一定的培训向部属展示和灌输现实的乐观主义，并通过这一过程提高部属的组织承诺。理论研究指出，在一个包容的、伦理的和关心人的组织氛围中，真实型领导会促进员工更加投入（敬业度），态度更加积极，因而会对组织更加忠诚（组织承诺）。真实型领导自信、乐观、充满希望、富有韧性的性格特征也会濡染他们的下属，从而开发下属希望、韧性、自信和乐观的品格，而这些品格不仅增强部属对领导的信任，也促进了部属对真实型领导者所领导企业的承诺，因为他们相信真实型领导者以一种与个人深层价值观和信念相一致的方式行事，具有更高的依赖性，更值得追随和依靠。

（二）心理授权是搭建真实型领导与组织承诺的桥梁

在既有的心理授权研究中，很少有文献研究心理授权与真实型领导之间的关系。本书研究揭示出心理授权在真实型领导与组织承诺之间的中介作用。

真实型领导者具有4种基本性质：（1）自我意识，涉及个体随着时间改变对世界的起源和意义的认知，以及意义产生过程如何影响个体对自己和他人的看法。同时，它换包含着对自我缺点和优点的洞察以及自我的多层面的本质，这被认为是一种心理学意义上的自我分类或自我感知。个人不仅通过互动感知外部压力，接触圈外人（out-group）以彰显真正自我。（2）关系透明。涉及对外部者呈现真正的自我（与之相反是伪装或扭曲自己），如此的行为可以增强彼此之间的信任，公开分享彼此信息和表达真实想法，尽量减少彼此间冲突或不正确的情绪。（3）平衡的信息加工，涉及一个领导者在做出决策前客观分析所有相关数据。（4）内化的道德观点。该观点起源于自我分类理论，反映了对自我调节的内化和整合。领导者在根据道德标准和内化的价值观而不是群体、组织和社会压力进行决策。具有自我意识的领导者，能够清楚了解自己的优点和缺点及人性本质，因而能够根据自己的优缺点来进行调节，譬如在决策时，授权给有能力的下属。因此，真实型领导可以促进员工心理授权感知。

这种感知不仅体现在工作意义上，对自由的呼唤、对自信的确立及对影响力的濡染也是必要的。当他们感知到以上心理授权的四个方面时，无疑增加了他们对组织的归属感和依附感。但值得注意的是，心理授权也受到员工圈内人感知的影响。这意味着，尽管员工感知到领导具有真实性可能会给他们带来各种利益，但仅当他们感知到自己是圈内人时，心理授权才是真实的。这可能因为，即使员工感知领导会带给组织稀缺资源，然而这种资源的分配是不均衡的。关系亲近的资源分配多，而关系疏远的资源分配少。当员工感知自己成为圈内人时，资源是向自己倾斜的。这增加了他们心理授权（自信、工作意义、自由和影响力）的感觉，并由此产生强烈的信任感、互惠、回报和忠诚。

（三）真实型领导通过建立关系圈以促进员工组织承诺

由于存在关系圈，圈内和圈外下属因与领导之间接触的频度、互动的深度表现出极大的差异，因而得到的资源也存在差异，由此影响到员工的态度和行为。对差序氛围的研究揭示出，当团队差序氛围浓厚时，圈外人与圈内人的差异更加明显，由此导致认同圈内人的价值观。高质量LMX（领导成员交换）关系中，对于员工承担风险、资源、奖励和鼓励等方面的支持，同样存在于能促进组织承诺的氛围之中。人们不仅想成为“大的部分”的一个，也希望进入资源丰富的圈内，以获得更大的依靠和前途。同时，他们也运用巧妙的影响策略让员工感知到自己是圈内人。当员工感知到成为圈内人时，他们对组织更加忠诚。这种紧缩圈层使他们与领导密不可分，领导的利益就是自己的利益，领导的资源就是自己的资源，领导的组织就是组织。依附理论（Attactment Theory）强调，真实型领导介于服从型和破坏型领导之间，既不是自私的自我定向，也不是无私的服从性的他人定向，他们往往平衡自我和他人的需要，通过他人反应进行自我调节。那些带有不安全的逃避依附经历的领导（破坏型领导）往往采取蹂躏型领导风格，对下属采取粗暴的方式，以获取自己利益。而那些带有不安全模糊性依附的领导（服从型领导），在面临压力时，会采取屈服型领导风格（伦理型领导），以取悦其他人。

最简群体范式研究发现，人们通常希望在圈内获得绩效占优的情况下，将差异最大化。特纳认为，范畴化过程会将自身与其他内群体成员的相似性最大化，将外群体成员之间的相似最大化，同时增强群体之间的差异性。当成为内群体成员的一部分时，员工更容易具有同质性。Schneider 及同事（1987、1995）提出的 ASA（Attraction - selection - attrition，吸引—选择—淘汰）理论认为，保留在组织中的个体具有相同的性质，是人决定环境，而不是环境决定人。他提出了 4 个基本的假定：（1）被组织吸引、经组织选择、从组织淘汰的人产生一个特别类型的组织，并由此决定组织的行为；（2）被吸引到组织中的人限制了其他进入该组织中人的行为，并形成同类型的组织人，由此看起来组织好像决定个体的行为；（3）吸引个体来到建立的相应的组织目标、结构、流程是由组织的创立者所选择，或者说通过创立者的选择创立了一个特定的组织。组织中的流程和结构的发生经由人的演变（创立者）并满足与组织生存相关的日常需求；（4）作为吸引、选择、淘汰的周期结果，组织将严格限制进入组织中的个体的范围。组织的创立者或者领导者通过吸引、选择和淘汰产生了同类性质的员工，不同类型员工将会被淘汰或者资源离开组织。真实型领导者承担领导的职责或从事领导活动不是为了地位、荣誉或其他形式的个人回报，而是出于一种信念。他们有一个基于价值观的理想或使命，担当领导就是为了实现这一理想或使命；真实型领导者的行为是以自己的价值观和信念为基础的。他们的所言与他们的信念是一致的，他们的所行则与他们的所言及信念一致，他们的行为不是为了取悦他人、博取声望或出于某些个人的或狭隘的政治兴趣。他们把领导者的积极心理能力与高度发展的组织情境（Highly Developed Organizational Context）结合起来发挥作用。正因如此，他们更能促进员工遵守公司价值观，保持言行一致（规范承诺），希望和组织持续共同努力，以真实的、透明的、道德的程序实现真实型领导所信奉的理想和信仰，并持续雇佣（持续承诺）。

二、管理启示

本章研究结果也具有相当重要的管理实践意义。在管理实践中，真实型领导会带给组织和员工积极的效应。真实型领导不仅促进员工心理授权的感知，而且影响员工的组织承诺。一方面，领导者通过创建高度发展的组织环境以及真实的、透明的、道德的程序实现他们所信奉的理想和信仰，以促进员工积极组织行为和态度的转变。另一方面，领导者要利用自己的关系透明和道德榜样，为员工创造一种心理授权的氛围，向员工提供有意义、富于挑战性的工作，以使他们觉得自己有能力、有影响力、有工作自由，并且觉得工作是具有挑战性和有意义的。员工越是感觉到自己被组织所重视、被授权，就越是表现出对组织的忠诚，即感觉自己被授权的员工将会对所在的组织报以更高的承诺水平。

同时，保持与下属之间良好的人际关系是领导者在培养员工组织承诺时需要重视的问题。员工对领导者的信心、信任和崇拜感的产生离不开上下级之间良好的人际关系。一个稳定的组织系统需要同质性和异质性的交换平衡。当组织不能提供异质性资源时，流动性机会减少，从而促进了内在的团结和同质资源的累积，即所有人都成为圈内人，导致潜在的认知冲突。而当组织提供稳定的异质性资源时，将产生大量的流动，导致企业的不稳定，员工不团结，从而威胁组织自身的整合。这意味着需要利用足够的政治技能来建立员工的员工圈内人感知。当员工感知到被包括（included）组织之中时，他们的主人翁精神更强，也越能体现对组织的依附感和归属感。

第六章　真实型领导与员工组织承诺（二）

尽管上述研究提供了真实型领导对员工组织承诺的初步影响，进一步普适化的研究也非常必要。为此本研究继续考虑真实型领导、心理资本对组织承诺的影响，并考虑政治技能的调节作用。

第一节　问题提出

由于组织日益变得更加机动和多元化，保留有天赋的员工已经成为决定组织成功的关键因素。在面临如此动态和变动不居的组织环境时，组织依赖激发员工的工作态度例如组织承诺和工作满意度去增加绩效。

组织政治是当今组织生活中不可避免的现实存在，它存在于社会组织的各个层面，各个发展的阶段，当今的企业组织里几乎全都充斥着政治权力的斗争。当今知识经济时代企业之间的竞争归根结底是人才的竞争，这使人力资源管理的作用日益重要。如何创造一个良好组织环境，增加员工对企业的情感依赖，减少他们的离职意愿是摆在每个企业领导者面前的问题。纵观当今中国的优秀企业我们不难发现，在这些企业里无一例外地都有一个优秀的领导者，他们在企业的发展和员工的开发管理中，充分发挥他们的才能和人格魅力，他们让员工感觉到在企业中是可以得到充分的支持和尊重的，他们深受员工的爱戴，员工因为感知到来自领导和组织的支持而愿意留在组织中，产生了对组织的情感上的承诺，进而降低了员工的离职意愿，增加了员工的绩效。

当今企业，员工是第一资源，是企业的财富源泉。而当今商业环境的变化和劳动力市场的日益完善，使员工跳槽和主动离职行为日益频繁，员工离职和态度行为的变化给组织带来巨大的影响。如何提高员工对于组织的情感，使得员工愿意留在企业，并为组织努力工作日益成为当今人力资源管理研究的热点。由于组织的政治存在性，组织的领导者要想提高自身的领导效能和团队绩效，就必须在组织中拥有较高的政治技能（Ahearn 等人，2004）。具备高政治技能的领导者，能够在组织中充分发挥自身的潜能去创造一种条件，这种条件下组织中的员工会形成一种自己能够得到组织的关心、肯定和支持感知，并强化自身心理优势，即心理资本（Psychological Capital）（Luthans，2005）。中国文化是权力差距比较大的文化，崇尚权力和权威。在这样的背景下，一个组织领导政治技能的高低，往往决定着组织的环境氛围，影响着员工对于组织归属感。在中国的组织里，领导和员工之间的关系包含着多个层面，职务上的隶属，层级之间的上下级关系，特殊的文化背景下可能还会掺杂伦理关系，而这层关系往往会超越组织，并延伸到工作之外，甚至个人生活之中。领导政治技能在这样的背景下，能够增加员工对于组织感情和依赖感吗？会在多大的程度上影响员工对于组织的承诺？

基于以上的研究脉络的指导，本章基于政治技能视角，用实证研究的方法引入心理资本作为中介变量，探讨在中国背景下的领导政治技能对员工组织承诺的强化作用。

第二节　研究假设

一、真实型领导、心理资本与组织承诺

真实型领导对心理资本产生积极的影响。尽管对心理资本的研究更多表现在构念维度及其内涵层面上，但一些实证研究已经表明，真实型领导和员工心理资本之间存在密切关系（Avolio 等人，2004）。真实型领导者通过言行中展现出的自信及对追随者的信任和信心，为他们提供认知、情感及道德援助，使他们对自己的能力持发展的观点，并促进其自信心（自我效能）的提高。不仅如此，在面临压力或逆境时，真实型领导能够挺身而出，并帮助部属做出积极的

回应，从而使部属在面临变革时，不仅能坚持住，而且最终能获得成功，这些都有助于提高部属的韧性。此外，真实型领导通过为部属创设支持性的工作环境而提高部属的希望水平，还可以借助一定的培训向部属展示和灌输现实的乐观主义（Ilies、Morgeson 和 Nahrgang，2005；Lee 和 Robert，2010）。

Luthans 等人认为真实型领导过程对领导者和部属的自我意识及自我控制行为具有正面的影响，并将激励和促进领导者个人及部属的成长和自我发展。其通过自信、乐观、充满希望、富有韧性（心理资本）、具有高尚的品德、未来导向（future - oriented）等榜样的力量和感召力来濡染部属，使部属对自己的思想（包括信念、价值观和道德观等）、行为以及所处的工作情境具有深刻的意识，并展现出强大的心理资本，从而产生持久的、真正的（veritable）高绩效。其在与部属互动过程中所表现出来的真诚性往往容易激发出员工对领导的信任和信赖感，增强部属的信心、希望和乐观，也即是心理资本。真实型领导者更多是靠自己的品质、角色模式、奉献、透明的人际关系而影响追随者的价值观、道德观和信仰，而不是靠鼓舞人心的个人魅力、生动的陈述或其他形式的印象管理（Fry，2003）。

现阶段直接研究真实型领导通过心理资本对工作满意度和组织承诺影响的文献很少。一些研究表明，真实型领导、心理资本与绩效三个变量之间存在相应的逻辑关系，真实型领导会促进部属心理资本的增加，并最终提升部属的工作绩效（Luthans 等人，2008；Clapp - Smith、Vogelgesang 和 Avey，2009）。Avolio 等人（Avolio 等人，2004）的真实型领导对追随者态度和行为影响机制模型的结论是：在真实型领导对绩效的作用过程中，是先通过影响心理资本，进而影响到员工的工作满意度、组织承诺以及敬业度等，可能直接影响到员工的绩效，也可能是通过对工作态度的作用而影响工作绩效。Luthans 等人（2008）关于心理资本对员工效能影响作用的研究结果表明，员工心理资本与其绩效、工作满意度和组织承诺之间存在显著正相关。Walumbwa 等人（2008）将变革型领导和伦理性领导与真实型领导进行对比研究，通过问卷调查比较真实型领导、伦理型领导和变革型领导的区分效度（Discriminative Validity）和集合效度（Convergent Validity），并用部属的组织公民行为、组织承诺和工作满意度检验其预测效度（Predictive Validity）。结果证实，真实型领导区分为 4 个子维度：自我意识、关系透明、内化道德和平衡加工，并和其他两个构念有很好的区分效度，在预测部属的组织公民行为、组织承诺和上级满意度方面比其他两个构念更好，路径系数更高。

心理资本对员工组织承诺产生积极的影响。真实型领导者通过创造一种更深层的道德价值感，以及在与追随者的交往过程中所展现出的高水平的诚实和正直而增加追随者的社会认同。追随者的个人及社会认同对真实型领导行为与希望、对领导者的信任及积极情绪的关系具有中介作用，即真实型领导者通过提高追随者的社会及个人认同而间接地对希望、信任和积极情绪产生正面的影响。希望、对领导者的信任及积极情绪与追随者的工作态度存在显著正相关，而后者又对追随者行为具有重要的作用，使其乐于付出额外的努力，并能减少追随者的撤出行为，对组织产生忠诚感。同时，追随者的积极情绪与追随者的乐观呈显著正相关，而乐观对追随者的积极情绪与追随者的态度及行为之间的关系具有部分的中介作用（Luthans、Youssef 和 Avolio，2007）。Luthans 等人（2008）通过对 422 位中国员工的实证研究，探讨了心理资本与他们的工作绩效之间的关系。研究结果表明，中国员工的希望、乐观和坚韧性三种积极心理状态，都显著提高了部属的组织承诺。真实型领导者通过展现希望、授权部属、增加对部属信任、组建支持性团队，用目标和激情领导部属，开发部属的真实行为，完成从“我”到“我们”的转变，从而激发部属实现持续的高绩效。基于此，有以下假设：

H1：心理资本在真实型领导和部属的组织承诺关系中起中介作用。

二、政治技能的调节作用

政治技能不是一种单一的特质或技能，而是一些内在的、连续的、相互增强和补充的技能和能力的完整组合体。根据 Ferris 等人（2007）的定义，政治技能是一种正确理解并有效使用这种知识以影响工作场所中其他人的行动方法，从而增强达成个人或者组织目标的能力。政治技能主要包括以下四个维度：社交敏感性（Social Astuteness）、人际影响力（Interpersonal Influence）、社交能力（Networking Ability）、外显真诚（Apparent Sincerity）（刘军、宋继文、吴隆增，2008）。我们认为，政治技能是一种有效影响其他人行为的能力。Treadway（2004）根据 Mintzberg 与 Ferris 等人对政治技能的界定，对高、低政治技能做了进一步阐述，其指出区分高、低政治技能的领导者的三个核心因素为：第一，高政治技能的领导者易于领会人际交往中的一些暗示性行为，并能精确地对他人的行为动机进行归因；第二，高政治技能的领导者能付出相对少的努力去影响和控制他人与环境；第三，高政治技能的领导者能更有效建立人际网来增加自己占有的社会资源，以提升他们在组织中的地位并为下属提供稀缺资源。高领导政治技能的领导者能够在不同的社会情境下准确知道做什么和不做什么（Douglas、Ferris 和 Perrewé，2005），以及利用真诚方式如何去做，以激发下属的信任和信心。

作为真实型领导理论的基础，自我概念（Self－concept）代表了自我图式的一个经典集合。自我概念不仅定义领导者的真实性，也受社会环境的影响。领导者的真实性是一个连续体，也即是在不同环境中，朝向两个极端：作为个体（personal I）的自我（我是谁）和作为集体的自我（collective WE）。领导者往往处于一个被激活的自我概念状态（Working Self－concept），当面临不同关系的部属时，往往会采取不同的政治技能。成功的领导者并不改变真实的本性（他们是谁），而是修正他们与部属互动技能（Douglas、Ferris 和 Perrewé，2005）。

Douglas、Ferris 和 Perrewé（2005）认为，真实型领导与领导政治技能存在 4 种互动模式：高领导真实性，低领导政治技能；高领导真实性，高领导政治技能；低领导真实性，低领导政治技能；低领导真实性，高领导政治技能。只有高领导真实性、高领导政治技能才能保持长久的稳定性，并激发员工对领导的信任，确保领导的声誉和信用，增加员工心理资本。但他们没有讨论这种互动模式如何对部属行为产生影响，如图 6－1 所示。

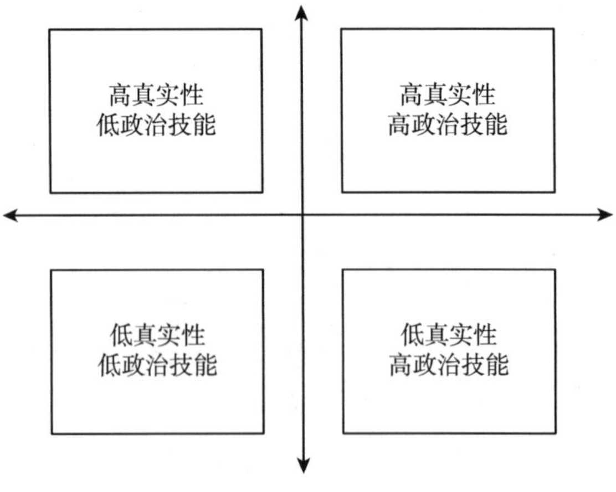

图 6－1　真实型领导与领导政治技能互动模式

领导真实性（LA）和领导政治技能（LPS）的互动将影响部属的感知。低领导真实性、低 LPS 情况，从不会产生部属绩效的感知，也不会产生部属高的绩效。在这种情况下，不真实的领导者不能产生使部属感知到行动和核心价值观的一致，也缺乏足够的政治技能使他们的行动让部属相信。低领导真实性、高 LPS 情况，可能对部属感知有一个初步的影响，但随着时间的增长，这些都可能会消失。领导者拥有高水平的政治技能是迫于情势需要，由于不真实的领导是为了操控形势，而不是保持真正自我，结果，部属最终认知到领导行为和价值观的不一致，导致积极感知的下降，从而影响部属的绩效。在高领导真实性、低 LPS 的情景下，刚刚开始，由于领导者不善于运用政治技能，真实性遭到大家反对，随着时间的推移，但从长远看，由于真实型领导的行为和价值观的一致，最终会为部属接受，并促进部属工作绩效。高领导真实性、高 LPS 情况，将会产生最初的积极感知和持续对领导信任感（心理安全感）。领导者的高政治技能也促使平稳从“我”向“我们”的过渡，并增加部属信任和安全感（Douglas、Ferris 和 Perrewé，2005）。成功的领导者并不改变他们自己是谁，而调整他们在与下属互动过程中的自我呈现，或者说真实型领导并不改变自我，只是运用政治技能不同而已。

H2：领导政治技能在真实型领导和心理资本关系中起调节作用。

相关概念模型如图 6－2 所示。

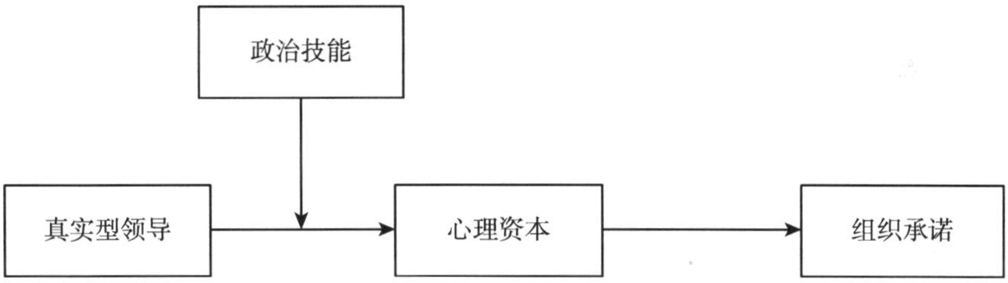

图 6－2　研究概念模型

第三节　研究设计

一、研究对象

本章所研究的概念的测量量表主要来自于西方学者的研究文献。为了确保英文版本和中文版本的对等性，我们采用了标准的翻译—回译程序。首先对英文问卷进行翻译，然后经过会议讨论，修改后形成初始问卷，再进行回译（将中文再翻译成英文），对比翻译后的英文与原英文的差异，对中文翻译问卷进行修改，并形成最终问卷。

本书研究选取北京市3家国有商业银行和3家股份制银行作为样本，共发放250份问卷，最终回收205份有效问卷，有效问卷占82%。此次问卷调查中，男性占55.1%。工作年限：5年以内18.5%，6—10年占14.6%，11—15年占61.0%，16年以上占5.9%。员工年龄：25岁以下占14.6%，25—34岁占42.4%，35—44岁占28.3%，46—55岁占14.6%。教育情况：高中及以下占2.0%，大专27.8%，本科63.4%，研究生及以上占据6.8%。

二、测量工具

真实型领导问卷采用Walumbwa等人（2008）所编制的四维度量表，共16个题目。此量表已经被使用于中国情境下的实证研究，并显示良好的信度，例如关系透明（5题）、内化道德（4题）、平衡加工（3题）和自我意识（4题）。真实型领导总体内部一致性α系数为0.88。

政治技能采用Ferris等人开发的量表，共18个题目。政治技能包含4个维度：社交敏锐性（5题）、人际影响力（4题）、社交能力（6题）和外显真诚（3题）。如“我的主管有良好的直觉和悟性，擅长如何向其他人表达自己的观点”“我的主管总是下意识地知道应该说什么或者做什么以影响其他人”“工作中，我的主管花大量时间与他人发展关系”“与别人沟通时，我的主管尽量保证所说和所做都是真诚的”。政治技能内部一致性α系数为0.89。

组织承诺取自于Allen和Meyer（1991）开发的组织承诺问卷，已经在国内得到有效验证。组织承诺包括3个维度，共18个题目：感情承诺（6题）、规范承诺（6题）和持续承诺（6题）。如“我认为组织的问题就是我的问题”“我对组织有很强的依赖性”。组织承诺内部一致性α系数为0.85。

心理资本采用Luthans、Youssef和Avolio（2007）开发的四维度量表：自信（6题）、乐观（6题）、希望（6题）和韧性（6题）。尽管这个量表也已经在多次被使用于中国情境下的实证研究（Luthans等人，2005；仲理峰，2007）。但主要是对自信、希望、乐观3个子问卷考量。信度系数分别是0.87、0.90和0.80。

举例的条目是“对自己的工作，我总是看到事情光明的一面”“眼前，我认为自己在工作上相当成功”“我通常对工作中的压力能泰然处之”“与管理层开会时，在陈述自己工作范围之内的事情方面我很自信”。心理资本内部一致性 α 系数为0.84。

除人口统计学变量外，其他所有量表均采用 1—5 级 Likert 量表，1 表示强烈不同意，5 表示强烈同意。

第四节 研究结果

一、区分效度检验

本书研究也运用验证性因素分析对变量区分效度进行检验。依据 Netemeyer、Johnston 与 Burton（1990）和 Wang 等人（2005）的方法，我们将真实型领导、心理资本、政治技能和组织承诺的题目平均到各维度，并将各维度作为潜变量指标（Indicators）（Netemeyer、Johnston 和 Burton，1990；汪林、储小平、倪婧，2009）。从表 6－1 可以看出，4 因素模型（模型）（$\chi^2=250.93$，df＝84，CFI＝0.97，RMSEA＝0.099，NNFI＝0.97）比其他嵌套模型（nest model）拟合效果都要好，且具有比较好的匹配指数，这就意味着，本书研究的4 个变量之间具备很好的区分效度。图 6－3 也显示了 4 个变量的区分效度情况。

表 6－1　　验证性因子分析结果（N＝205）

模型	因素	χ^2	df	χ^2/df	RMSEA	NNFI	CFI
模型 1	4 因子：AL；PS；PC；OC	250.93	84	2.99	0.099	0.97	0.97
模型 2	3 因子：AL＋PS；PC；OC	469.49	87	5.40	0.15	0.94	0.95
模型 3	3 因子：AL；PS；OC＋PC	364.25	87	4.19	0.12	0.95	0.96
模型 4	2 因子：AL＋PS；PC＋OC	577.80	89	6.49	0.16	0.93	0.94
模型 5	1 因子：AL＋PS＋PC＋OC	642.80	90	7.14	0.17	0.92	0.93

注：PS 表示政治技能；OC 表示组织承诺；PC 心理资本；AL 表示真实型领导。＋代表 2 个因子合并为一个因子。

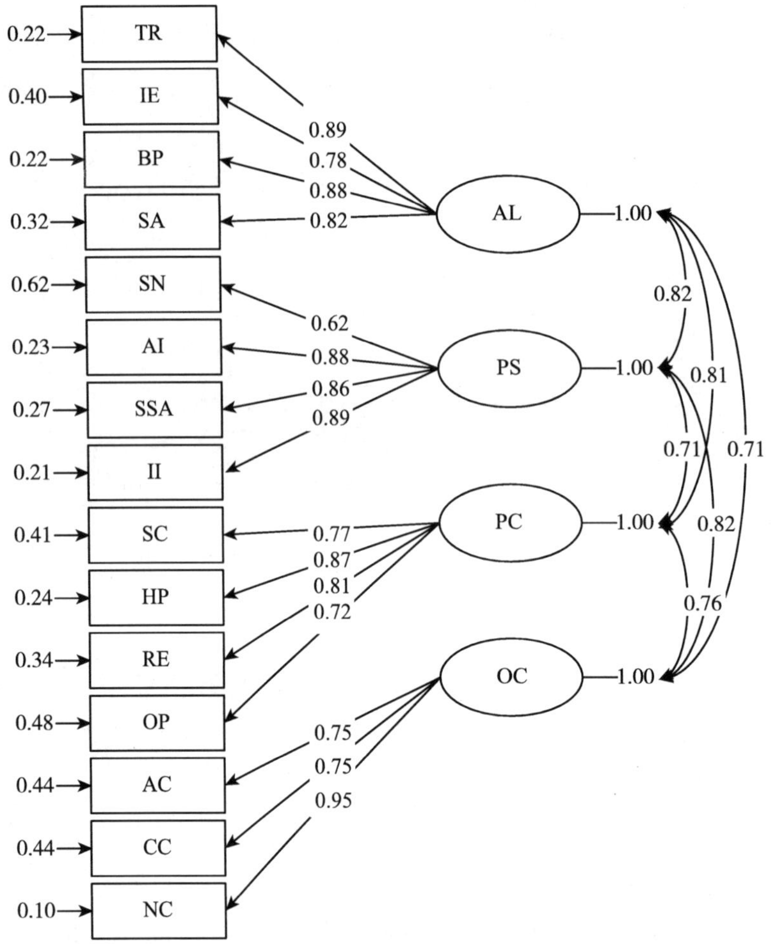

图 6－3　变量的区分效度

注：PS 表示政治技能；OC 表示组织承诺；PC 心理资本；AL 表示真实型领导。

根据 Wang 等人（2005）、Fornell 和 Larcker（1981）以及 Netemeyer、Johnston 与 Burton（1990）的建议，我们进一步利用平均萃取变异量（AVE）对四个变量的区分效度进行检验（如表 6－2 所示）。所有四个变量的 AVE 值均高于 0.5 的临界值。同时，我们也分析了各个变量的组合信度，以判别变量的内在质量。结果发现，所有 4 个变量的组合信度系数均大于 0.60 的临界值，且均显著高于各个变量的 AVE 值（Wang 等人，2005；Netemeyer、Johnston 和 Burton，1990）。综合 CFA 和以上分析结果，可以证明四变量具有良好的区分效度，因此可以进行下一步结构方程模型分析。

表 6－2　　　　测量项目属性

构念和指标	标准化载荷	信度	平均萃取变异量
真实型领导		0.91[a]	0.71
因子 1	0.89		
因子 2	0.78		
因子 3	0.88		
因子 4	0.82		
政治技能		0.89[a]	0.67
因子 1	0.62		
因子 2	0.86		
因子 3	0.88		
因子 4	0.89		
心理资本		0.87[a]	0.63
因子 1	0.77		
因子 2	0.87		
因子 3	0.81		
因子 4	0.72		
组织承诺		0.86[a]	0.68
因子 1	0.75		
因子 2	0.75		
因子 3	0.96		

注：a 表示组合信度。

二、描述性统计

表 6－3 是主要变量的平均数、标准方差、相关系数和内部一致性系数。通过信度检验发现，真实型领导、心理资本、政治技能和组织承诺的内部一致性系数均超过 0.8，达到良好的标准。真实型领导与政治技能（$r = 0.70$，$p < 0.01$）、心理资本（$r = 0.73$，$p < 0.01$）及组织承诺（$r = 0.68$，$p < 0.01$）显著相关，而政治技能也与心理资本（$r = 0.64$，$p < 0.01$）和组织承诺（$r = 0.72$，$p < 0.01$）、心理资本与组织承诺（$r = 0.72$，$p < 0.01$）也显著相关。

表 6－3　　　　主要变量的描述性统计

	均值	标准差	真实型领导	政治技能	心理资本	组织承诺
真实型领导	4.01	0.67	(0.88)			
政治技能	4.08	0.80	0.70**	(0.89)		
心理资本	4.01	0.48	0.73**	0.64**	(0.84)	
组织承诺	3.99	0.57	0.68**	0.72**	0.72**	(0.85)

注：** 表示 $p<0.01$（双尾）。对角线括号内的数字是内部一致性信度系数。

表 6－4 给出了真实型领导、心理授权、圈内人感知和组织承诺各因子作为指标的均值、标准差和相关系数。

三、中介效应检验

根据 Baron 和 Kenny（1986）所介绍的中介效应检验方法，要证明心理资本的中介作用，必须首先证明真实型领导、心理资本与组织承诺之间有显著相关性。由表 6－3 知道，真实型领导、心理资本与组织承诺之间均显著正相关，因此可以进行中介效应检验。表 6－5 显示，在控制人口统计学变量后，通过真实型领导对心理资本直接回归，显示出正向显著性（$\beta=0.80$，$T=16.06$，$p<0.01$）。心理资本在真实型领导与组织承诺之间中介作用是显著的（$\beta=0.47$，$T=4.84$，$p<0.01$）。但同时，真实型领导对组织承诺直接影响也是显著的（$\beta=0.63$，$T=10.63$，$p<0.01$）。这说明心理资本在真实型领导和组织承诺之间起部分中介作用，且中介效应所占效应比为 59.68%（0.80 × 0.0.47/0.63 = 0.5968）。因此，假设 2 得到验证。

四、调节效应的层次回归分析

我们通过层次回归分析来检验真实型领导在影响心理资本过程中的调节作用。层次回归分析表明，在控制人口统计学变量以后，分别加入真实型领导和政治技能两个变量，真实型领导对员工心理资本解释效应明显增加（$\Delta R^2=0.47$，$p<0.01$），而政治技能则没有解释效应（$\Delta R^2=0.00$，$p<0.05$）。进入真实型领导和政治技能交互项，结果发现交互效应对心理资本有显著影响（标准化斜率为 0.27，$\Delta R^2=0.02$，$T=3.23$，$p<0.05$）（如表 6－6 所示）。这说明员

表 6-4　　作为显示条目的平均值、标准差及相关系数

变量	均值	标准差	1	2	3	4	5	6	7	8	9	10	11	12	13	14
真实型领导																
因子 1	3.99	0.76														
因子 2	3.86	0.73	0.72**													
因子 3	4.13	0.82	0.76**	0.69**												
因子 4	4.08	0.73	0.76**	0.60**	0.73**											
政治技能																
因子 1	4.12	0.80	0.50**	0.28**	0.47**	0.38**										
因子 2	4.10	0.88	0.63**	0.54**	0.64**	0.59**	0.51**									
因子 3	4.08	0.87	0.61**	0.48**	0.61**	0.58**	0.56**	0.75**								
因子 4	4.09	0.77	0.63**	0.55**	0.67**	0.67**	0.53**	0.79**	0.76**							
心理资本																
因子 1	4.00	0.51	0.51**	0.46**	0.56**	0.46**	0.28**	0.55**	0.47**	0.49**						
因子 2	4.15	0.54	0.62**	0.60**	0.66**	0.59**	0.36**	0.47**	0.47**	0.51**	0.69**					
因子 3	3.92	0.54	0.59**	0.59**	0.57**	0.44**	0.44**	0.55**	0.55**	0.50**	0.65**	0.70**				
因子 4	4.01	0.61	0.50**	0.44**	0.58**	0.48**	0.48**	0.45**	0.50**	0.53**	0.54**	0.62**	0.57**			
组织承诺																
因子 1	4.03	0.61	0.62**	0.46**	0.61**	0.54**	0.52**	0.63**	0.66**	0.66**	0.51**	0.52**	0.57**	0.68**		
因子 2	3.87	0.80	0.40**	0.36**	0.41**	0.41**	0.39**	0.44**	0.48**	0.44**	0.35**	0.43**	0.44**	0.45**	0.46**	
因子 3	3.95	0.59	0.59**	0.50**	0.57**	0.54**	0.52**	0.68**	0.66**	0.65**	0.49**	0.58**	0.61**	0.58**	0.69**	0.75**

注：** 表示 $p<0.01$，* 表示 $p<0.05$（双尾）。

表 6－5　心理资本在真实型领导和组织承诺之间的中介作用

变量	组织承诺					
	M1		M2		M3	
	β	T	β	T	β	T
第一步（控制变量）						
性别	－0.17*	－2.43	－0.10	－1.79	－0.08	－1.60
年龄	－0.13	－1.84	－0.08	－1.47	－0.08	－1.68
学历	0.37**	5.45	0.13	2.21	0.08	1.38
工龄	0.15	1.93	0.00	0.06	0.02	0.43
职位	－0.30**	－3.84	－0.17**	－2.67	－0.13*	－2.12
第二步（自变量）						
真实型领导			0.63**	10.63	0.26*	2.76
第三步（中介变量）						
心理资本					0.47**	5.00
ΔF	12.35**		112.98**		25.05**	
R^2	0.27		0.57		0.63	
ΔR^2	0.27**		0.30**		0.06**	

工政治技能影响真实型领导与心理资本之间的关系，因此假设 3 得到验证。图 6－4 表明交互作用的影响模式。根据图 6－4，高政治技能可以提高真实型领导对心理资本的影响，而政治技能几乎不能产生积极的效果。

表 6－6　政治技能调节作用的回归分析

变量	心理资本							
	M1		M2		M3		M4	
	β	T	β	T	β	T	β	T
第一步（控制变量）								
性别	－0.06	－0.82	0.03	0.76	0.03	0.65	0.05	1.19
年龄	－0.16	－2.26*	－0.10*	－2.23	－0.10*	－2.21	－0.07	－1.62

续表

变量	心理资本							
	M1		M2		M3		M4	
	β	T	β	T	β	T	β	T
学历	0.38	5.33**	0.07	1.39	0.08	1.56	0.06	1.18
工龄	0.18	2.28*	-0.00	-0.04	-0.01	-0.11	-0.03	0.63
职位	-0.16	-2.01*	0.01	0.17	0.00	0.03	0.03	0.55
第二步（主效应）								
真实型领导			0.80**	16.06	0.87**	10.39	0.90**	10.97
第三步（主效应）								
政治技能					-0.09	-1.02	0.14	1.32
第四步（调节效应）								
真实型领导×政治技能							0.27**	3.23
ΔF	9.78**		258.04**		1.04		10.43*	
R^2	0.23		0.70		0.70		0.72	
ΔR^2	0.23**		0.47**		0.00		0.02*	

注：** 表示 $p<0.01$，* 表示 $p<0.05$（双尾）。

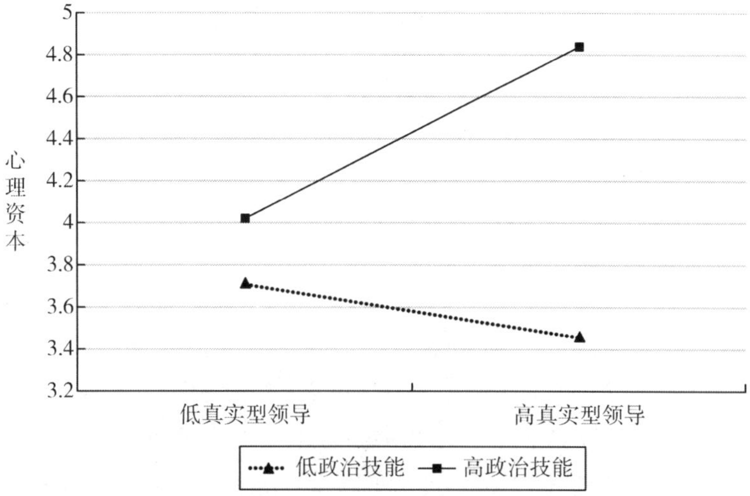

图6-4　政治技能对真实型领导和心理资本调节效应图

第五节　结论与讨论

一、主要结论

（一）真实型领导能够促进员工组织承诺

许多学者在先前的研究中探讨了真实型领导对下属态度的影响，证实了真实型领导对员工组织承诺有积极的影响作用，本研究结果与前人研究一致（Avolio 等人，2005；Walumbwa 等人，2008）。研究结果有利于更加清晰地理解真实型领导对员工组织承诺的影响机制。真实型领导者通过将自己积极心理能力与高度发展的组织情景充分结合起来，不断提高自我意识，展现真实行为，将自己的愿景和价值观融入企业发展之中，提升了下属对前景的展望水平，促使下属在工作中感到快乐和幸福，使下属非常乐意留在组织，增强了其对组织的忠诚和承诺。

（二）心理资本是架构真实型领导与组织承诺的之间关系

心理资本具有四种基本特质：（1）自我效能/自信；（2）希望；（3）乐观；（4）韧性（Luthans、Youssef 和 Avolio，2007）。真实型领导通过激发下属四种基本的心理资本特质，并最终促进员工组织承诺。真实型领导者通过言行中展现出的自信及对追随者的信任和信心，为他们提供认知、情感及道德援助，使他们对自己的能力持发展的观点，并促进其自信心的提高。同时，真实型领导能够正确认知自己的缺点和优点，并以一种尊敬态度来接受和反馈下属建设性建议，可能开发下属的在追求目标上对自己能力的自信（Ilies 等人，2005；Luthans 和 Youssef，2004）。真实型领导会关注员工优势，挑战根深蒂固的思想，并与员工共享信息，强化员工的发展潜能，影响了员工自我实现的预期，最终促进其自信心产生。真实型领导者能够预期潜在的压力或逆境，制订应急计划以支持和帮助追随者积极地应对它们，并且当追随者向自己求助时能够挺身而出并做出积极的回应，从而使他们在面临变革时，不仅能坚持住，而且能最终获得成功，这些都有助于提高追随者的韧性（Avolio 等人，2004）。此外，真实型领导者通过为追随者创立支持性工作环境而提高和维持追随者的希望水平，还可以借助一定的培训向追随者展示和灌输现实的乐观主义。真实型领导提供给下属一种自我决定、安全和信任的感知，促使下属集中全力寻找不同的方式以实现目标（Edmondson，1999；Ilies 等人，2005）。

最新研究表明，真实型领导与集体心理资本（Collective Psychological Capital）具有正相关关系（Walumbwa 等人，2009）。真实型领导者的真实性和不断提高的自我意识促进了与追随者之间的关系和谐和信任，也增进了追随者的组织认同。真实型领导通过积极情绪营造一种积极的氛围，促使下属形成积极的情绪并最终促进员工组织承诺。与先前研究一致，我们发现，真实型领导通过心理资本对组织承诺产生影响，中介效应约占 60%，而真实型领导对组织承诺直接影响约 40%。

（三）真实型领导通过建立政治资源促进员工组织承诺

研究发现，领导政治技能调节真实型领导和员工组织承诺之间的关系。这可能是由于拥有高政治技能的领导不仅具有良好的人际互动能力，而且还具有建立关系网络和社会资本的能力——由于兼具人际互动风格和社交技能，政治技能会令个体在面对不同或变化的情境下自信地调整其行为，使他人受到影响。领导在与部属的互动中，通过不同的政治技能改变他们对领导的认知。具有高政治技能的领导往往具有很强的社交敏锐性、印象管理和人际影响能力，能针对不同的情境和对象灵活地开展各种人际互动，使用合适的策略达成效果（Harris 等人，2007）。同时，高政治技能的领导突出的社交能力往往能使其获得比其他领导更多的与部属接触、沟通、合作与信息传递机会，这将有利于加深彼此了解并进而建立良好的私人情谊和社会圈子。此外，高政治技能的领导在与部属互动过程中所表现出来的真诚性往往容易激发出员工对领导的信任和信赖感。与此同时，具有领导政治技能将帮助真实型领导者成为有效的领导。因为，具有政治技能的领导者会根据不同的情景进行社会互动，并且准确解释他们的行为。而这些可能促进员工对领导忠诚，从而对组织液具有归属感，因为领导就是组织的一面旗帜。

领导政治技能可能成为员工获取资源（政治资源、心理资源、社会资源和物质资源）的有力保障。资源保护理论（Conservation of Resources Theory，COR）解释了这种情况（Hobfoll，2002、2011）。在该理论中，资源被定义为那些有价值的集中在自己手中的权利（例如，自尊、密切联系、健康和内心平静），或作为手段去获取有价值途径（例如，货币、社会支持和信用）。领导政治技能既可以被看作是领导者本人的一种个人资源，也可以看作企业的一种公共资源。具有政治技能的领导者不仅为自己获得升迁提供资源保障，也为组织获得稀缺资源提供政治保障。当员工感知到上级领导具有丰富的政治技能，依附于该领导成为必然。领导政治技能不仅为组织获得必要的外部稀缺资源，也促进了内部资源的累积，激发了组织忠诚。Brouer、Wallace 和 Harvey（2011）认为，作为一种政治资源，政治技能会强化心理头衔和膨胀的内在资源之间的关系，并会影响到未被满足的期望，并最终导致员工归属感。

二、管理启示

本章研究结果也具有相当重要的实践意义。根据研究结果，组织必须促进领导真实性的产生而增加员工心理资本，即通过关系透明、内化道德、自我意识和平衡加工信息，建立角色模式，濡染部属和员工，开发强大心理资本，促进员工建立自信、对未来充满希望、挑战困难并具有坚强意志和坚忍不拔的精神。当员工对自己充满自信、对未来充满希望、敢于挑战困难、意志坚强时，员工对自己的未来发展预期更高，也会更加忠诚，即心理资本强大的员工，会产生更多的组织承诺。另外，要积极培育和塑造领导者和管理者的政治技能。从理论研究和本书实证研究的结论我们都可以看出，领导政治技能在组织发展中有着重要的作用，他对于员工心理资源的创造、员工组织承诺的增加都有着重要的影响作用。因此，培育和塑造领导者和管理者的政治技能显得尤为重要。Ferris（2000）指出，虽然政治技能在一定程度上是一个身上固有的，但同时也是可以发展和塑造的，政治技能的发展将是潜在的新领域，并指出领导政治技能的塑造应该分三步进行。第一步，对自身进行理解和评估，也就是了解在组织内部组织中的其他人是如何知觉自己的。政治技能低的个体往往是不会意识到自己的行为是无礼的、不老练的或是被人认为是粗鲁的，因此对自身的理解和评估是培育和发展政治技能的第一步。第二步，通过指定的学习方法对政治技能进行塑造和发展。个体通过对自身进行评估和理解后，针对自身存在的问题，建立科学的学习方法，通过在学习中不断更正以前的某些政治技能低的行为，从而不断发展和塑造自身的政治技能。第三步，通过指定方法的学习后，对个体的政治技能方面的进步做出评估。他人评估方面，个体可以了解自己的上级、同事、客户甚至是自己的配偶对自己政治技能方面的进步进行反馈，在反馈的基础上，个体可以对目前的学习方法进行调整或者进行新的学习。Ferris等（2000）指出，政治技能学习的四种方法：分别是实践练习（Experiential Exercises）、替代学习（Vicarious Learning）、沟通技能训练（Communication Skills Training）以及戏剧法（Dramaturgy）。

随着外部环境竞争的日益激烈和内部管理水平发展的需要，一个组织中的领导者和管理者的作用日益重要，他们政治技能的高低往往影响着组织内部员工对组织的看法和感情依赖程度。领导政治技能高的组织不仅可以使员工感知来自领导和组织的资源支持，而且可以激发他们的工作热情，从而把自己当成组织的一部分，增加对组织承诺，从而有效减少员工流失，增加组织的工作绩效。因此，企业在发展过程中应该积极开展重要领导政治技能的培育和塑造，不断提升组织领导者的政治技能，从而促进组织持续和长远发展。

第七章　真实型领导与员工创造力

第一节　研究背景

20 世纪信息技术的进步将 21 世纪推向一个全新的知识经济时代，无论对于国家、企业或者个人，既是一个难得的机遇，也是一个严峻的挑战。从当今世界的竞争情况来看，一个国家和民族只有具备强大的创新能力，才能在激烈竞争的环境中保持领先。近代历史上西方国家之所以能够发展迅猛，原因之一在于对创新的高度重视。美国著名经济学家熊彼特（Joseph Schumpeter）认为企业本质的特征就是创新，只有以创新的方式才能不断突破自身局限性。因此，创新可以说是一个民族进步的灵魂，是一个国家取得综合竞争力的关键因素。随着改革开放的步伐加大，我国经济取得明显的进展，然而经济进步的同时却带来资源浪费、环境污染等一系列问题。不仅如此，我国自主创新能力不足，核心技术缺乏，大部分产品都是依靠国外核心技术来生产。据统计，世界上 90%以上的专利都归属于发达国家所有，包括中国在内的其他国家专利技术只占 10%①，要改变这种技术落后局面，必须依靠创新来推动技术进步。2006 年 1 月 9 日，国家主席胡锦涛在全国科学技术大会上发表讲话，将“增强自主创新能力”提高到国家战略高度②，提出于 2020 年建成创新型国家。2011 年国家“十二五规划”纲要明确指出，“坚持自主创新、重点跨越、支撑发展、引领未来的方针，加快建设国家创新体系，着力提高企业创新能力，促进科技成果向现实生产力转化，推动经济发展更多依靠科技创新驱动”③。这些举措表明我国正不

---

① 中华人民共和国国家知识产权局，http：//www.sipo.gov.cn/。

② http：//news.xinhuanet.com/ziliao/2006-01/12/content_4043283.htm。

③ 国家“十二五规划”纲要。

断重视提高自主研发能力和国家创新水平，改变“中国制造”的格局，走向“中国创造”的大道。

值得一提的是，企业是国家经济体系的一个单细胞，而创新是企业保持活力的基础，企业的创新实力才是国家创新能力的具体体现。企业创新主要是指产品和技术的创新，在激烈的市场竞争环境下，企业只有保持不断的产品和技术创新才能立足，而不是仅仅依赖稀缺的原材料及自然资源。因此，创新对于企业发展的重要性毋庸置疑。然而，员工的创造力才是企业创新的动力源泉，要提高企业的创新能力须以提升员工创造力（Employee Creativity，EC）水平为基础，高水平的员工创造力是企业发展和生存的必要条件。大量证据已经表明，员工创造力能从根本上促进组织创新及组织效能（Shalley、Zhou 和 Oldman，2004）。关于创新和创造力的区别，可以认为创新是采纳创造性的观点并使之成为现实，而创造力是一种具有创造性的状态和特点。激发员工创造力能给企业带来新意的想法、产品、服务，是企业取得突破发展的基本途径。

早在 20 世纪中期，心理学领域的专家开始关注创造力，直到 20 世纪 80 年代初，创造力才在管理学领域得到重视，且主要延续自心理学，视角聚焦于创造性的人格特征、社会认知及心理特征。之后学者才从影响创造力的情境因素来阐述产生创造力结果的原因及过程，该观点认为创造力不是凭空产生的，情境因素会促进或者阻碍创造力的产生，如工作复杂度、奖励系统、时间期限与目标、与主管和同事的关系及工作的空间构造等。但是，对于众多情境因素来说，领导才是影响工作场所员工创造力水平的一个最重要的情境因素。事实上，领导的行为、思想对员工创造力会产生实质性影响。因此，企业领导对员工创造力的影响研究，已经成为研究领域的一个热点话题。

国外组织行为学领域的相关学者 Luthans 等人（2003）结合领导学、道德学、积极心理学及组织学等领域的研究，提出全新的领导理论即真实型领导（Authentic Leadership，AL）理论。Wulumblwa 等人（2008）将真实型领导定义为一种为了培养和促进领导者具有更大的自我意识、内化道德视角、平衡的信息加工和关系透明程度，并提高积极的心理能力和营造积极的气氛产生，从而促进下属积极自我发展的领导行为方式。由此，可以发现真实型领导是积极的、透明的、开放性的、自我意识的、无偏见加工的、言行一致的，这种领导行为反映了领导者是创造性的，对环境具有敏感性和反思性。与伦理型领导相比，他们更加具备激发员工创造力的特性。因此，本书认为系统性的探讨真实型领导与员工创造力之间关系的研究是非常必要的。

在探讨真实型领导对员工创造力影响的过程当中，本书研究引入自我效能感作为中介变量，以更好地解释真实型领导与员工创造力的关系。

因此，本章的主要目的有两点：第一，探讨真实型领导与员工创造力之间的关系，真实型领导的各维度对员工创造力的影响程度；第二，研究自我效能感在真实型领导与员工创造力之间的中介作用。

第二节　概念界定及变量间关系

一、员工创造力

自从亚里士多德在公元前将创造力（Creativity）定义为“产生前所未有的事物”之后至 19 世纪中叶以前，在漫长的探索过程中，研究者已对创造力进行了十分丰富的描述和诠释。1869 年高尔顿的《遗传的天才》一书的问世，标志着采用科学方法研究创造力的开始（Sternberg，1999）。在随后一个多世纪的探索中，不同领域的研究者建构了系统、严密、简洁且富有解释力和预见性的各种创造力理论。通过对国内外有关创造力定义的归纳，可以总结出四种不同取向：（1）创造者，过去学者认为创造力是那些具有创新能力的个体，主要关注具有创新个体的特质；（2）创造力过程，Wallas（1926）将创造力思维分为四个阶段，即准备期、酝酿期、启发期和确认期，Koestler（1964）认为创造力是双向联系的过程；（3）创造力结果，也就是从创新的产品视角来判定创造力水平，这种定义在研究中是最具有代表性的，当前大多数研究都采用此种定义方式，如 Stein（1967）认为创造力的结果是产生产品，并且这些产品是具有新颖性、实用性、持久性；（4）创造环境的视角，认为创造力受个体与环境交互作用的影响（Oldman 和 Cumming，1996；Woodman、Sawyer 和 Griffin，1993）。结合创造力过程和结果的观点，Amabile 认为创造力是个体或者工作团队产生新颖且实用的想法（新颖的想法是指独一无二的，实用的想法是指在长期或短期有潜在的价值），并提出创造性思考的五个阶段：任务陈述、准备、产生创意、验证创意及结果评估。

我国学者对员工创造力的研究开展较晚，因此研究相对落于西方国家。张庆林（2002）从心理学角度将创造力定义为利用一定条件产生新颖、独特、可行、实用的产品的心理素质。林崇德（1999）认为创造力运用已有的信息产生有新颖的、独特的、有价值的产品的一种智力品质。

综上所述，本书认为员工创造力是指员工产生新颖的且实用的构想、过程、服务、实践、产品的能力，创造力的两个主要特征：一是原创性（original）或新颖性（novelty），指独一无二的，不墨守成规；二是实用性（useful），是指在长期或短期都存在潜在的价值（Amabile，1996；Zhou 和 Shalley，2003；Oldman 和 Cumming，1996）。

有关工作场所中的创造力研究已经得到许多学者的关注，同时创造力理论的发展及有关促进或阻碍员工创造力的影响因素研究也取得了很大的进步。大部分研究成果都是在西方文化背景下产生的，国内有关员工创造力研究开展的比较晚，更多的是对员工创造力的概念介绍和述评，缺乏有关员工创造力的实证研究。刘云、石金涛（2007）通过构建 KTMT（Knowledge，Thinking，Motivation，Time）触发系统理论模型，提出了知识、思维、动机和时间四要素如何影响员工的创造力。王垒和姚翔（2008）考察了管理者的权利距离对员工创造性观点的产生与实施过程的调节作用，研究发现高权利距离会抑制员工创新观点的产生，但会促进创造性观点的实施。有些研究者将组织创新氛围引入员工创造力的研究，如刘效广、王艳平和李倩（2010）研究组织和个体上的创新氛围对员工创造力产生积极影响，王端旭和洪雁（2010）研究表明支持性的组织氛围能够促进员工创造力的产生，且内部动机和心理投入在组织氛围影响员工创造力的过程中发挥着中介作用。

二、自我效能感

（一）自我效能的概念

自我效能感（Self - efficacy）是在 20 世纪 70 年代之后形成和发展起来的。自我效能理论是班杜拉从宏观的社会认知理论基础上建立和发展起来的理论体系，是社会认知理论的延续和拓展。社会认知理论认为人具有自我反思和自我调节的能力，受环境的影响，突出人的主体性因素（认知、情感、动机）对行为的影响。自我效能理论主要关注主体性因素中的认知因素，认为个体的行为和心理改变都需通过个体的自我控制感和自我调节来实现。起初，班杜拉将自我效能感阐述为“人们为完成某项特定行为或结果所需能力的信念的一种具体的预期”（Bandura，1977）。此后，又将此概念延伸为“影响其生活的事件的能力信念”（Bandura，1989），“人们在特定的情境中为成功完成任务所需行动过程的能力的感知、信心或信念”（Madddux，1995）。因此，可以发现自我效能感是个体对自我能力的认知，以自我作为参照对象的思维方式。自我效能不是指一个人所拥有的实际技能和能力，而是指个体对自己完成某种任务或达到目标的能力的一种信心，是个体对自我能力的感知、知觉和把握。因此，人们处于不确定的环境中，不仅需要完成任务的能力，还需要运用这些能力的自我效能信念。在自我调节系统中，自我效能可以通过对认知、情感、动机和生理唤醒的影响而调节人们的思想变化和行为选择（郭本禹、姜飞月，2008）。

自我效能、自我与自尊等概念，都具有自我评价的特征，描述自我的现象，对自身进行反思和评价，但仍存在一定的区别。自我概念是指个体对自身的心理、生理和社会功能的判断或主观的评价。自我概念是通过对自身经历的有关事件的解释来影响个体的行为，无法预测个体在特定情境中如何操纵的能力，而自我效能感是情境化的，在不同的任务、目标或情境中，个体的自我效能感是不一样的，能够预测特定的行为发生。自尊是以自身作参照对象对自我价值的判断，与个人的价值标准相关。自尊是个体对自身价值品质的综合评价，而自我效能是对具备完成某项任务的能力的评价，具有领域特殊性。

（二）自我效能的影响因素

有关自我效能在不同的情境中是如何产生，班杜拉认为自我效能感受以下四个因素的影响：

（1）亲身经历的经验，指个体通过自身的亲身经历所获得的有关自身能力的直接经验，它是产生自我效能感的重要来源。如果个体在某一项任务、行为获得成功，那么当重新面对这项任务时个体将会产生极大的自我效能感，失败的经验可能会减弱个体的自我效能感，使其产生抵触和消极心理。

（2）替代性经验，指通过观察他人的成功经验和失败经验，获得对自身能力的认识。尤其是目睹相似的人取得成功，将会增强观察者的自我效能感，确信自己在相似的情境中也能取得相似的成功。相反，当发现和自己相似的人虽然付出努力仍然遭受失败，则可能会降低对自我能力的判断，认为自己即使付出努力也无法取得成功。同时，榜样本身的能力、榜样的数量和权威性也会影响替代性经验对观察者自我效能的判断。

（3）言语说服，指使人们相信自己具有取得成功的能力。言语说服可以提高个体的自我效能感，但是说服是否有效取决于说服者的地位、权威和劝说内容的可信度。当个体在面对困难怀疑自己的能力时，如果有具有权威性人物表达对个体的信任，则会容易增强个体的自我效能感。

（4）生理和情绪状态，个体的情绪状态与自我效能感存在密切的联系（王重鸣，2001）。个体处于放松的、积极的情绪状态时，自我效能感会增强；个体处于焦虑的、不安稳的情绪状态时，更容易产生恐惧心理，怀疑自己的能力，自我效能感会显著下降。

班杜拉对自我效能感的影响因素研究过于宽泛，以上四个影响因素中可能仍然存在一些隐性因素会对自我效能感产生影响。Gist 和 Mitchell（1992）从内部因素、外部因素及决定因素的角度，分析影响自我效能感的因素，从而提出自我效能感的三维度模型。我国学者基于前人的研究实践，总结了影响自我效能感的因素，包括前绩效、自我成就的需要、任务的难易程度、绩效反馈方式、组织的异质性、文化因素等。

（三）自我效能感及其测量

有关自我效能感的界定和测量存在两种不同的研究取向，一种认为自我效能感与某个特定的领域相关，即领域性自我效能感；另一种是一般自我效能感。领域性自我效能感与具体领域的任务相关，不同领域的任务要求个体具备不同的能力，它是个体对自己完成不同领域任务的能力的信心。一般自我效能感可以看作是一种特质，具有稳定的特点，是对过去不同的成败经历的总结和评价的感知。一般自我效能是对自己是否具备完成任务的能力的总体评估，是个体在各种情境中能否有效处理问题的信心判断（Judge，2001）。德国柏林自由大学著名临床和健康心理学家 Schwarzer（1997）认为，一般自我效能是指个体对自己在不同情境下所具备的能力的总体性的信心。一般自我效能量表 GSES（General Self－efficacy Scale）也是由 Schwarzer 和他的同事于 1981 年编制的，用于测量个体在各种复杂的、不确定的情境下能否有效应付、处理问题的一种概括性的自我效能感。最初，该量表是由 20 个项目组成，最后减少至 10 个项目，GSES 量表被证实具有很好的信度和效度，是一个可靠的测量工具。目前，已经被翻译成二十几种语言，应用非常广泛，同时也进行了跨文化的研究。该量表主要测量非特定领域最广泛的自我效能感。我国学者王才康（2001）将 GESE 量表翻译成中文，应用于我国大学生群体的一般自我效能感研究，获得了较为满意的样本测量指标。本书研究将采用一般自我效能感的概念进行研究。

三、变量间的关系研究

（一）真实型领导与员工创造力的关系研究

真实型领导是一种将领导者的积极心理能力与高度发展的组织情境结合起来发挥作用的过程，真实型领导不管是对自己还是他人都是真诚的（Luthans 等人，2003）。现阶段研究者更多地关注真实型领导与下属绩效的关系。真实型领导不仅可以提高下属对领导的信任，通过帮助下属发现自己的才能、将他们安排到合适的职位上、提供丰富的工作及发展同事间关系的机会，从而提高下属的敬业度（Engagement）；下属的敬业度能够有效提升其工作幸福感（Well－being），而幸福感和敬业度又均有助于促进下属可持续的绩效（Gardner 和 Walumbwa，2005）。然而，很少有研究验证真实型领导与员工创造力之间的关系。

Luthans 等人（2003）认为真实型领导过程对领导者和下属的自我意识及自我控制行为具有正面的影响，并将激励和促进领导者个人及下属的成长和自我发展。真实型领导通过自信、乐观、充满希望、富有韧性（心理资本）、具有高尚的品德、未来导向（Future－oriented）等榜样的力量和感召力来濡染下属，使下属对自己的思想（包括信念、价值观和道德观等）、行为以及所处的工作情境具有深刻的意识，并展现出强大的心理资本，从而产生持久的、真正的（Veritable）创新行为。他们通过角色模式感染下属，激发员工产生强大的心理资本和真实性，从而促进创造力的产生（Ilies、Morgeson 和 Nahrgang，2005）。

具有创造性的个体往往喜欢从事有风险的、不确定、挑战性的工作，因此，领导不可能是保守的、传统的（Shin 和 Zhou，2003）。关系透明的领导在与下属互动过程中所表现出来的真诚性往往容易激发出员工对领导的信任和信赖感，增强下属的自我效能、希望和乐观，营造一种透明的组织氛围，让员工明确工作中什么是被鼓励的，什么是有报酬的。在这种无压力、积极的心理感知下，下属更愿意挑战现状、谈论错误、试错学习并最终产生创造力。在工作场所中，自我意识强的领导会鼓励员工自我表达，支持员工自主性、打破常规的想法，通过质疑自我产生一些不良后果，也可以通过榜样作用为员工提供启发型的作用，从而促进员工创造力的产生（Mumford，2002）。由于对自己和他人心理状态的好奇，自我意识强的领导能够与下属在共享学习中创造开放性、谦虚的和好奇的学习模式，从而激发员工创造力的产生。平衡信息加工的领导不会对个人和外界信息进行扭曲、夸张和过滤（Kernis，2003），可能使其能够更加准确地解释任务特征和改善技能水平，从而促进员工挑战现状及创造力的产生。

（二）真实型领导与自我效能感的关系研究

自我效能感是指个体对自己能否达到特定目标所需行动过程的能力的信念，高自我效能感的个体通常能够战胜困难和挑战，有信心能够完成工作任务、能够达到工作目标。具备自我效能感的个体无论是遇到任何挫折和困难，都能够以坚忍不拔的意志面对挑战。真实型领导中的真实关系导向，能够促进领导和下属的关系更加真诚和透明，是自我展现和相互信任的积极过程。Kernis（2003）的研究中指出真实型领导本身是自我效能感高（自信）、乐观、充满希望、富有韧性的（心理资本），他们能够通过感召力以濡染下属，使下属对自己能够达成目标的信念更加强烈，并展现出与真实型领导同样的高自我效能水平。真实型领导能够在言行中展现自己的自我效能水平及对下属的信任，为他们提供认知、情感及道德上的援助，使得下属对自己的能力持发展的观点，从而促进其自我效能感水平的提高。

目前大多数研究关注真实型领导对下属心理资本的影响，真实型领导会促进下属心理资本的增加（Avolio，2004；Luthans，Norman 和 Avolio，2008；Clapp－Smith、Vogelgesang 和 Avey，2009），同时研究者也研究了真实型领导对心理资本各维度的影响，自我效能感作为心理资本的一个维度，研究也表明真实型领导有助于员工自我效能感的增加。因此，本书研究认为真实型领导与员工的自我效能感之间存在一定的联系。

（三）自我效能感与员工创造力的关系研究

具有创造性的产品和思想在产生之前往往受到许多质疑，需要创造力个体能够在遇到挫折和阻力时，具有足够信心和保持积极的心态。具有高自我效能的个体，往往有很强的心理承受能力，能够在困境面前仍然调整心态，坚持自我、信心十足，朝着创造力的目标前进，最终产生预期的创造力。然后，创新过程中往往可能面临经常性的失败，因此创新行为具有高度风险性（Carmeli 和 Schaubroeck，2007）。因此，个体具有自我效能越高，越有可能承担风险，从事挑战性的任务，因而更有可能利用创造性的方法解决问题（Tierney 和 Farmer，

2002；Gong、Huang 和 Farh，2009）。

目前，有关自我效能感的研究主要局限于教育领域。Jin Nam Choi（2004）验证了大学生的创造性自我效能水平能够促进其产生创新行为。在组织管理研究领域，有关自我效能感的研究不多。Tierney 和 Farmer（2002）的研究提出创造性自我效能的潜在影响因素，包括知识、工作效能、主管支持及工作复杂度等，并实证研究验证了创造性自我效能对个体创新行为及绩效产生积极影响。Carmeli 和 Schaubroeck（2007）的研究表明创造性自我效能感有助于员工产生创造性行为的产生。因此，无论从教育还是组织管理领域，自我效能都会有助于产生创造性行为。

第三节　研究假设

一、真实型领导对员工创造力的影响

创造力是一种复杂的且具有独特性的工作表现，要求领导者不可能是一种传统式或者家长式的领导方式，需要一种专门适应创造力性质的领导力（Mumford，2002）。这种领导者必须是开放性、透明的、支持性和变革性。而本书研究中的真实型领导风格能够和下属形成一种透明的关系，会促进员工产生积极的情绪（Avolio，2004），并支持下属自我决定，提供下属所需的资源和发展空间，形成变革性氛围，最终促使员工产生创造力。同时真实型领导通常目光长远，而不是聚焦于现状，不墨守陈规，鼓励积极进取的行为，通过积极的示范和榜样作用，促使个体的自我开发和调节，从而产生持续的挑战现状的动力（Ilies、Morgeson 和 Nahrgang，2005）。可以发现真实型领导是一种积极的领导行为，能够有效提高下属的心理资本，促使下属产生一系列积极情绪，从而可能从一定程度上能够激发员工产生创造力。

真实型领导包含四个维度，自我意识（Self - awareness，SA）、内化道德（Internalized Moral，IM）、平衡加工（Balanced Processing，BP）和关系透明（Relational Transparency，RT）。自我意识强的领导，通过对世界和社会的认知，

能够激发其产生对自己和他人心理状态的好奇心，通过不断地与下属进行沟通，形成共同的价值观，促进与下属之间共同学习形成一种开放的、谦虚好奇的氛围，能够激发员工创造力和团队协作能力（Lee 和 Robert，2010）。同时，自我意识很强的领导善于鼓励员工，支持打破常规的想法，促使下属自主思考问题，不受传统观念的束缚。他们既可以通过质疑自我产生一些不良后果，也可以通过他们的榜样作用（Mumford 等人，2002）启发员工，从而促进员工创造力产生。关系透明的领导会毫无隐瞒地表现出真实的自我，是个人诚信表现的核心。关系透明的领导准许下属尝试新的创意，促使员工不害怕承担冒险，增强与下属之间的相互信任。同时以开诚布公的方式，与他人分享所有信息，形成透明的组织氛围，使员工充分明白在组织中什么是被鼓励的，从而不必担心“创新”所带来的风险。真实型领导中的关系透明能够激发下属与领导之间的相互信任（Luthans、Youssef 和 Avolio，2007），从而有助于员工产生更多的创造力。平衡信息加工的领导通常做出决策前会客观地分析所有信息，从不扭曲、夸大和过滤事实（Kernis，2003），反映了领导的心理真实性。他们会真实、准确地解释工作中的任务反馈情况，及时改善员工的技能水平，从内在角度激励员工不断创新以达到卓越的技能（Csikszentmihalyi，1996）。综合以上研究，本书做出如下假设：

假设 1：真实型领导行为（自我意识、关系透明、平衡信息加工及内化道德）与员工创造力呈显著正相关关系，即真实型领导水平越高，下属的创造力水平越高。

假设 1a：自我意识的领导对员工创造力产生显著的正向影响。

假设 1b：关系透明的领导对员工创造力产生显著的正向影响。

假设 1c：平衡信息加工的领导对员工创造力有产生显著的正向影响。

假设 1d：内化道德的领导行为对员工创造力产生显著的正向影响。

二、真实型领导对自我效能感的影响

社会认知理论建立社会学习理论的基础上，但超越社会学习理论。社会认知理论假设个体具有反思和自我调节的能力，是根据情境的变化不断的调整自己的行为。个体可以通过榜样的示范作用来传递积极的思维方式和行为模式。班杜拉研究认为通过观察他人的行为，目睹他人的成功经历可以增强观察者形成对自己的行为的期待。Kernis（2003）的研究中指出真实型领导本身是自我效能感高（自信），他们能够通过感召力和榜样作用以濡染下属，使下属对自己具备达成目标的信念更加强烈，并展现出与真实型领导同样的高自我效能水平。真实型领导能够在言行中展现自己的自我效能水平及对下属的信任，为他们提供认知、情感及道德上的援助，使下属对自己的能力持发展的观点，从而促进其自我效能感水平的提高。

根据真实型领导文献综述，我们可以发现真实型领导表现出积极的心理能力，包括自信、充满希望、具有高尚的品德、未来导向。真实型领导为下属创建支持性的工作环境以提高下属的希望水平，借助一定的手段向下属传达和灌输乐观精神，通过积极情绪营造一种积极的氛围，促使下属形成积极的情绪。因此可以认为真实型领导是一种支持性、积极的领导行为，促进下属的心理能力，有助于提高员工自我效能的水平。

目前大多数研究关注真实型领导对下属心理资本的影响，真实型领导会促进下属心理资本的增加（Avolio，2004；Luthans、Norman 和 Avolio，2008；Clapp－Smith、Vogelgesang 和 Avey，2009），同时研究者也研究了真实型领导对心理资本各维度的影响，自我效能感作为心理资本的一个维度，研究也表明真实型领导有助于员工自我效能感的增加。综合以上研究，本书提出假设如下：

假设 2：真实型领导（自我意识、关系透明、平衡信息加工及内化道德）与员工自我效能感呈显著正相关关系，即真实型领导水平越高，下属的自我效能感就越强。

假设 2a：自我意识的领导对员工自我效能感产生显著的正向影响。

假设 2b：关系透明的领导对员工自我效能感产生显著的正向影响。

假设 2c：平衡信息加工的领导对员工自我效能感产生显著的正向影响。

假设 2d：内化道德的领导对员工自我效能感产生显著的正向影响。

三、自我效能感对员工创造力的影响

班杜拉把自我效能看作产生创造力绩效的必要条件，自我效能会影响个体参与某项任务的动机，Ford（1996）提出自我效能感是个体创造力行为的一个重要动机成分。个体对自己具有能力产生创造力成果的信念越加强烈，其创造力的水平就会更加高。大量研究表明自我效能感对工作绩效产生显著影响，自我效能是预测工作绩效的重要变量。同时，Gong 等人（2009）研究证实创造性自我效能在变革型领导与员工创造力的关系之间起中介作用。在充满竞争的环境下，真实型领导所表现出的真实性能够促进下属的心理资本的产生，使下属充满自信。创新的过程需要经历许多挫败，也具有高风险性（Carmeli 和 Schaubroeck，2007）。具有高创造力水平的个体在产生新颖的思想和产品之前，往往要经受许多的挫折，甚至会遭到保守者的嘲讽。因此，需要员工保持高的自我效能感水平，才能够不断承担风险，完成具有挑战性的任务，从而更有可能产生创造性解决问题的方法（Tierney 和 Farmer，2002；Gong、Huang 和 Farh，2009）。高自我效能的员工往往相信自己有能力完成任务，并且采用积极的思维方式解决各种问题。低自我效能感的个体对自己达成目标和完成任务的信心不足，在遭遇失败后往往会怀疑自我，放弃继续努力的信念。我国学者顾远东等人（2010）通过对 478 名在职职工进行调查，在社会认知理论的基础上实证研究创造性自我效能感这一积极的心理资本对员工创新行为的积极影响。综合以上研究，本书提出假设如下：

假设 3：员工的自我效能感与创造力呈显著正相关关系，即员工的自我效能感越强，则创造力水平就越高。

四、真实型领导、自我效能感与员工创造力

自我决定理论认为人是积极的有机体，具备先天的心理成长和发展的潜能，员工具有内在激励性，即员工会主动寻求新颖性和挑战性的工作，不断拓展和操练自己能力、学习的倾向（Deci 和 Ryan，2000），这些倾向有助于员工在团队当中提出创新建议。真实型领导能够激励下属自我决定和发展，提供下属自由发挥的机会，并能够提升下属的内在激励水平、自尊和创造性水平（Luthans、Youssef 和 Avolio，2007）。同时真实型领导也是一种积极的、透明的领导行为，通过展现希望、信任和积极情感这些积极心理特征，有助于下属产生积极的心理氛围，增加员工的自我效能感水平，最终促使员工产生创造力。此外，真实型领导通过在言行中表现出自信并对下属产生信任和信心，为下属提供认知及情感上的援助，使他们对自己的能力持发展的观点，从而促进下属自我效能水平的提高。

一些实证研究表明，真实型领导、自我效能感、员工创造力之间存在一定的逻辑关系。Gong、Huang 和 Farh（2009）以创造性自我效能为中介变量，验证员工学习导向、变革型领导与员工创造力之间的关系，结果表明学习目标与

创造性自我效能正相关，即具有学习目标导向的个体，创造性自我效能感就越强。其主要结论包括：(1) 创造性自我效能是员工产生工作领域相关的绩效的重要影响因素；(2) 大量实证研究已经证实创造性自我效能与员工创造力之间存在显著的正相关关系（Tinerney 和 Farmer，2002）；(3) 研究者认为在变革型领导的影响下，学习型导向的员工创造性自我效能水平就更高。虽然变革型领导与真实型领导不尽相同，但是这些研究能够为本书研究提供一定的借鉴意义。

我国学者顾远东（2010）等人引入创造性自我效能为中介变量验证组织创新氛围与员工创新性行为之间的关系，构建了组织创新氛围→创造性自我效能→员工创新行为的机制模型。虽然创造性自我效能感属于与特定领域相关的，但是与一般自我效能一样，都是对自己能够达到目标或者完成某项特定任务的能力的信心。

真实型领导可能直接对下属的行为产生影响，也有可能通过一些中介变量对下属的行为产生影响。有关真实型领导与员工创造力的关系，很少有研究验证其中的作用机制。根据西方学者提出的真实型领导理论模型，Avolio（2004）运用希望、信任和积极情感这些积极的心理特征为中介变量验证了真实型对下属行为、态度的影响模型。自我效能感作为积极心理特征，也可能影响真实型领导与员工创造力的关系。真实型领导也是一种积极的、透明的领导行为，能够有助于下属产生积极的心理氛围，增加员工的自我效能感水平，最终促使员工产生创造力。综合以上研究，本书提出假设如下：

假设 4：自我效能感在真实型领导（自我意识、关系透明、平衡信息加工及内化道德）影响员工创造力的过程中起中介作用。

这里通过实证研究方法，在文献回顾的基础上讨论真实型领导、自我效能感与员工创造力三个变量之间的关系，模型见图 7－1。

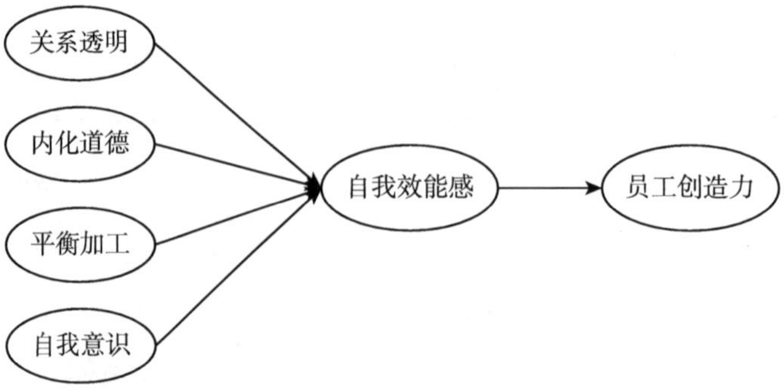

图 7－1　理论模型

第四节　问卷设计

一、问卷的项目来源

本书研究的调查问卷共包含4个部分：真实型领导、员工创造力、自我效能感和个人基本信息（如表7－1所示）。

表7－1　　问卷的各项目来源

序号	研究变量	量表的来源
1	真实型领导	Walumbwa等人（2008）的研究
2	员工创造力	Zhou和George（2001）的研究
3	自我效能感	Jerusalem和Schwarzer（1981）的研究
4	基本信息	性别、年龄、学历、工作年限、组织规模

1. 真实型领导量表。本研究采用Walumbwa等人（2008）有关真实型领导的定义，认为真实型领导由4个维度组成，包含关系透明、内化的道德观点、平衡信息加工以及自我意识。真实型领导问卷采用Walumbwa等人编制的问卷，共有16个项目，其中关系透明度包括“准确说出他/她的意思”等5个项目；内化的道德观点包括“行动与信念一致”等4个项目；平衡信息加工包括“征求挑战他/她根深蒂固的立场”等3个项目，自我意识包括“寻求反馈以改善与他人的互动”等4个项目。每个项目均采用6点式，每个项目分为1—6个等级，1代表非常同意；2代表基本同意；3代表略同意；4代表略不同意；5代表基本不同意；6代表非常不同意。

2. 员工创造力量表。本书研究采用采用Zhou和George（2001）测量员工创造力的量表，采用上级评定下属创造力的方式，该量表包括13个项目，如“我主动寻找新的工作方法、工作程序”“我能为实现目标或目的提出新的方法员工创造力”。量表的每个项目均采用6点式：1代表非常同意；2代表基本同意；3代表略同意；4代表略不同意；5代表基本不同意；6代表非常不同意。

3. 自我效能感的量表。本书研究采用 Jerusalem 和 Schwarzer 于 1981 年编制的自我效能量表（GSES，General Self - efficacy Scale），该量表是共包含 10 个项目，让受访者评估自己自我效能水平。其中，包括“如果我尽力去做的话，我总是能够解决问题的”“如果我付出必要的努力，我一定能解决大多数的难题”。该量表的中文修订版由张建新等人于 1995 发表，至今中文版 GSES 已被证明具有良好的信度和效度。同时我国学者王才康（2001）通过研究证实 GSES 同样适用于中国，并且结果表明自我效能感的单维性。量表采用 6 点式：1 代表非常同意；2 代表基本同意；3 代表略同意；4 代表略不同意；5 代表基本不同意；6 代表非常不同意。

二、数据的搜集

本书研究运用问卷调查的方式搜集样本，采用的问卷包括 4 个变量：人口统计学变量、真实型领导、员工创造力与自我效能感，共 44 个项目。其中人口统计学变量包含 5 个项目，真实型领导包含 16 个项目，自我效能感 10 个项目、员工创造力 13 个项目。正式调查时间是在 2011 年 7 月到 2011 年 9 月，经过 3 个月的搜集，共调查了武汉、广州、上海三地区的企业员工。问卷调查采取两种方式：一是网络调查，通过委托他人代为发放，事前叮嘱填写问卷的相关注意事项；另一种是纸质发放，笔者亲自到企业发放调查问卷，并当场回收问卷。按照问卷项目数与有效样本数 1∶5 的比例，在实际调查中共发放问卷 250 份，实际回收问卷数量 213 份，回收率为 85%。问卷回收后，经过筛选和审核剔除回答不完整及其他不符合要求的问卷 15 份，实际采集有效问卷 198 份，有效回收率为 70%。

第五节　数据统计与分析

一、研究方法和研究工具

本研究以统计学为基础，主要采用统计分析软件 SPSS17.0 和结构方程软件

LISREL 进行实证研究的数据分析，具体的研究方法包括以下几种：

（一）描述性统计分析

描述性统计分析能够使研究者充分掌握数据的基本统计特征和总体数据的分布形态，对于进一步研究具有参考价值。本书采用描述性统计方法来分析所有调查对象的人口统计信息和所有变量的基本特征；调查对象的人口统计信息包括性别、年龄、学历、工作年限和组织规模，以样本的百分比来表示样本的所占比重；对真实型领导、自我效能感和员工创造力等变量进行描述性统计分析；利用均值和标准差分别反映变量的集中趋势和离散程度。

（二）信度分析

信度分析用以评价问卷的可靠性和有效性，具体来说是用问卷对同一事物进行测量时，所得结果的一致性程度。本书研究采用内部一致性系数来判断问卷的信度，内部一致性系数值越高，表明量表的内部一致性越高。内部一致性系数达到 0.8 以上，信度最好；内部一致性系数在 0.7—0.8 范围内，信度较好；内部一致性系数在 0.6—0.7 范围内信度可以接受。

（三）验证性因子分析

验证性因子分析的主要目的是决定事前定义因子的模型拟合实际数据的能力，以试图判定变量的因素个数和因素负荷是否与先前建立的理论预期一致。本书研究采用 AMOS 6.0 统计工具进行验证因子分析，拟合优度指标包括绝对拟合指标（如χ^2/df、RMSEA）和相对拟合指标（如 NFI、CFI）。

（四）相关分析

相关分析是为了研究变量之间是否存在某种依存关系，并对这种依存关系进行探讨其相关关系和相关程度。本书研究采用皮尔逊相关分析来计算真实型领导、自我效能感与员工创造力之间的相关系数，皮尔逊相关系数 r 的绝对值越大，表明两个变量之间的相关程度越强。

（五）回归分析和结构方程模型

回归分析是研究因变量与自变量的线性或者非线性关系的一种统计方法，在相关分析的基础来确定因变量与自变量的因果关系，建立回归模型，并根据实测数据来估计模型的参数，评价回归模型是否能够很好地拟合实测数据。本书研究采用回归分析来验证真实型领导和自我效能对员工创造力的预测能力，并利用结构方程模型来确定自我效能感在真实型领导影响员工创造力过程中是否起着中介作用，以及自我效能感的中介作用是完全中介还是部分中介。

二、基本数据分析

（一）人口统计学变量的描述性统计

所有问卷筛选之后，将编号和其他数据录入到 Excel 数据库中。为了数据分析需要，对人口统计信息进行编码，处理为“虚拟变量”。其中，性别：1 代表“男性”，2 代表“女性”。文化程度：1 代表“高中/中专/职专”，2 代表“大专”，3 代表“本科”，4 代表“研究生以上”。工作年限：1 代表“0—2 年”，2 代表“3—5 年”；3 代表“6—10 年”；4 代表 11 年以上。年龄：1 代表“20 岁以下，2 代表“21—25 岁”，3 代表“26—30 岁”，4 代表“31—35 岁”，5 代表“36—40 岁”，6 代表“41 岁以上”。组织规模：1 代表“100 人以下”，2 代表“100—500 人”，3 代表“500—1000 人”，4 代表“1000 人以上”。

表 7 - 2 反映了此次问卷调查所收集的总体样本特征。由表中可以看出，在性别上，本次调查对象中其有 65.7% 为男性，主要是因为调查的目标企业中有一家是工程设计企业，还有一家是软件设计企业，此类企业一般男性员工居多。在年龄方面，调查对象多集中在年龄结构集中在 20 到 30 周岁之间，比例高达 84.4%；在学历方面，被试者大多为大学学历和研究生学历，比例高达 84.4%，由此可以看出调查的文化水平较为理想；工作年限方面，2 年以下的所占比例比较多，为 58.1%，由于研究员工的创造力水平，年轻的员工更富有朝气和创造力，因此选择的调查对象都比较年轻。组织规模方面，样本中组织规模为 1000 人以上的企业为主，占 52.5%，其次是组织规模为 100 人以下的企业，占 23.2%。以上这些数据都表明此次问卷具有较好的代表性，分析所得出的结论也具有普及性，符合研究要求。

表 7 - 2　　样本特征分布（N = 198）

样本特征	样本分布	样本数	比重
性别	男	130	65.7
	女	68	34.3
学历	大专	25	12.6
	本科	109	55.1
	研究生及以上	64	32.3

续表

样本特征	样本分布	样本数	比重
年龄	20—25 岁	110	54.7
	26—30 岁	74	36.8
	31—35 岁	11	5.6
	36—40 岁	3	1.5
工作年限	0—2 年	115	58.1
	3—5 年	61	30.8
	6—10 年	14	7.1
	11 年以上	8	4
组织规模	100 人以下	46	23.2
	100—500 人	34	17.2
	500—1000 人	14	7.1
	1000 人以上	104	52.5

（二）变量的描述性统计分析

变量的描述性统计分析能够使研究者掌握变量的基本特征，对变量进行描述性统计分析包括变量的极大值、极小值、均值和标准差，均值反映了数据的集中趋势，标准差反映了数据的离散程度。具体结果如表 7－3 所示：

表 7－3　　　　变量的描述性统计结果（N＝198）

量表	样本数量	极小值	极大值	均值	标准差
真实型领导	198	2.13	6.00	4.563	0.767
自我意识	198	1.00	6.00	4.582	0.865
关系透明	198	2.00	6.00	4.652	0.826
平衡加工	198	1.33	6.00	4.500	0.865
内化道德	198	1.50	6.00	4.479	0.833
自我效能感	198	2.60	6.00	4.595	0.648
员工创造力	198	2.38	6.00	4.549	0.676

由于本书研究变量所采用的 6 点式计分方法，1 为非常同意，6 为非常不同意，通过 SPSS 对变量进行重新编码，编码后变量得分越高，表明所描述的变量程度越强。因此，从表 7－3 可知，真实型领导的均值和标准差在（4.563 ±

0.767)，真实型领导处于偏上水平。自我效能感和员工创造力的均值和标准差分别在（4.595±0.648）和（4.449±0.676），自我效能感和员工创造整体都处于偏上水平，可能与所研究的对象年龄都分布在20—30岁之间，这些员工在工作中更加充满激情，更加自信，勇于挑战现状，具有较高的创新意识。

（三）信度分析

内部一致性系数是用来检验测量工具的信度系数，内部一致性系数值越高，表明量表的内部一致性越高。内部一致性系数达到0.8以上，信度最好；内部一致性系数在0.7—0.8范围内，信度较好；内部一致性系数0.6—0.7范围内信度可以接受。本书研究采用内部一致性系数进行信度分析，分别对真实型领导、自我效能感、员工创造力量表进行内部一致性信度检验。结果如表7-4所示：

表7-4　各量表信度分析结果（N=198）

量表	项目数量	内部一致性系数
真实型领导	16	0.945
自我意识	4	0.886
关系透明	5	0.842
平衡信息加工	3	0.761
内化道德观点	4	0.820
自我效能感	10	0.900
员工创造力	13	0.941

通过表7-4可以发现，真实型领导、自我效能感与员工创造力三个量表的内部一致性系数都在0.9以上，具有非常好的信度水平。真实型领导的各维度量表的内部一致性系数在0.7以上，具有较好的信度水平。

三、效度分析

效度是指测量工具能够测得其所需测量构念的程度，测量的效度越高，表明测量结果越能够显现其所测量内容的真实特征。效度一般有内容效度、效标效度和建构效度。建构效度是指测量工具能够测得一个抽象概念的程度。本书研究的效度分析主要关注量表的建构效度。效度分析的方法有多种，包括专家评价法、因子分析法和校标相关法等等。本书将运用来因子分析法对量表中变量的建构效度进行检验。

因子分析按使用目的可以分为两种：探索性因子分析（Exploratory Factor Analysis，EFA）和验证性因子分析（Confirmatory Factor Analysis，CFA）。探索性因子分析适用于在测验开发的初期，在没有很强的理论指导下对测量指标进行因素分析，通过因素负荷来判定建构效度的好坏，而验证性因子分析适用于在已有的理论和经验的基础上，观察测量模型与假设模型的契合程度，如果估计模型和抽样数据具有很好的契合，则说明测量的建构效度得到支持①。本书研究中除了真实型领导，员工创造力和自我效能感都属于单维度结构，因此，本书运用 LISREL8. 80 统计软件对真实型领导进行验证性因子分析。

按照专家标准，本书研究选取了一些拟合指数及其标准，见表 7 - 5。

（1）χ^2/df（Minimum fit function Chi - Square，Degree of Freedom）为卡方与自由度的比，该指标小于 5 是可以接受的范围，1—3 是较好的水平。

（2）RMSEA（Root Mean Square Error of Approximation）为渐进残差均方和平方根，其值愈小，表示模型的适配度愈佳。当 RMSEA 的数值高于 0. 10，则模型的适配度欠佳；当 RMSEA 的数值在 0. 05—0. 08 区间表示模型的适配度良好；在 0. 05 以下表示模型适配度非常好；在 0. 01 以下表示模型有相当理想的适配度。

（3）NFI（Norm - normed Fit Index）表示标准化拟合指标。

（4）CFI（Comparative Fit Index）表示比较拟合指标。

表 7 - 5　　真实型领导验证性因子分析结果（N = 198）

模型	因素	χ^2	df	χ^2/df	RMSEA	NFI	CFI
模型 1	4 因子：RT；IM；BP；SA	281. 39	98	2. 87	0. 097	0. 87	0. 91
模型 2	3 因子：RT；IM + BP；SA	290. 20	101	2. 87	0. 10	0. 86	0. 91
模型 3	3 因子：RT + IM；BP；SA	290. 36	101	2. 88	0. 098	0. 86	0. 91
模型 4	3 因子：RT + BP；IM；SA	303. 60	101	3. 01	0. 101	0. 86	0. 90
模型 5	3 因子：RT + SA；BP；IM	324. 97	101	3. 22	0. 106	0. 85	0. 89
模型 6	3 因子：RT；IM + SA；BP	306. 66	101	3. 04	0. 102	0. 86	0. 90
模型 7	3 因子：RT；IM；SA + BP	290. 75	101	2. 88	0. 098	0. 87	0. 91
模型 8	2 因子：RT + IM + BP；SA	306. 44	103	2. 98	0. 100	0. 86	0. 90

① 陈晓萍、徐淑英：《组织与管理研究的实证方法》北京大学出版社 2010 年版，第 238—239 页。

续表

模型	因素	χ^2	df	χ^2/df	RMSEA	NFI	CFI
模型 9	2 因子：RT + IM + SA；BP	330.73	103	3.21	0.106	0.85	0.89
模型 10	2 因子：RT + BP + SA；IM	328.27	103	3.19	0.105	0.85	0.89
模型 11	2 因子：RT；IM + BP + SA	309.01	103	3.00	0.101	0.86	0.90
模型 12	2 因子：RT + IM；BP + SA	296.72	103	2.88	0.098	0.86	0.90
模型 13	2 因子：RT + BP；IM + SA	326.22	103	3.17	0.105	0.85	0.89
模型 14	2 因子：RT + SA；IM + BP	329.70	103	3.20	0.106	0.85	0.89
模型 15	1 因子：RT + IM + BP + SA	338.81	104	3.21	0.106	0.84	0.89

注：RT 表示关系透明；IM 表示内化道德；RM 表示平衡信息加工；SA 代表自我意识；+ 代表 2 个因子相加。

NFI 值 CFI 值达到 0.9 以上，表示模型的拟合度良好，越接近 1 越好。以上拟合指标，χ^2/df、RMSEA 属于绝对拟合指标，NFI、CFI 属于相对拟合指标。

从拟合指标标准可知，真实型领导四因子结构相比其他结构的适配度更佳，其中χ^2/df为 2.87，小于 3 表明具有较好的模型拟合度。RMSEA 为 0.097 大于 0.08 小于 1，指标效果一般，但是在符合标准的范围内。NFI 和 CFI 分别为 0.87 和 0.91，表明模型的拟合度较好。因此，综合比较其他因子模型，本书研究认为真实型领导是四因子结构，再次验证了先前学者对真实型领导四维度的研究，将真实型领导分为关系透明、内化道德观点、平衡信息加工和自我意识 4 个因子结构。

为了对整体量表的效度进行检验，本书研究进一步检验量表的区分效度，由于自我效能感和员工创造力为单维度变量，根据 Zhang 和 Bartol（2010）的处理方法，分别将自我效能感 10 个项目和员工创造力 13 个项目随机分成 3 个部分，能够有效避免结构方程模型潜在变量只有一个因子而导致分析时无法识别的问题①。因此，将员工创造力 13 个题目随机分为三组，第一组由 5 个题目组成（EC1、EC3、EC5、EC7、EC9），第二组由 4 个题目组成（EC2、EC4、EC10、EC12），第三组由 4 个题目（EC6、EC8、EC11、EC13）。将自我效能感 10 个题目随机分成三组，第一组由 3 个题目组成（SE1、SE3、SE7），第二组由 4 个题目组成（SE4、SE6、SE8、SE10），第三组是由 3 个题目组成（SE2、SE5、SE9）。本书研究运用 LISREL8.80 对模型进行拟合和匹配以选择最佳模型，主要对 5 个模型进行对比分析，如表 7－6 所示。

① 汪林、储小平、倪婧："领导—下属交换、内部人身份认知与组织公民行为"，《管理世界》2009 年第 1 期。

表 7－6　　　　整体量表的区分效度（N＝198）

模型	因素	χ^2	df	χ^2/df	RMSEA	NNFI	CFI
模型 1	3 因子：AL；SE；EC	58.56	32	1.83	0.07	0.99	0.99
模型 2	2 因子：AL；SE＋EC	217.48	34	6.40	0.17	0.87	0.90
模型 3	2 因子：AL＋SE；EC	475.47	34	13.98	0.26	0.68	0.76
模型 4	2 因子：AL＋EC；SE	613.19	34	18.04	0.14	0.58	0.68
模型 5	1 因子：AL＋SE＋EC	680.53	35	19.44	0.31	0.54	0.65

注：AL 表示真实型领导；SE 表示自我效能感；EC 表示员工创造力；＋代表 2 个因子相加。

由表 7－6 可知，单因子模型（AL＋SE＋EC）的χ^2/df为 19.44，RMSEA 值为0.31，明显大于绝对拟合指标的标准，相对拟合指标 CFI 和 NNFI 指标也均小于0.9，说明单因子模型是不可接受的。二因子模型有三种，其中二因子模型（AL；SE＋EC）的χ^2/df为 6.40，RESEA 值为 0.17 大于 0.08，CFI 和 TLI 指标值均小于 0.9，说明该二因子模型不匹配。二因子模型（AL＋SE；EC）的χ^2/df为 13.98，RESEA 值为 0.26 大于 0.08，CFI 和 NNFI 指标值均小于 0.9，说明该模型也不匹配。二因子模型（AL＋EC；SE）的χ^2/df为 18.04，RESEA 值为 0.14 大于 0.8，CFI 和 NNFI 指标值也均小于 0.9，表明该模型匹配程度很差。三因子模型（AL；SE；EC）χ^2/df为 1.83，在 1—3 之间为较好，RESEA 值为 0.07 小于 0.08，CFI 和 NNFI 指标值分别为 0.99、0.99，均大于 0.9 并接近于 1，综合绝对拟合指标和相对拟合指标值，说明整体量表的三因子模型在所有的模型当中是最优的。因此，本书研究选择了三因子模型进行分析模型。同时也说明本研究中的真实型领导量表、自我效能感量表和员工创造力量表之间具有较高的区分效度，可以很好的进行相关分析、回归分析和结构方程模型分析。

由于在进行问卷调查获取数据的过程中，本书研究的样本数据都来源于同样的被试者，同时调查在同样的测量环境中进行，可能产生“共同方法偏差”，这种误差本身是不可避免的（周浩、龙立荣，2004），但是只要这种误差在一定的范围之内，通过问卷调查方式分析数据取得的结论是仍然可信的。因此，在正式进行数据分析之前，对共同方法偏差进行检验是十分必要的。按照龙立荣的 Harman 单因素检验方法假设这种方法变异大量存在，则在进行因子分析时，可能存在一个公因子能够解释大部分变量变异①。本书采用 SPSS17.0 对所有问

① 周浩、龙立荣：“共同方法偏差的统计检验与控制方法”，《心理科学进展》2004 年第 6 期，第 942—950 页。

卷中的项目进行因子分析，发现第一主成分只占了22.4%，说明了共同方法偏差不足以对所得结论产生实质性的影响。

四、假设检验

（一）相关分析

本书研究在不考虑控制变量的情况下，分析真实型领导及其四个维度、自我效能感以及员工创造力的相关关系。由于模型中的自变量、中介变量和因变量都是连续变量，因此采用皮尔逊相关分析来研究真实型领导、自我效能感与员工创造力的相关程度，并检验三个变量之间是否显著相关。相关系数 r 的强度大小来确定相关程度，当 $|r|<0.3$ 时，表示变量之间呈微弱相关。当 $0.3<|r|<0.5$ 时，表示变量之间呈低度相关；当 $0.5<|r|<0.8$ 时，表示变量之间呈中度相关；$|r|>0.8$ 时，表示变量之间呈高度相关。各变量的具体相关关系见表7-7。

表7-7　　各量表的相关分析（N=198）

变量	1	2	3	4	5	6	7
真实型领导	(0.95)						
关系透明	0.92**	(0.84)					
内化道德	0.91**	0.78**	(0.82)				
平衡信息加工	0.88**	0.73**	0.76**	(0.76)			
自我意识	0.91**	0.76**	0.78**	0.77**	(0.89)		
自我效能感	0.51**	0.44**	0.51**	0.50**	0.43**	(0.90)	
员工创造力	0.42**	0.34**	0.40**	0.45**	0.35**	0.75**	(0.94)

注：* 表示 $p<0.05$，** 表示 $p<0.01$。

由表7-7可知，关系透明、内化道德、平衡信息加工、自我意识与真实型领导的相关系数分别为0.92、0.91、0.88和0.91，且都在 $p<0.01$ 水平下显著正相关，进一步说明了真实型领导量表具有非常好的效度。真实型领导及其四个维度与员工创造力均在 $p<0.01$ 水平下显著正相关，其中真实型领导与员工创造力的相关系数为0.68，关系透明、内化道德、平衡信息加工、自我意识与员工创造力的相关系数分为为0.40、0.40、0.45、0.35，表明假设1得到证明；真

实型领导及其四个维度与自我效能感都在 $p<0.01$ 水平下显著正相关，其中真实型领导与自我效能感的相关系数为0.52，关系透明、内化道德、平衡信息加工、自我意识与自我效能感的相关系数分为为0.44、0.51、0.50、0.43，假设2得到证明；自我效能感与员工创造力的相关系数为0.75，且在 $p<0.01$ 水平下显著，表明自我效能感与员工创造力呈显著正相关关系，假设3得到证明。

以上分析可知，各变量之间呈较好的显著正相关关系，真实型领导员工创造力的影响略小于自我效能感对员工创造力的影响。

（二）回归分析

相关分析检验的是各个变量之间是否存在相关关系以及相关程度，相关关系并不等于确定了因果关系，要明确变量间的因果关系需要借助于回归分析。回归分析是研究两个或多个变量之间因果关系的一种统计分析方法。

1. 真实型领导对员工创造力的回归分析。将人口统计学变量如性别、年龄、学历、工作年限和组织规模进入回归方程的第一步，然后再将真实型领导变量进入回归方程的第二步，以真实型领导为自变量，员工创造力为因变量进行回归分析。经过 Durbin - Watson 检验和多重共线性的 TOL 和 VIF 检验，Durbin - Watson 值为1.71 接近2，说明该模型的误差项具有良好的独立性，进入两个方程中的方差膨胀因子 VIF 值均在1—3之间小于5，说明进入模型的变量不存在多重共线性。因此，该模型的总体回归分析效果是可以接受的。

表7-8　　真实型领导对员工创造力的回归结果（N=198）

步骤	第一步			第二步		
变量	β	t	Sig	β	t	Sig
性别	-0.04	-0.67	0.54	-0.08	-1.17	0.24
学历	0.08	1.01	0.31	0.04	0.52	0.60
年龄	0.11	0.199	0.33	0.10	0.97	0.34
工作年限	-0.07	-0.58	0.56	-0.02	-0.17	0.87
组织规模	-0.01	-0.16	0.87	-0.08	-1.11	0.27
真实型领导				0.43**	6.48	0.00
F	0.71			7.73**		
R^2	0.02			0.20		
ΔR^2	0.02			0.18**		

注：*表示 $p<0.05$，**表示 $p<0.01$。

从表7-8的分析结果可知，五个人口统计学变量对员工创造力的影响并不显著，仅解释员工创造力变异的1.8%，而当加入真实型领导的影响后，从第二步回归分析的解释力度来看，R^2达到19.5%，比第一步增加了0.18，也就是说，加入真实型领导后，回归分析的解释力度增加了17.7%。以上分析可知，真实型领导对员工创造力具有显著的正向影响，进一步验证了假设1。

为了进一步验证真实型领导的四个维度——关系透明、内化道德观点、平衡信息加工和自我意识对员工创造力的影响，本书将真实型领导的四个维度分别进入回归方程，分析结果如表7-9所示。

表7-9 真实型领导的四个维度对员工创造力的回归结果（N=198）

变量	因变量（员工创造力）							
	模型1		模型2		模型3		模型4	
	β	t	β	t	β	t	β	t
性别	-0.07	-0.96	-0.07	-1.11	-0.08	-1.17	-0.07	-1.05
年龄	0.13	0.13	0.08	0.82	0.10	1.03	0.08	0.79
学历	0.04	0.56	0.05	0.72	0.04	0.53	0.05	0.66
工作年限	-0.06	-0.54	-0.01	-0.05	-0.03	-0.34	-0.01	-0.05
组织规模	-0.08	-1.06	-0.07	-0.97	-0.07	-1.01	-0.05	-0.64
关系透明	0.37**	5.34						
内化道德			0.40**	5.99				
平衡信息					0.45**	6.91		
自我意识							0.36**	5.17
R^2	0.15		0.17		0.22		0.37	
ΔR^2	0.13		0.16		0.20		0.12	
F值	5.44**		6.68**		8.71**		5.13**	

注：*表示 $p<0.05$，**表示 $p<0.01$。

从表7-9可知，关系透明、内化道德观点、平衡信息加工和自我意识四个维度与员工创造力的回归系数分别为0.37、0.40、0.45、0.36，并且回归系数在 $p<0.01$ 水平下显著，从以上分析可知真实型领导的四个维度关系透明、内化道德观点、平衡信息加工和自我意识能够正向预测员工创造力，进一步验证了假设1。

2. 真实型领导对自我效能感的回归分析。首先将人口统计学变量作为第一步变量引入回归方程，将真实型领导进入回归方程的第二步，以自我效能感为因变量，以真实型领导为自变量进行回归分析。经过 Durbin - Watson 检验和多重共线性的 TOL 和 VIF 检验，Durbin - Watson 值为 1.70，说明该模型的误差具有良好的独立性；进入两个方程中的方差膨胀因子 VIF 均在 1—3 之间小于 5，说明该模型不存在多重共线性。因此，该模型的总体回归效果是可以接受的。

表 7 - 10 真实型领导对自我效能感的回归结果（N = 198）

步骤	第一步		第二步	
变量	β	t	β	t
性别	0.04	0.57	0.00	0.05
学历	0.13	1.62	0.08	1.15
年龄	0.02	0.17	0.01	0.06
工作年限	-0.09	-0.83	-0.04	-0.39
单位规模	0.10	1.23	0.02	0.29
真实型领导			0.49**	7.71
F	1.79		11.84**	
R^2	0.04		0.27	
ΔR^2	0.04		0.23**	
Sig			0.00	

注：* 表示 $p<0.05$，** 表示 $p<0.01$。

从表 7 - 10 所示，第一步回归的解释能力来看，五个人口统计学变量对自我效能感没有显著影响，仅能解释自我效能感变 4.4%；从第二步回归的解释能力看，R^2 达到 27.1%，比第一步增加了 0.23，表明加入真实型领导之后，方程解释能力提高了 22.7%。同时真实型领导的的 β 值达到显著，表明只有真实型领导对员工的自我效能感产生显著正向影响（$\beta=0.49$，$p<0.01$），进一步验证了假设 2。

为了进一步验证真实型领导的四个维度——关系透明、内化道德观点、平衡信息加工和自我意识对自我效能感的影响，本书将真实型领导的四个维度分别进入回归方程，分析结果如表 7 - 11 所示。

从表 7 - 11 可知，关系透明、内化道德观点、平衡信息加工和自我意识四个维度与自我效能感的回归系数分别为 0.41、0.49、0.48、0.40，并且回归系数在 $p<0.01$ 水平下显著，从以上分析可知真实型领导的四个维度关系透明、内化

表 7-11　真实型领导的四个维度对自我效能感的回归结果（N=198）

变量	因变量（自我效能感）							
	模型 1		模型 2		模型 3		模型 4	
	β	t	β	t	β	t	β	t
性别	0.02	0.26	0.00	0.07	0.01	0.10	0.01	0.15
年龄	0.04	0.36	-0.01	-0.13	0.01	0.12	-0.01	-0.11
学历	0.09	1.18	0.10	1.37	0.09	1.19	0.10	1.28
工作年限	-0.08	-0.82	-0.02	-0.20	-0.06	-0.58	-0.03	-0.24
组织规模	0.02	0.29	0.03	0.37	0.03	0.48	0.06	0.78
关系透明	0.41**	6.20						
内化道德			0.49**	7.70				
平衡信息					0.48**	7.54		
自我意识							0.40**	6.08
R^2	0.21		0.27		0.26		0.20	
ΔR^2	0.16**		0.23**		0.22**		0.16**	
F 值	8.19**		11.82**		11.40**		7.93**	

注：* 表示 $p<0.05$，** 表示 $p<0.01$。

道德观点、平衡信息加工和自我意识能够正向预测自我效能感，进一步验证了假设 2。

3. 自我效能感对员工创造力的回归分析。首先将人口统计学变量作为第一步变量引入回归方程，再将自我效能感进入回归方程的第二步，以自我效能感为自变量，员工创造力为因变量进行回归分析。经过 Durbin - Watson 检验和多重共线性的 TOL 和 VIF 检验，Durbin - Watson 为 1.704，说明该模型的误差具有良好的独立性；进入两个方程中的方差膨胀因子 VIF 值在 1—3 之间均小于 5，说明进入模型的变量不存在多重共线性。因此，该模型的回归效果是可以接受的。

从表 7-12 所示，从第一步回归的解释能力来看，五个人口统计学变量对员工创造力没有显著影响，仅能解释员工创造力变异的 1.8%；从第二步回归的解释能力看，R^2 达到 58.6%，比第一步增加了 0.568，表明加入真实型领导之后，方程解释能力提高了 56.8%。同时自我效能感的 β 值达到显著，表明自我效能感对员工创造力产生显著正向影响（$\beta=0.77$，$p=0.000$），进一步验证了假设 3。

表 7－12　自我效能感对员工创造力的回归结果（N＝198）

步骤	第一步		第二步	
变量	β	t	β	t
性别	－0.04	－0.61	－0.075	－1.596
学历	0.08	1.01	－0.018	－0.344
年龄	0.11	0.99	0.095	1.313
工作年限	－0.07	－0.58	0.006	0.081
单位规模	－0.01	－0.16	－0.086	－1.679
自我效能感			0.771**	16.189
F	0.714		45.085**	
R^2	0.018		0.586	
ΔR^2	0.018		0.568	

注：*表示 $p<0.05$，**表示 $p<0.01$。

（三）基于结构方程模型的中介作用分析

根据温忠麟等人（2004）提出有关中介变量的定义："考虑自变量 X 对因变量 Y 的影响，X 通过影响变量 M 来影响 Y，则变量 M 为中介变量。" Baron 和 Kenny（1986）介绍的中介效应检验方法，他们认为作为中介变量必须具备的四个条件：（1）中介变量 M 对自变量 X 的回归分析，回归系数达到显著水平，X 与 M 存在显著相关；（2）因变量 Y 对自变量 X 的回归分析，回归系数达到显著水平，X、Y 存在显著相关；（3）因变量 Y 对中介变量 M 的回归分析，回归系数达到显著水平，Y、M 存在显著相关；（4）因变量 Y 对自变量 X 和中介变量 M 同时进行回归分析，中介变量 M 的回归系数达到显著水平，当加入中介变量 M 后，自变量 X 的回归系数减少，但是仍然显著的情况下，中介变量起部分中介的作用；当 X 与 Y 之间的回归系数减少到不显著的情况下，并且 M 与 Y 的关系仍然显著，则中介变量起完全中介作用。

本书研究主要目的是检验真实型领导影响员工创造力的过程模型。尽管以上的相关分析也表明了真实型领导、自我效能感和员工创造力两两之间存在显著关系，但是无法解释变量间关系的紧密程度，必须运用回归分析或者结构方程模型才能进一步解释变量之间的作用机制。本书研究将运用结构方程模型来检验中介作用，同时考虑误差项目的影响。

在结构方程模型当中，根据变量能否被观测，将变量分为潜在变量和观察变量。观察变量是可以通过量表或者问卷等测量工具获得数据，是可以直接测量的变量。潜在变量是观察变量间所形成的抽象概念，无法直接测量或观察得到的，而是由观察变量所获得的数据资料来反映。通过研究中的真实型领导、自我效能感和员工创造力均为潜在变量，其中真实型领导有 4 个观察变量：关系透明、内化道德、平衡信息加工和自我意识。自我效能感和员工创造力为单维度，根据 Zhang 和 Bartol（2010）的研究方法分别将自我效能感 10 个项目和员工创造力 13 个项目随机分成 3 个部分。由于三个变量都为潜在变量，因此研究采用潜在变量的路径分析（Path Analysis with Latent Variables，简称 PA－LV 模型）。研究中的 PA－LV 模型评估包括参数估计值的合理性、整体模型的适配度判别。

回归分析中已判定自我效能感在真实型领导影响员工创造力起中介作用的三个条件，以下将判定第四个条件，以确定自我效能感在真实型领导影响员工创造力的过程中起完全中介作用还是部分中介作用。

1. 自我效能感的部分中介模型。从图 7－2、表 7－13 可知，模型的整体适配度指标是否达到标准可从绝对适配度指标、相对适配度指标和简约适配度指标来看，绝对适配度指标 χ^2/df 为 1.77 小于 3，RMSEA 为 0.06 小于 0.08，相对适配度指标 NFI、RFI、NNFI、CFI 值分别为 0.98、0.97、0.99、0.99，均大于 0.9，简约适配度指标 PGFI 值、PNFI 值分别为 0.55、0.70，均大于 0.5，说明部分中介作用拟合程度较好。

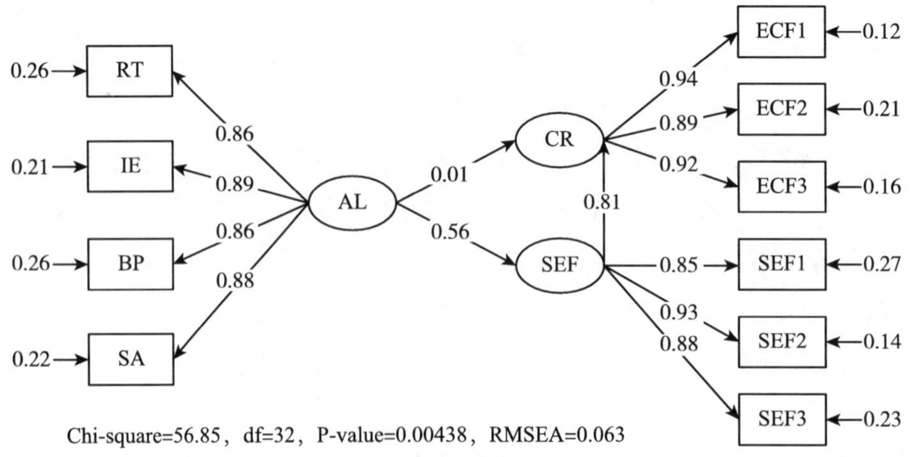

图 7－2　自我效能感的部分中介作用模型

表 7－13　　　　　　部分中介模型的参数估计

路径	标准化路径系数	t	显著性概率
真实型领导→自我效能感	0.56	7.648	***
自我效能感→ 员工创造力	0.81	11.23	***
真实型领导→ 员工创造力	0.01	0.13	0.896

注：*** 表示 $p<0.001$；→表示作用方向。

从表 7－13 可知，真实型领导与自我效能感的标准化路径系数为 0.56，且在 $p<0.01$ 水平下显著；自我效能感与员工创造力的标准化路径系数为 0.81，且在 $p<0.01$ 水平下显著；真实型领导与员工创造力的标准化路径系数为 0.01，相应的 t 值为 0.13＜1.96（$p>0.896$），没有达到统计上的显著性。根据这个中介作用条件的判定，自变量的回归系数减少且没有达到显著性水平，说明中介变量在自变量影响因变量的过程中起完全中介的作用，真实型领导是通过自我效能感完全中介来影响员工创造力。

表 7－14　　　　　部分中介模型的适配度检验结果

统计检验量	适配的标准和临界值	检验结果数据	模型适配判断
绝对适配度指数			
χ^2/df	＜3.00	1.77	是
RMSEA 值	＜0.08	0.063	是
增值适配度指数			
NFI 值	＞0.9 以上	0.98	是
RFI 值	＞0.9 以上	0.97	是
NNFI 值	＞0.9 以上	0.99	是
CFI 值	＞0.9 以上	0.99	是
简约适配度指数			
PGFI 值	＞0.5 以上	0.55	是
PNFI 值	＞0.5 以上	0.70	是

2. 自我效能感的完全中介作用模型。从上述的部分中介模型的初步检验结果表明拟合程度较好，但是真实型领导到员工创造力的标准化路径系数不显著

(t<1.96)，根据侯杰泰、温忠麟和成子娟（2004）的观点，把不显著的路径予以删除，重新进行模型的拟合。从而得到自我效能感的完全中介模型。由表 7-14 可知，绝对适配度指标 χ^2/df 为 1.72 小于 3，RMSEA 为 0.063 小于 0.8，相对适配度指标 NFI 值、RFI 值、TLI 值、CFI 值分别为 0.98、0.97、0.99、0.99，均大于 0.9，简约适配度指标 PGFI 值，PNFI 值分别为 0.57、0.72，均大于 0.5，说明模型的拟合程度很好。

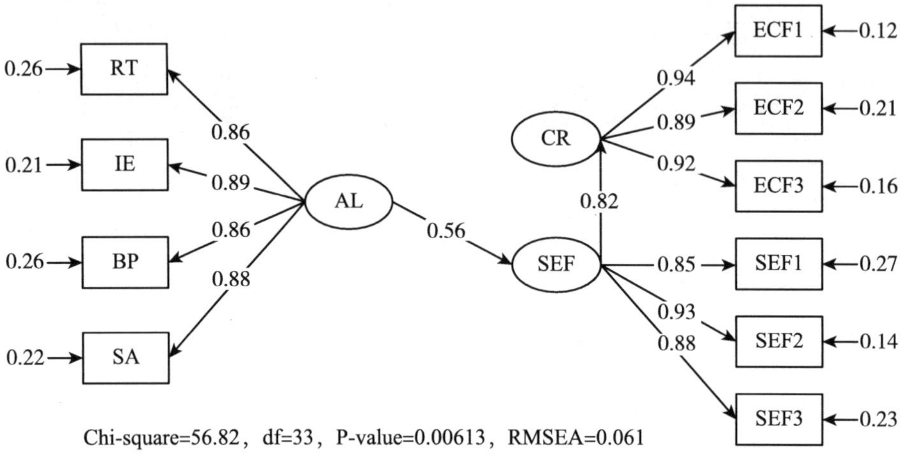

图 7-3　自我效能感的完全中介作用模型

表 7-15　　完全中介模型的参数估计

路径	标准化路径系数	t	显著性概率
真实型领导→自我效能感	0.56	7.52	***
自我效能感→员工创造力	0.82	13.14	***

注：*** 表示 p<0.001；→表示作用方向

表 7-16　　完全中介模型的适配度检验结果

统计检验量	适配的标准和临界值	检验结果数据	模型适配判断
绝对适配度指数			
χ^2/df	<3.00	1.72	是
RMSEA 值	<0.08	0.061	是
增值适配度指数			
NFI 值	>0.9 以上	0.98	是
RFI 值	>0.9 以上	0.97	是

续表

统计检验量	适配的标准和临界值	检验结果数据	模型适配判断
NNFI 值	>0.9 以上	0.99	是
CFI 值	>0.9 以上	0.99	是
简约适配度指数			
PGFI 值	>0.5 以上	0.57	是
PNFI 值	>0.5 以上	0.72	是

从图7－3、表7－15可知，真实型领导与自我效能感的标准化路径系数为0.56，且在 $p<0.01$ 水平下显著；自我效能感与员工创造力的标准化路径系数为0.82，且在 $p<0.01$ 水平下显著。从总体来说，样本数据和修正模型的拟合情况良好。

3. 完全中介与部分中介的结构方程模型比较。从表7－17可知，完全中介模型的拟合优度指标要优于部分中介模型。完全中介模型是最佳匹配模型，说明中介变量在自变量影响因变量的过程中起完全中介的作用，真实型领导是通过自我效能感完全中介来影响员工创造力。

表7－17　　模型拟合指标的比较

模型	χ^2/df	RMSEA	NFI	RFI	NNFI	CFI	PGFI	PNFI
部分中介模型	1.77	0.065	0.98	0.97	0.99	0.99	0.55	0.70
完全中介模型	1.72	0.063	0.98	0.97	0.99	0.99	0.57	0.72

第六节　结论与讨论

本书研究围绕真实型领导对员工创造力的影响过程进行探讨，运用 SPSS 17.0 和 LISREL8.80 等统计软件进行实证分析，从而验证了相应研究假设。本章针对研究假设验证得出的结果进行讨论和阐述，并从本研究的结论出发提出提高员工创造力的途径。

一、研究结论

通过相关分析、回归分析和结构方程模型验证等实证研究方法，本章验证了本书研究提出的假设（见表7-18），由此可以得出以下结论：

1. 通过相关分析和回归分析发现，组织中的真实型领导行为对员工的自我效能感和创造力有重要影响，真实型领导总体及其各维度均对员工自我效能感和创造力有显著的正向预测作用。

2. 自我效能感对员工创造力有显著的正向预测作用，自我效能感越高的员工，在工作中更具有创造力。

3. 通过结构方程模型比较，自我效能感是真实型领导与员工创造力之间的中介变量，在真实型领导影响员工创造力过程中起着完全中介作用。

表7-18　　假设检验结果汇总

研究假设	假设内容	验证结果
假设1：	真实型领导与员工创造力呈显著的正相关关系。	支持
假设1a：	自我意识的领导对员工创造力产生显著的正向影响；	支持
假设1b：	关系透明的领导对员工创造力产生显著的正向影响；	支持
假设1c：	平衡信息加工的领导对员工创造力产生显著的正向影响；	支持
假设1d：	内化道德的领导行为对员工创造力产生显著的正向影响；	支持
假设2：	真实型领导与员工自我效能感呈显著正相关关系。	支持
假设2a：	自我意识的领导对员工自我效能感产生显著的正向影响；	支持
假设2b：	关系透明的领导对员工自我效能感产生显著的正向影响；	支持
假设2c：	平衡信息加工的领导对员工自我效能感产生显著的正向影响；	支持
假设2d：	内化道德的领导对员工自我效能感产生显著的正向影响。	支持
假设3：	员工的自我效能感与创造力呈显著正相关关系。	支持
假设4：	自我效能感在真实型领导影响员工创造力的过程中起中介作用。	支持

二、研究讨论

从研究结论来看，影响员工创造力的因素有组织中的领导行为及员工的心理过程，真实型领导会对员工创造力产生影响，且自我效能感在真实型领导影响员工创造力的过程中是一个重要的中介因素。

（一）真实型领导与自我效能感的关系讨论

通过表7-7各变量的相关分析结果可知，真实型领导总体及其各维度变量——关系透明、内化道德、平衡信息加工和自我意识与自我效能感在 $p<0.01$ 水平下显著正相关，相关系数分别为0.51、0.44、0.51、0.50、0.43。这就说明真实型领导及其四个维度变量都对员工自我效能感有显著的影响，组织中的真实型领导水平越高，则员工的自我效能感就越高。在回归分析当中，真实型领导与自我效能感的回归系数为0.49，在 $p<0.001$ 水平下显著正相关。

从真实型领导的定义来看，真实型领导是将领导者的积极心理能力与高度发展的组织情境高度结合发挥作用的过程。真实型领导本身是一种积极的领导行为，他们自信、充满希望、积极向上，具有高尚的品德，并且以真诚的态度对待自己和他人。真实型领导通过在言行中表现出的自信以及对下属的信心和信任，与下属建立一种协作关系而赢得下属的信任和尊重，促使下属对自己持发展的观点，使得下属也展现出强大的自信心。真实型领导往往通过自己的自信、品德以及楷模作用来影响下属的价值观、态度和信仰，而不是仅仅依靠领导者本身的个人魅力、生动的陈述或者其他的印象管理方式。因此，真实型领导的角色成为员工的榜样，为员工提供认知、情感及道德支持，引导员工对自己的思想和行为具有深刻的意识，并表现出高的自我效能感水平。下属对真实型领导的感知能够提高员工在工作当中遇见挫折时保持自信的能力，真实型领导行为方式将成为员工产生自我效能感的重要资源之一，对员工自我效能感的塑造起着重要作用。

（二）真实型领导与员工创造力的关系讨论

通过表7－7各变量的相关分析结果可知，真实型领导总体及其各维度变量——关系透明、内化道德、平衡信息加工和自我意识与员工创造力在 $p<0.01$ 水平下显著正相关，相关系数分别为0.42、0.40、0.40、0.45、0.35。这就说明真实型领导及其四个维度变量都对员工的创造力有显著的影响，组织中的真实型领导水平越高，则员工的创造力水平就越高。在回归分析当中，真实型领导与员工创造力的回归系数为0.43，在 $p<0.001$ 水平下显著正相关，说明真实型领导能够正向预测员工的创造力水平。

通过对员工创造力的文献回顾可以发现，影响员工创造力的因素众多，包括个体因素（个性、认知风格、）、情境因素（工作复杂度、与主管或者同事的关系、奖励等）以及个体因素与情境因素的交互作用。近年来，领导行为对于员工创造力的作用越来越受研究者的关注，成为影响员工创造力的一个重要前因变量。领导的一个重要作用在于能够形成组织情境，让员工可以自由发挥尝试新颖的具有创造力的方法，而不用害怕失败而带来的心理负担。因此，传统的领导方式如家长式领导难以激发员工的创造力，需要一种能够适应员工产生创造力的领导方式。这种领导者必须是开放性的、透明的、值得信任的，真实型领导正是这一种领导方式，能够满足员工的内在需求，与下属形成一种透明的关系，关注员工的发展，并且以开放性的领导方式激发员工的工作热情。真实型领导者通常将目标设定的较为长远，不墨守陈规，鼓励员工采取积极进取的行为，使员工产生持续的挑战现状的动力，进而从一定程度激发员工的创造力。

（三）自我效能感与员工创造力的关系讨论

通过表 7－7 的相关分析和表 7－10 的回归分析结果可知，自我效能感与员工创造力在 $p<0.01$ 水平下显著正相关，相关系数为 0.75，回归系数为 0.77，说明自我效能感对员工创造力有显著的正向影响。

由于工作中创新具有不确定性和挑战性，创造的过程需要比其他的活动更多的时间、精力和资源，同时创造的成果往往要经历长期、不断的失败和挫折才能取得的最后成功。对于组织情境中的员工来说，在创造的过程中需要自身强大的内在心理力量的支持，这种心理力量就是员工对自己完成某一项工作的自信心，即自我效能感，它能够激励员工不断积极参与创新工作，并且在遇到挫折和失败时，能够持久坚持，并将自身的创造力水平发挥出来，甚至超常发挥。我们可以从以下几个角度来分析自我效能感对员工创造力的影响。首先在创造行为的选择上，自我效能感高的个体往往偏好从事那些具有挑战性、有难度的工作，并表现出高效的执行力。在创造目标设定上，相比低自我效能感的个体，高自我效能感的个体在目标设置时，为自己设定的目标较高，并且更有信心来达到自己的创造力目标，坚持不懈。在努力程度上，自我效能感越高的个体往往会付出更多的努力并且坚持的时间也越长，强烈的自我效能感能够激发个体的内在潜能和创造力，以更大的努力来迎接挑战。在情绪调节上，创新任务的失败和挫折往往促使个体出现恐惧、焦虑等负面情绪，削弱个体创造力的积极性，最终使创新任务搁置不前，而高自我效能感的个体会将全身心的注意力放在创新任务上，以乐观、勇气、向上的积极情绪来激发自身的创造力。

（四）自我效能感的中介作用讨论

我们通过对自我效能感中介作用的结构方程模型比较可知，自我效能感在真实型领导影响员工创造力的过程中起到了完全中介的作用。根据 Baron 和 Kenny（1986）满足中介变量的四个条件逐步进行分析：（1）自我效能感对真实型领导的回归分析，回归系数达到显著水平，真实型领导与自我效能感存在显著相关；（2）员工创造力对真实型领导的回归分析，回归系数达到显著水平，真实型领导与员工创造力存在显著相关；（3）员工创造力对自我效能感的回归分析，回归系数达到显著水平，自我效能感与员工创造力存在显著相关；（4）利用结构方程模型进行部分中介模型和完全中介模型的比较，发现完全中介模型的拟合情况比部分中介的拟合情况更好，表明真实型领导影响员工的自我效能感水平，然后再影响员工创造力。自我效能感的中介作用揭示了真实型领导影响员工创造力的作用机制，丰富了有关员工创造力的影响因素研究。

第八章　真实型领导与员工创新绩效

第一节　问题提出

今天，几乎所有组织都面临着以产品生命周期缩短、技术迅速变化以及全球化为特征的动态环境，为了生存、竞争、成长，并持续前进，组织需要比以前表现出更多的创新（Scott 和 Bruce，1994）。创新是指在个体层面上产生的新颖的、同时又是切实可行的、对组织而言具有价值的产品、过程、方法与思想（Zhou 和 Shalley，2003；Oldham 和 Cummings，1996）。Janssen 和 Van Yperen（2004）提出，员工创新绩效包括 3 个维度：创新思维产生、创新思维促进和创新思维实现。本书所指创新主要是组织行为学和心理学中的构念，即它是员工与领导互动过程中所产生的一种新颖的、有用的思想、产品、过程、服务或方法（Zhou 和 George，2001）。

许多管理学者认为，领导的一个重要职责就是促进员工创新绩效的产生，并最终获得持续的组织竞争优势和组织成功（Shalley、Zhou 和 Oldham，2004；Zhang 和 Bartol，2010）。最近，越来越多的研究开始关注领导风格对员工创新绩效的影响，例如变革型领导、授权型领导和包容性领导（Pieterse 等人，2010；Zhang 和 Bartol，2010；Carmeli、Reiter – Palmon 和 Ziv，2010）对员工创新绩效的影响。但令人吃惊的是，到目前为止，还没有一个研究考虑真实型领导与员工创新绩效之间的关系（Clapp – Smith、Vogelgesang 和 Avey，2009），特别是考察真实型领导影响员工创新绩效的动力机制（Ilies、Morgeson 和 Nahrgang，2005；韩翼、杨百寅，2009）。例如，真实型领导如何通过心理资本影响员工创新绩效？不同领导成员关系质量是否会干预真实型领导与员工创新绩效之间的关系？实际上，理论分析显示，与反抗性领导和服从性领导（伦理型领导）不同，真实型领导更能激发员工协作和创造力（Kernis，2003；Ilies、Morgeson 和

Nahrgang，2005）。这种领导方式本身也反映了领导者的创造性、对环境的敏感性和反思性（Lee 和 Roberts，2010）。正因如此，我们认为，一个更系统地认识真实型领导和员工创新绩效之间关系的研究不仅是及时的，而且是必要的。

在建立真实型领导与员工创新绩效关系的模型时，我们借鉴了积极心理学和创新绩效（创造力）文献，提出了相应的中介变量——心理资本，以帮助更好地解释二者之间的关系。心理资本被定义为个体的一种积极心理发展状态，具体表现 4 个方面：（1）自我效能（自信）；（2）乐观；（3）希望；（4）韧性（Luthans 和 Avolio，2003）。许多理论研究指出，真实型领导、心理资本和员工创新绩效之间存在显著的正相关关系（Tierney 和 Farmer，2002；Luthans、Youssef 和 Avolio，2007；Sweetman 等人，2011），但实证研究还很缺乏。因此，我们提出真实型领导通过心理资本对员工创新绩效产生影响。

最终，我们提出了影响真实型领导与员工创新绩效关系的边界条件：领导成员交换（Leadership - membership Exchange，LMX），以增强研究的情景化特征。研究表明，领导行为对员工创新绩效的影响会因圈内和圈外的员工与领导之间接触的频度、得到的资源、互动的深度表现出极大的差异（王辉、牛雄鹰、罗胜强，2004；刘军、章凯、仲理峰，2009；孙锐、石金涛、张体勤，2009）。因此，在中国文化背景下，真实型领导和员工创新绩效之间的关系是否也会受到领导成员关系质量影响？这也是领导力概念拓展中值得探讨的课题。

基于上述原因，本章研究主要目的有两点：第一，探讨心理资本在真实型领导和员工创新绩效之间的中介机制；第二，检验在中国情境下，领导成员交换在真实型领导和员工创新绩效之间的调节机制。

第二节　研究假设

一、真实型领导与员工创新绩效

（一）真实型领导

真实型领导是 Luthans 和 Avolio（2003）在总结积极心理学和积极组织行为

学基础上提出的一种新型领导理论。Luthans 和 Avolio（2003）认为，真实型领导是一种把领导者的积极心理能力与高度发展的组织情境结合起来发挥作用的过程（Ilies、Morgeson 和 Nahrgang，2005；韩翼、杨百寅，2009）。考虑到文化的差异性可能影响真实型领导行为的具体表现，Walumbwa 等人（2008）利用中国和美国问卷展开了跨国情境下的研究。研究发现，真实型领导不同于领导诚实性（Sincerity）（施桂荣、浦光博、陶向京、时巨涛，2002），它是一种自我参照状态，是领导者的一种自我愿望的反应行为。共包含 4 个维度：自我意识、内化道德、平衡加工和关系透明。

（二）真实型领导与创新绩效

最优自尊理论指出（Kernis，2003），真实型领导具有 5 个基本特征：（1）开放的经验；（2）适应性和灵活性；（3）信任内在经历；（4）自由；（5）创新。正是这五个特点，促使真实型领导不会在已经建立起来的模式和规范面前退却。他们的创造性才能会被对内在经历的信任和适应日益改变的环境意愿而点燃。因此，真实型领导本身是具有创造力的，他们也会通过角色模式濡染下属，激发员工产生强大心理资本和真实性，从而产生创新（Ilies、Morgeson 和 Nahrgang，2005）。

Lee 和 Robert（2010）认为，为了激发员工创新绩效，有效的领导要求能够利用其核心品质优点，保持真实和持久的品质，并展现他们的勇气、创造力、耐心、动力和热情。但是，如果这些领导者的优点是一成不变的、无意识的或者不能巧妙应用的，那么领导者将不能满足迅速变化的复杂环境的要求。因此，有效的领导要求管理者能指挥其他人、了解如何激励、清醒认识自己的环境，并适应环境的转变。与这种能力和核心性格相匹配的就是我们所说的真实型领导（Lee 和 Robert，2010）。

另一方面，具有创造力的员工则喜欢从事有风险、不确定和有挑战性的工作，这要求领导者不可能是保守的、传统的和家长式的（Shin 和 Zhou，2003），而是开放的、透明的、支持性的和挑战现状的。关系透明的领导，会促进团队和组织建立积极的、高质量的领导成员交换关系（Graen 和 Uhl－Bien，1995），他们往往和员工共享信息，开放地接受和反馈信息。同时，关系透明的领导准许下属理解和权衡创新对组织有多重要，并不因为害怕失败而不去试验新的创意。他们的开诚布公也会促进组织气氛的透明，从而让员工明确知道什么是有报酬的，什么是被鼓励的，并且不必担心“幼稚的创意”是否被同事嘲笑。自我意识很强的领导会鼓励员工自我表达，支持自主性、接受非正统的和打破常规的想法，他们既可以通过质疑自我产生一些不良后果，也可以通过他们的榜样作用（Mumford 等人，2002），为员工提供相似的、有启发性的作用，从而促进员工创新绩效产生。由于对自己和他人心理状态的好奇，他们可以与同事进行一个有见地的对话，以共同塑造一个不同的个人和群体之间价值观。他们可以自己沉浸在必要的细节中，也承认有必要授权其他人以承担责任。他们可以在共享学习中创造一种开放、谦虚和好奇的模式，也可以保持明确的界限，以显示信心，因此能够激发员工活力、协作和创造力（Lee 和 Robert，2010）。Ilies、Morgeson 和 Nahrgang（2005）认为，平衡加工信息的领导，将不会对个人和外部信息进行否定、扭曲、夸大和过滤（Kernis，2003），而这可能有助于准确解释任务反馈和改善技能水平。这两种情况会促进员工沉浸体验（flow）和内在激励（Csikszentmihalyi，1996）产生，并最终激发员工创新绩效出现。最近的研究也表明，伦理型领导与员工进谏行为之间的显著相关性（Walumbwa 和 Schaubroeck，2009），而伦理是真实型领导的一个成分。

由此可以看出，真实型领导的4 个成分：关系透明、内化道德和平衡加工以及自我意识都对员工创新绩效产生影响。因此，提出本章的第一个研究假设：

假设 1：真实型领导对员工创新绩效有正向影响。

二、心理资本中介作用

尽管对心理资本的研究更多表现在构念维度及其内涵层面上，但一些实证研究已经表明，真实型领导和员工心理资本之间存在密切关系（Avolio 等人，2004）。考虑到创新过程的复杂性和不确定性，员工也需要具备坚定的自信心和自我效能（Tierney 和 Farmer，2002）。真实型领导者通过言行中展现出的自信及对追随者的信任和信心，为他们提供认知、情感及道德援助，使他们对自己的能力持发展的观点，并促进其自信心（自我效能）的提高。研究发现，创造性自我效能在变革型领导和创造力之间起中介作用（Tierney 和 Farmer，2002；Gong，Huang 和 Farh，2009）。因为创新可能面临经常失败，因此创新绩效具有高度风险性（Carmeli 和 Schaubroeck，2007）。个体具有自我效能越高，越有可能承担风险、从事挑战性的任务，因而更有可能利用创造性的方法解决问题（Gong、Huang 和 Farh，2009）。不仅如此，在面临压力或逆境时，真实型领导能够挺身而出，并帮助下属做出积极的回应，从而使下属在面临变革时，不仅能坚持住，而且最终能获得成功，这些都有助于提高下属的韧性（Avolio 和 Walumbwa，2006）。此外，真实型领导通过为下属创设支持性的工作环境而提高下属的希望水平，还可以借助一定的培训向下属展示和灌输现实的乐观主义，并通过这一过程促进下属创新绩效产生（Ilies、Morgeson 和 Nahrgang，2005；Lee 和 Robert，2010）。

创新绩效要求员工具有坚定不移的内驱力以超越于当前的挑战和挫折，从而适应当前日益变化的环境。具有韧性的员工在面临动态的环境时能够不屈不饶，并能满足创造性解决问题的需要。韧性也促使员工激发潜在动力，坚持不懈完成创造性工作。满怀希望的个体也往往是独立的思想者和高度自由者。自我效能意味着“我能做这个挑战性的工作”，而希望意味着“我可以以不同的方式做这个挑战性的工作”（Luthans、Youssef 和 Avolio，2007）。具有乐观解释性风格的个体往往产生掌控自己的命运感觉：他们对自我的预期（Self – fulfilling Prophecy）是积极的，因而更容易导致创新绩效的实现（Sweetman 等人，2010）。

一些实证研究发现，真实型领导、心理资本与创新绩效三个变量之间存在相应的逻辑关系，真实型领导会促进下属心理资本的增加，并最终提升下属效能（Clapp – Smith、Vogelgesang 和 Avey，2009）。Sweetman 等人（2010）分别检验自我效能、希望、乐观和韧性及包含以上总体心理资本与创造力之间的关系时发现，所有这些变量与员工创造力成显著正相关关系。由此，提出本章第二个和第三个研究假设：

假设 2：真实型领导对员工心理资本有显著正向影响。

假设 3：心理资本在真实型领导和员工创新绩效之间起中介作用。

三、领导—成员关系（LMX）的调节作用

采用 LMX 研究的视角表明，高质量领导成员关系促进下属的创造性业绩。高质量 LMX 关系中，对于成员承担风险、资源、奖励和鼓励等方面的支持，同样存在于能促进创新绩效的环境之中。与领导维持高质量关系的成员比维持低质量关系的成员将会获得更高的自由程度，拥有更大的决策权力和更多的组织支持（Scott 和 Bruce，1994；Tierney、Farmer 和 Graen，1999），因而表现出更强烈的从事挑战性工作任务的愿望。高 LMX 水平的领导会努力为其配对的组织成

员消除影响其创新的负面因素，并为其提供更具挑战性的工作任务（Tierney、Farmer 和 Graen，1999）。如果领导本身是具有创新性的（如真实型领导），那么通过上下级的互动交换，其行为将起到一种示范和指示作用，从而推动员工创新。因此，高质量 LMX 关系将有助于推动组织内的员工创新。

员工对领导关系的认知与员工创新性卷入也具有密切联系。领导与员工保持高质量 LMX 关系，将使员工感知到更强的管理支持（Tierney、Farmer 和 Graen，1999），并使其认为处于一个支持创新的组织环境内（孙锐、石金涛、张体勤，2009）。Mumford 等人（2002）指出，领导对员工创新支持关系包括三个方面：即创意支持关系、工作支持关系和社会支持关系。创造力组成学说认为，领导行为正向影响员工创新绩效，其中包括，与员工间建立有益的工作模式，与工作团队形成良好的交流和互动机制、公平的评估个人对项目的贡献、提供建设性的沟通反馈、对团队的工作表示信心等（Amabile 等人，1996）。Oldham 和 Cummings（1996）的研究印证了这一点，即员工所产生的关于其自身与领导，以及人与人之间关系的支持性感知将促进员工创新产出（Scott 和 Bruce，1994）。

基于社会交换理论，Ilies、Morgeson 和 Nahrgang（2005）使用互惠和价值一致性解释了真实型领导与下属建立积极交换关系的过程。他们认为，当领导者展示平衡加工信息、个人诚实和真实关系定向时，领导成员关系将促进更大的价值一致性，领导成员之间将有更高水平的信任和积极情感，因而会促进员工创造力产生。从以上分析可以看出，LMX 增强真实型领导和员工创新绩效之间的关系。由此，提出本章第四个研究假设：

假设 4：LMX 强化真实型领导和员工创新绩效之间的关系，即真实型领导和员工创新绩效之间的正相关关系在高 LMX 的情况下要比在低 LMX 情况下更强烈。

第三节　研究方法

一、研究对象

为了保证研究设计的严谨，本章研究选取一家大型电力公司下属 6 家企业，主要分布于河北省和北京市。为了避免同源偏差（Podsakoff 等人，2003），研究选择管理者—员工的配对样本（dyad）进行实证分析。管理者对 3—5 名直接下级的创新绩效进行评价，下级对感知到的直接上级的真实性和心理资本进行评价。在上级填写直接下级的创新绩效问卷（A 卷）后，由相关人员直接回收。然后根据上级所填的问卷，发放有配对号码的员工调查问卷（B 卷），员工填写后放入信封，由相关工作人员直接收回。作者将这些配对问卷进行筛选、编号，由相关工作人员登记。

我们共发放 346 份员工问卷，75 份上级问卷，平均每位管理者评价 4.6 位员工。最终回收有效问卷为 69 份管理者和 306 份员工配对问卷，回收率为 87.6%。剔除无效配对问卷 9 份，最后得到有效配对问卷 297 份。

此次问卷调查中，男性占 51.2%；员工年龄 30—40 岁，占 34.8%，40—50 周岁之间占 28.9%，20—30 周岁者占 22.9%；员工学历以大学学历为主，比例高达 78.1%，其次是高中及以下，达到 18.4%。

二、研究工具

本章所研究的概念的测量量表主要来自于西方学者的研究文献。首先对英文问卷进行翻译，然后经过会议讨论，修改后形成初始问卷，再进行回译（将中文再翻译成英文），对比翻译后的英文与原英文的差异，对中文翻译问卷进行修改。并将翻译的英文问卷送呈原始英文问卷创立者。其次，选择 2 家企业进行问卷的试调查（这 2 家企业并不包括在最终样本中）。一共发放 97 份问卷，共回收 91 份（有效回收率 94%）。并利用试调查的样本对问卷中的各概念进行信度和探索性因子分析，发现因子载荷均在 0.5 以上，α 一致性系数都在 0.7 以上。问卷分为两个部分，真实型领导、LMX 和心理资本问卷通过员工自我进行评估，而创新绩效通过员工的直接上级进行评估。

真实型领导问卷采用 Walumbwa 等人（2008）所编制的四维度量表，共 16 个题目。此量表已经被使用于中国情境下的实证研究（Walumbwa 等人，2008），并显示良好的信度。例如关系透明（5 题）、内化道德（4 题）、平衡加工（3 题）和自我意识（4 题）信度系数分别为 0.72、0.73、0.76 和 0.79。因素分析显示载荷均在 0.62 以上，4 因素结构模型的简约指数和匹配指数为最优。采用 0—4 级 Likert 量表，0 表示强烈同意，4 表示强烈不同意。

心理资本采用 Luthans、Youssef 和 Avolio（2007）开发的四维度量表。尽管这个量表也已经在多次被使用于中国情境下的实证研究（Luthans 等人，2005；仲理峰，2007），但主要是对自信、希望、乐观三个子问卷考量。信度系数分别是 0.87、0.90 和 0.80。我们对 Luthans、Youssef 和 Avolio（2007）问卷进行预试，通过讨论调整，最后形成 16 个题目。举例的条目是，“对自己的工作，我总是看到事情光明的一面”和“与管理层开会时，在陈述自己工作范围之内的事情方面我很自信”。采用 1—6 级 Likert 量表，1 表示强烈同意，6 表示强烈不同意。

创新绩效采用 Janssen 和 Van Yperen（2004）开发的问卷，共 8 个题目。该量表也在中国情境下得到多次验证（韩翼、廖建桥、龙立荣，2007；韩翼，杨百寅，2011）。量表信度系数均在 0.7 以上。采用 1—5 级 Likert 量表，1 表示强烈同意，5 表示强烈不同意。

LMX 采用王辉、牛雄鹰和罗胜强（2004）开发的量表，包含情感、忠诚、贡献和专业尊敬等 4 个维度，共 16 个题项，平均分配在每个维度上。情感、忠诚、贡献和专业尊敬信度系数分别为 0.74、0.85、0.88 和 0.81。采用 1—5 级 Likert 量表，1 表示强烈同意，5 表示强烈不同意。

第四节　研究结果

一、区分效度的验证性因素分析

在正式样本的调查中，运用验证性因素分析对变量区分效度进行检验。根据 Netemeyer、Johnston 与 Burton（1990）和 Zhang 和 Bartol（2010）以及 Wang 等人（2005）的方法，我们将真实型领导、领导成员交换和心理资本的题目平均到各维度，并将各维度作为潜变量指标（Indicators），而员工创新则以题目直接进行分析（Netemeyer、Johnston 和 Burton，1990）。从表 8 - 1 可以看出，四因素模型（模型）（$\chi^2 = 636.74$，$df = 164$，$CFI = 0.91$，$RMSEA = 0.099$，$TLI = 0.90$）比其他嵌套模型（nest model）拟合效果都要好，且具有良好的匹配指数，这就意味着，本章研究的四个变量之间具备很好的区分效度。

表 8－1　　　　　　验证性因子分析结果（N＝297）

模型	因素	χ^2	f	χ^2/df	RMSEA	TLI	CFI	$\Delta\chi^2$
模型 1	4 因子：AL；LMX；PC；IB	636. 74	64	3. 88	0. 099	0. 90	0. 91	
模型 2	3 因子：AL；PC＋ IB；LMX	1885. 06	67	11. 29	0. 186	0. 80	0. 82	1248. 32
模型 3	3 因子：AL＋LMX；PC；IB	693. 21	67	4. 15	0. 103	0. 89	0. 90	65. 47
模型 4	3 因子：AL＋ PC；LMX；IB	907. 15	67	5. 43	0. 122	0. 87	0. 89	270. 47
模型 5	3 因子：AL＋ IB；PC；LMX	2063. 23	67	12. 35	0. 196	0. 85	0. 87	1426. 49
模型 6	3 因子：AL；PC＋LMX；IB	897. 57	67	5. 37	0. 122	0. 88	0. 89	260. 83
模型 7	3 因子：AL；PC；IB＋LMX	1752. 69	67	10. 50	0. 179	0. 81	0. 83	1115. 94
模型 8	2 因子：AL＋LMX；PC＋IB	1990. 41	69	11. 78	0. 191	0. 79	0. 81	1353. 67
模型 9	2 因子：AL＋ IB；PC＋ LMX	2291. 41	69	13. 56	0. 206	0. 84	0. 85	1654. 67
模型 10	2 因子：AL＋ PC；LMX ＋IB	1937. 70	69	11. 47	0. 188	0. 79	0. 81	1300. 96
模型 11	1 因子：AL＋LMX＋PC＋IB	6609. 13	70	38. 88	0. 358	0. 73	0. 76	5972. 39

注：AL 表示真实型领导；LMX 表示领导—成员交换；PC 表示心理资本；IB 表示创新绩效。＋代表 2 个因子合并为一个因子。

根据 Wang 等人（2005）、Fornell 和 Larcker（1981）以及 Netemeyer、Johnston 与 Burton（1990）的建议，我们进一步利用平均萃取变异量（AVE）对四个变量的区分效度进行检验（见表 8－2）。各维度的 AVE 值介于 0. 60—0. 67 之间，均高于 0. 5 的临界值。其中，真实型领导、领导成员交换、创新绩效和心理

表 8－2　　　　　　测量项目属性（N＝297）

构念和指标	标准化载荷	信度	平均萃取变异量
真实型领导		0. 86[a]	0. 60
关系透明	0. 62	0. 38	
内化道德	0. 86	0. 74	
平衡加工	0. 77	0. 59	
自我意识	0. 83	0. 69	
领导成员交换		0. 85[a]	0. 60
情感	0. 88	0. 77	
忠诚	0. 67	0. 45	

续表

构念和指标	标准化载荷	信度	平均萃取变异量
贡献	0.72	0.52	
尊敬	0.80	0.64	
心理资本		0.89[a]	0.67
自信	0.82	0.67	
希望	0.87	0.76	
乐观	0.87	0.76	
韧性	0.70	0.49	
创新绩效		0.92[a]	0.60
为改善现有状况提供新的想法	0.65	0.42	
主动支持具有创新性的思想	0.69	0.48	
通过学习，寻找新的工作方法、技能或工具	0.68	0.46	
因为新的创意而获得上级表扬	0.81	0.66	
把创新性想法转化成实际应用	0.82	0.67	
通过学习，提出一些独创性的解决问题的方案	0.82	0.67	
用系统的方法介绍创新性的思想	0.87	0.76	
使企业重要组织成员关注创新性思维	0.82	0.67	

注：a 指组合信度。

资本平均萃取变异量分别为0.60、0.60、0.60和0.67，均大于两个构念间相关系数的平方（$\phi=0.75$，$\phi^2=0.56$），表明具有良好的区分效度。同时，我们也分析了各个变量的组合信度，以判别变量的内在质量。结果发现，所有四个变量的组合信度系数均大于0.60的临界值，且均显著高于各个变量的AVE值（Wang等人，2005；Netemeyer、Johnston和Burton，1990）。综合CFA和以上分析结果，可以证明四个变量具有良好的区分效度，因此可以进行下一步结构方程分析。

二、变量的描述性统计

表8－3是主要变量的平均数、标准方差、相关系数和内部一致性系数。通过信度检验发现，创新绩效、真实型领导、LMX和心理资本的内部一致性系数均超过0.7，因此信度是很好的（凌文辁、方俐洛，2003）。从表8－3可以看

出，真实型领导与创新绩效（r = 0.16，p < 0.05）、心理资本（r = 0.66，p < 0.01）及 LMX（r = 0.75，p < 0.01）显著相关，而 LMX 也与创新绩效（r = 0.16，p < 0.05）和心理资本（r = 0.65，p < 0.01）之间也显著相关。

表 8－3　　　　主要变量的描述性统计（N = 297）

	均值	标准差	创新绩效	真实型领导	心理资本	LMX
创新绩效	3.93	0.70	（0.91）			
真实型领导	3.17	0.71	0.16**	（0.94）		
心理资本	4.80	0.69	0.14*	0.66**	（0.93）	
LMX	4.07	0.67	0.16**	0.75**	0.65**	（0.93）

注：** 表示 p < 0.01，* 表示 p < 0.05（双尾）。对角线括号内的数字是内部一致性信度系数。

三、中介效应的结构方程模型比较

根据 Baron 和 Kenny（1986）所介绍的对中介效应的检验方法，要证明心理资本在真实型领导和员工创新绩效关系的中介作用，必须首先证明真实型领导与创新绩效、心理资本，以及心理资本与创新绩效显著相关。由表 8－3 知道，真实型领导与创新绩效、心理资本之间均显著正相关，证实了假设 1 和假设 2，也为进一步检验心理资本中介机制的奠定了基础。

表 8－4　　　　结构方程模型间的比较

结构方程模型	χ^2	df	χ^2/df	RMSEA	TLI	CFI	$\Delta\chi^2(\Delta df)$
模型 1（完全中介模型）：AL→PC→IB	127.79	42	3.04	0.052	0.94	0.97	
模型 2（部分中介模型）：AL→IB 和 AL→PC→IB	342.22	41	8.35	0.16	0.74	0.80	214.43（1）
模型 3（直接作用模型）：AL→IB 和 PC→IB	336.87	42	8.02	0.15	0.74	0.80	209.08（0）

注：AL 表示真实型领导；IB 表示创新绩效；PC 表示心理资本；→表示作用方向

为了验证假设 3，即心理资本在真实型领导和员工创新绩效之间的中介作用，本研究进行了一系列的嵌套模型测试，分析结果如表 8－4 所示。模型 1 是基准模型，表示完全中介模型，路径是从真实型领导到心理资本，从心理资本到创新绩效。这个模型并不包含从真实型领导到创新绩效的直接路径。正如表 8－4 所示，所有的匹配指数显示出一个良好匹配（$\chi^2 = 127.79$，$df = 42$，$CFI = 0.97$，$RMSEA = 0.052$，$TLI = 0.94$）。模型 2 是部分中介模型，增加了真实型领导直接到创新绩效的路径。模型 3 则是直接作用模型，即真实型领导和心理资本直接作用于创新绩效。正如表 5－4 所示，模型 2 和模型 3 匹配指数较差，在遵循模型简约原则和理论基础上①（Wang 等人，2005），我们认为模型 1 是最佳匹配模型。图 8－1 显示了心理资本在真实型领导与创新绩效之间中介作用的显著性，即真实型领导对心理资本的影响是显著的（$\beta = 0.75$，$p < 0.001$）；同时，心理资本对创新绩效的影响也是显著的（$\beta = 0.14$，$p < 0.05$）。

综上所述，表 8－4 和图 8－1 的结果证实了假设 3，即心理资本在真实型领导和员工创新绩效之间起完全中介作用。

图 8－1　心理资本中介作用的路径模型（ 表示 $p < 0.01$，* 表示 $p < 0.05$）**

四、调节效应的层次回归分析

我们通过层次回归分析来检验真实型领导在影响员工创新绩效过程中的调节作用。层次回归分析表明，在控制人口统计学变量以后，加入真实型领导和 LMX 两个变量的主效应，对员工创新绩效的解释效应明显增加（$\Delta R^2 = 0.06$，$p < 0.05$）。进入真实型领导和 LMX 交互项，结果发现 LMX 与真实型领导交互效应对员工创新绩效的有显著影响（标准化斜率为 0.13，$p < 0.05$）。这说明员工与领导的关系质量影响真实型领导与员工创新绩效之间的关系，因此假设 4 得到验证。图 8－2 表明交互作用的影响模式，根据图 8－2，高质量的 LMX 关系可以提高真实型领导对员工创新绩效的影响，而低质量的 LMX 关系却不能产生

① 我们没有测量 PC→AL→IB、IB→AL→PC、PC→IB→AL、PC→IB 和 AL→IB、IB→PC 和 IB→AL 等模型，因为这些模型并不具有理论上的意义。

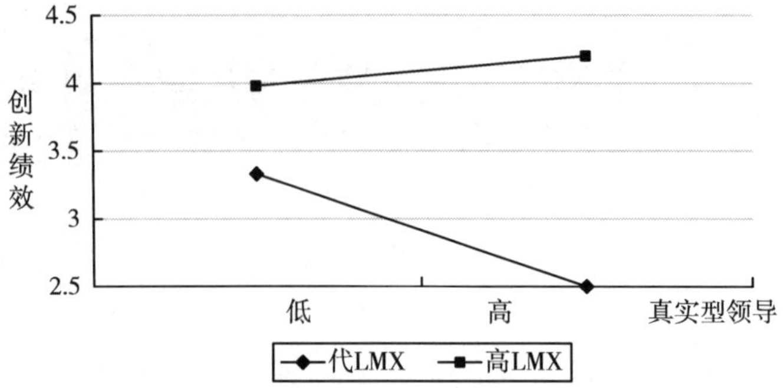

图 8-2　真实型领导与 LMX 交互影响员工创新绩效

积极的效果。

综上所述，表8-5和图8-2的结果证实了假设4，即LMX在真实型领导和员工创新绩效之间起调节作用。

表 8-5　　领导成员交换关系质量调节作用的回归分析

变量	创新绩效		
	M1	M2	M3
第一步（控制变量）			
学历	-0.09	-0.07	-0.07
性别	0.00	0.001	0.00
收入	-0.13**	-0.13**	-0.13**
职业	-0.09	-0.01	-0.00
年龄	0.16**	0.15**	0.15**
第二步（主效应）			
真实型领导		0.12*	0.13**
领导成员交换		0.05	0.05
第三步（调节效应）			
真实型领导×领导成员交换			0.13**
ΔF	3.41**	3.37**	9.21**
R^2	0.04	0.06	0.10
ΔR^2	0.06	0.02	0.04

注：** 表示 $p<0.01$，* 表示 $p<0.05$（双尾）。

第五节　结论与讨论

本章研究旨在探讨真实型领导对员工创新绩效的影响机制，尤其是研究心理资本的中介作用及 LMX 的调节作用，研究发现：（1）真实型领导、心理资本和员工创新绩效之间具有显著正相关关系；（2）真实型领导、心理资本对员工创新绩效有着显著的预测作用；（3）心理资本在真实型领导和员工创新绩效间起中介作用；（4）LMX 在真实型领导和员工创新绩效建起调节作用。

总之，研究结果显示出，本文的四个假设得到很好的支持。

本章研究做出了三个方面的理论贡献：

1. 从总体上，我们建构和测试了一个概念模型。模型将真实型领导、LMX、心理资本和员工创新绩效进行了整合。理论研究显示，当真实型领导与其深层次的价值观念一致时，更有可能产生沉浸体验（Csikszentmihalyi，1996），激发其内在动机和个人表达（Zhou 和 George，2001），并将长远焦点和愿景映射（projecting）给员工，创造一种创新氛围（Ilies、Morgeson 和 Nahrgang，2005）。

员工创新绩效（创造力）不仅依赖于认知风格（Shalley、Zhou 和 Oldham，2004）、内在激励和心理资本，也取决于外部环境有效刺激（Oldham 和 Cummings，1996），特别是领导支持和激发（Mumford 等人，2002）。真实型领导不仅能够创建一种自由、安全的、宽松的组织气氛，他们也往往和员工共享信息，开放地、平衡地接受和反馈信息（Carmeli、Reiter – Palmon 和 Ziv，2010；Kuenzi 和 Schminke，2009），这些都有助于员工创新的产生。真实型领导与员工建立透明关系，有助于组织成员的互动、协作（Fleming、Mingo 和 Chen，2007）、开放和相互信任，更加有利于建立社会网，并增进知识分享、学习和创新绩效（Perry – Smith 和 Shalley，2006）。另外，他们鼓励员工自我表达，接受非正统的和打破常规的想法，通过榜样的力量为员工提供相似的、有启发性的作用，从而促进员工创新绩效产生（Mumford 等人，2002）。因此，本章研究为组织创造力文献提供了借鉴意义。

2. 本章研究也体现了对真实型领导与心理资本文献的贡献。在既有的心理资本研究中，大部分文献探讨真实型领导、心理资本与员工工作态度和行为的关系（Walunbwa 等人，2008），很少有文献研究真实型领导、心理资本与员工创新绩效三者之间的关系。创新是一种高不确定性和高风险的投资，没有坚强的意志、坚定的毅力，没有乐观的心态，没有对创新充满希望的人格是难以完成的（Sternberg 和 Lubart，1996）。自信的人往往拥有坚强的信念，他们会为自己设立高目标，并选择困难的工作任务。他们迎接挑战，并因挑战而更加强大；他们是高度自我激励的人，为实现目标会投入大量精力，面对困难时坚持不懈。这正是创新绩效所必须的。我们的研究显示了一致性，即心理资本在真实型领导和员工创新绩效之间起中介作用。心理资本更强大的员工，他们将具有更多的创新绩效。尽管近期有关真实型领导的文献陆续出现，但大部分研究主要从理论视角进行分析，在结果变量的研究中，更多偏向于对员工态度和行为的影响，并未考虑目前的新兴方向，即对员工创新绩效（创造力）的影响。本章研究填补了这一空缺，也为后续研究者拓展了思路。

3. 本章研究也为领导成员交换关系提供了相应的理论贡献。高质量 LMX 关系将使员工感受到领导对他们的关怀、庇护和喜爱，这也是创新性工作所必需的。研究认为，创新需要员工花费巨大努力和时间，并消耗精力和智力（Shalley 和 Gilson，2004）。处于高 LMX 关系下的员工将更有可能参与到与工作相关的冒险活动中去，并获得更多的认可及与任务相关的资源。因此，Shalley 和 Gilson（2004）建议，管理者应该鼓励和支持员工，并发展与员工之间的关系，以促进创新绩效（创造力）的产生。但很显然，所有这些研究探讨的是 LMX 对创新绩效（创造力）的直接影响或者说中介效应。与少量的研究相似，我们的研究则探讨了 LMX 调节效应，即当员工拥有高质量的 LMX 关系时，真实型领导对员工创新绩效的正向影响会加强，而拥有低质量的 LMX 关系的员工则不会出现这种增强的情况（Tierney、Farmer 和 Graen，1999），这也是本研究贡献之一。

本章研究结果也具有相当重要的管理实践意义。面对日益动态的环境、不确定的技术改变和竞争压力，创新成为企业获取竞争优势的主要源泉，管理者开始意识到促进员工创新绩效产生的必要性。根据本章的研究结果，组织必须促进领导真实性的产生，即通过关系透明、内化道德、自我意识和平衡加工信息，建立角色模式，濡染下属和员工，开发强大心理资本，促进员工建立自信，对未来充满希望，挑战困难，并具有坚强意志和坚忍不拔的精神。当员工对自己充满自信，对未来充满希望，敢于挑战困难，意志坚强时，员工越能对创新进行投资，也越能冒风险，打破常规，即心理资本强大的员工会产生更多的创新绩效。

第九章　真实型领导与员工工作绩效

第一节　问题提出

当今组织正在发生着巨大的变化，这种变化体现在越来越强调组织结构的灵活性，强调组织的可持续发展。但是变化中，蕴涵着不变：对于绩效的追求永远是组织最高目标之一。20 世纪 80 年代以后，人们开始关注提升绩效评价工具的效率。20 世纪 90 年代以后，人们对绩效的研究更为广泛，比如研究绩效评价中的公平性，研究绩效流程、绩效标准、绩效结构以及绩效理论与绩效实践的结合。Coleman 和 Borman（2000）认为，大多数绩效的分析集中在员工的任务绩效上，但任务绩效并不是对组织效率唯一起作用的绩效。近几年来，研究者们日益开始重视对关系绩效的研究，尤其是关系绩效的结构和维度一直成为组织行为学及人力资源管理学者研究的重点。一方面，任务绩效不足以表明员工的心理状态和工作满意情况，无法探测员工绩效倾向和交易动机，另一方面，行为确实对个体自己及团体的工作绩效有帮助，探测到员工关系绩效对研究组织员工的整体工作绩效有巨大的意义（韩翼、廖建桥，2006）。随着非任务绩效的提出，人们逐渐认识到，个体的绩效不仅体现在任务绩效上，诸如帮助行为、利他行为、组织公民行为等非任务绩效行为对组织的贡献也相当巨大。

目前对组织成员绩效的研究处于快速发展时期，在研究方向上主要有：一是研究绩效的结构；二是研究绩效考评；三是研究绩效的变量和定义；四是研究绩效的前提和产出。各个学派根据他们研究的成果提出了不同的理论观点和研究框架，形成百家争鸣的局面。由于不同的观点之间存在分歧，有时甚至相互矛盾，对其成果的应用和把握难以形成统一的标准，对实践的影响较大。组织中工作绩效的实质取决于工作、组织目标、组织信仰（Beliefs）和组织使命

（Mission）以及领导的要求。因此，许多研究已经建立起任务绩效和关系绩效（Contextual Performance）在定义工作绩效时的重要性，但在研究绩效时，缺乏领导者在其中的作用。

根据以往的研究，本章试图考察真实型领导对员工工作绩效的影响，并检验相关调节效应和中介效应在真实型领导和工作绩效之间干预机制，这将丰富真实型领导的相关研究。本章的主要目的在于：第一，在中国情景下，检验真实型领导行为对员工工作绩效的影响；第二，从心理资本的视角解释真实型领导作用机制；第三，本章研究通过检验领导成员交换调节作用也将进一步丰富跨文化研究的相关理理论。

第二节 研究假设

一、概念基础

（一）任务绩效

工作绩效结构代表了和工作或组织目标相关的行为或结果的集合（set）。许多研究者已经检验了工作绩效的维度，如 Campbell、Conway 和 Murphy 等（韩翼、廖建桥，2006）。这些研究暗示，工作绩效是一个多维结构行为与结果的综合体。早期工作绩效维度理论着重于对任务绩效的研究。基于学习理论和培训理论，Fleishman 试图发展个人工作绩效的分类，其目的是开发一个可以应用于不同工作的同类任务簇。Fleishman 提出了 4 种方法去确认工作绩效维度，即行为描述方法（Behavior Description）、行为要求方法、能力方法和任务特征方法（Viswesvaran 和 Ones，2000）。在当前的工作绩效文献中，任务绩效被定义为“任现职者所表现的被正式工作所认可的行动的熟练性，这些行动通过技术核心直接为组织目标实现做出贡献或者间接通过它提供必要的材料或服务”。Borman 和 Motowidlo（1993）讨论了两种类型的任务绩效。第一种类型是由将原材料变成组织的产品即商品和服务的活动构成的。这些活动包括：在一家零售店中出售商品；在加工车间生产机器；在学校教书；在医院动手术；在银行里做现金出纳。第二种类型的任务绩效是服务和维持技术核心活动，其中包括补给原材料，生产成品的物流，或者提供重要计划、合作、监督，以及提高职员的工作效率。所以任务绩效与组织的技术核心具有直接的关系，这种关系或者表现在技术执行的过程中，或者表现在技术需要的维持和服务中。

与 Borman 和 Motowidlo 提出的任务绩效概念类似的有角色绩效概念。Katz 和 Kahn（1978）将角色绩效定义为：满足或超过标准的数量或质量的绩效，Welbourme 等人（1998）把角色绩效定义为工作产出的数量和质量，而 Murphy（1997）则定义角色绩效为与特定工作相联系的工作职责和责任的完成。Campbell 的绩效模型提供了在组织背景下理解绩效的全面框架。他使用工作细化任务的熟练程度和工作非细化的熟练程度来描述雇员技术核心的行为和行动。Dyne 认为如果雇员未能执行被要求的行为，他们不可能接受到组织的报酬并且可能失去他们的工作，缺乏任务绩效行为将导致斥责和负的财务绩效结果。Williams 和 Anderson（1991）在检验工作绩效结构时，也运用了角色绩效这一概念。在评估角色绩效时，他们根据 O' Reilly 和 Chatman 角色绩效量表，结合角色绩效定义和工作说明书的要求，对角色绩效量表进行了修订，将 O' Reilly 和 Chatman 的 3 个题目拓展为 7 个题目，其表达的内容主要是满足于工作职位或工作说明书的要求。如"足够被安排的职责""满足正式工作绩效的要求"。尽管各题目在角色绩效上的载荷都在 0.64 以上，但由于缺乏对交流技能和专业技能的描述，缺陷是明显的。Befort 和 Hattrup 在评估任务绩效时则运用 9 个术语，从技术核心转换行动（4 个题目）、服务和维持组织技术核心（3 个题目）、口头和书面交流（2 个题目）对任务绩效进行了定义和测量。该量表与 Borman 和 Motowidlo 对于工作绩效阐释是一致的，因而更加具有普遍性。

以上对于任务绩效的定义包括三个方面的显著特征，一方面它们要求这些行动贡献于技术核心，另一方面则从工作结果或产出方面进行描述，强调任务绩效是一种结果绩效。第三个方面则从组织所规定的工作职责、工作岗位、角色及工作说明书规定的行为或目标方面去探讨雇员的任务绩效。然而，从组织规定的或工作说明书规定的行动方面去研究任务绩效并不能解决跨越组织或工作职能的工作绩效问题，从结果或产出方面去描述任务绩效也不能有效阐释不同环境（环境恶劣或环境优越）情况下雇员工作绩效问题。因此，工作绩效的定义，一方面，应该包括完成规定的工作职责、角色、责任范围内的效能（结果或产出），另一方面，必须容纳实现这一结果的行为过程及其对于技术核心实现的有益贡献。这就必须容纳雇员完成任务的技能、知识等内容。

（二）关系绩效

任务绩效的标准是瞄准组织目标，是为适应组织目标而存在的；关系绩效消除了任务绩效产生过程的矛盾和摩擦，致力于减少人际、团体和组织与个人之间的交易成本，从而提高组织绩效。和任务绩效不同的是，关系绩效包括：促进社会和组织网络以及增强心理气候的行动，这些行动包括帮助其他人并与其他人合作；即使个人不便时也遵守组织规则和流程；同意、支持并维护组织目标；在必要时能够坚持表现出额外的积极性或做出额外努力来成功地完成自己的任务；自愿进行不是正式工作组成部分的任务活动。

关系绩效并不直接对组织目标做出贡献，但它保持了技术核心运营所必须的宽广的组织、社会和心理环境。它包括下列行动：帮助或协助其他团队成员，遵守组织规章和流程，赞同、支持和维护组织目标，自愿执行非正式工作规定的工作任务，高度热情地完成工作任务。这些行动是超越于组织规定的角色范畴，并且不受组织报酬所定义。Borman 和 Motowidlo 认为，必须注意从激励因素中区分任务绩效和关系绩效，例如，将帮助和自愿行为——定义为关系绩效，不包含有激励成分，而任务绩效包含激励成分。任务绩效和关系绩效的区分意味着对组织目标贡献价值的不同阐释：任务绩效行为对组织目标有正的贡献，暗示它们帮助将原材料转换成商品或服务，或者他们直接服务于组织技术核心并提高组织产出能力。而关系绩效行为对组织目标有正的贡献，意味着对有效执行技术核心所处的组织、社会和心理环境的一种维持或改善。在某种意义上，这两种绩效代表了他们对组织效能的最终影响，只是执行的形式不同而已。任务绩效在一种工作或另外一种工作之间的差别要比关系绩效大，而关系绩效在许多工作中，甚至是所有工作中都是相似的，这为工作绩效通用模型提供了基础。

二、真实型领导与员工工作绩效

已有的研究表明真实型领导会影响部属的态度、行为和工作绩效。Ilies 等人认为，真实型领导对部属个人表达性、自我实现以及自我效能、自尊具有正向影响（Ilies 等人，2005）。真实型领导者的真实性和不断提高的自我意识促进了与部属之间的关系和谐和信任，也增进了部属的组织认同。真实型领导者通过为部属创设支持性的工作环境而提高和维持部属的希望水平，还可以借助一定的培训向部属展示和灌输现实的乐观主义，并通过这一过程提高部属的绩效（Avolio 等人，2005）。一些研究认为，真实型领导对部属通过榜样作用，对部属的态度和行为产生影响。例如，Avolio 强调真实型领导对部属信任、希望和积极情绪的影响，并最终影响部属的工作绩效、额外努力和撤退行为（Avolio，2004）；而 Garnder 等人建立了真实型领导和工作绩效之间关系的模型，认为真实型领导者将促进部属高水平的工作场所的福利、敬业度、信任和持续高绩效（Garnder 等人，2005）。Wood（2007）研究结果发现，真实型领导通过促进部属的心理资本，而最终提高其工作绩效。Walumbwa 等人利用中美样本证实了真实型领导和组织公民行为以及工作绩效之间的正相关关系（Walumbwa 等人，2008）。Tuttle（2009）研究证实，真实型领导对任务绩效、组织公民行为和偏差行为产生显著影响。研究也发现，真实型领导对 OCBI 和 OCBO 都产生显著正向影响（Wherry，2012）。Leroy 等人（2012）分析发现，真实型领导和角色绩效间存在显著正相关关系（$r = 0.32$，$p < 0.01$）。Peterson 等人（2012）研究发现，真实型领导对上级评估的下属工作绩效有显著正向影响。国内学者在真实型领导研究领域基本上还是空白，谢衡晓进行了诚信领导与员工态度行为的相关研究，结果表明，诚信领导对满意度、角色绩效、组织认同及同事间的利他行为均有显著的正向影响（谢衡晓，2007）。另外一些实证研究已经发现，真实型领导对员工敬业度、组织承诺和工作绩效产生影响（Gardner 等人，2011）。基于此，提出以下假设：

H1a：真实型领导对员工任务绩效有显著正向的预测作用；

H1b：真实型领导对员工关系绩效有显著正向的预测作用。

三、自我效能的中介作用

第七章研究发现，真实型领导能够促进领导和下属的关系更加真诚和透明，并使下属自我效能感更高。Bandura（1977、1986）列举了 4 种增强自我效能的方式：替代经验或者仿效；口头劝说；情感或生理唤醒；早期自信经历（Enactive Mastery）和个人造诣（Personal Attainments）。这四个方面都会受到真实型领导的影响。根据社会学习理论，个人通过学习其他人的行为标准（观察）别人，或者通过模仿，或者口头劝说帮助员工变得更加自信，并强化他们的行为和激励模式。实际，真实型领导也会指引下属，“什么是真实的”“什么是伦理的”，并通过自我意识和自我调节强化下属对自己的认知，从而增加自我效能感。Kernis（2003）的研究中也指出，真实型领导本身是自我效能感高（自信）、乐观、充满希望、富有韧性的（心理资本），他们能够通过这四种特征濡染下属，使下属对自己具备达成目标的信念更加强烈，并展现出与真实型领导同样的高自我效能水平。真实型领导能够在言行中展现自己的自我效能水平及对下属的信任，为他们提供认知、情感及道德上的援助，使得下属对自己的能力持发展的观点，从而促进其自我效能感水平的提高。

真实型领导也会情感或生理唤醒以及早期自信经历帮助员工增强自我效能感。与伦理型领导一样，真实型领导也更加关注过程而不是结果。这样的领导帮助员工在做事的时候专注于过程，从而有助于减少焦虑和压力，从而增加其自我效能感。有关个人造诣方面，真实型领导被描述为更关爱员工的最佳利益，因此希望看到他们良好的表现，并实现他们的潜能。基于上面论述，有以下假设：

H2：真实型领导对自我效能感有显著正向的预测作用。

Bandura（1997）认为，自我效能感通过影响个体选择、努力和恒心而影响任务绩效。Stajkovic（2006）指出，“有更高自信的人们就越有可能会采取行动、追求成功和具有韧性，因为他们觉得他们可以有效处理他们希望或需要做的事情”。此外，具有高自我效能的个体设置困难和具有挑战性的个人目标，因而更可能是高绩效者。越来越多的研究和实验、元分析支持这一假定（例如：Bandura 和 Locke，2003；Chen、Casper 和 Cortina，2001；Walumbwa、Avolio 和 Zhu，2008；Walumbwa 等人，2009）。

自我效能感主要影响个体的选择过程、认知过程、动机过程和情感过程。高自我效能感的人会选择具有挑战性的工作，设置高水平的目标，将成功归因于自己的能力和努力，认为个体可通过努力改变自己（内控型），从而提高工作绩效。低自我效能感的人对挑战性的工作往往会采取回避态度，为自己设置的目标也较低，对目标的承诺也不高，从而影响到他们的工作绩效（周文霞、郭桂萍，2006）。他们将成功归因于外部环境或命运，将失败归因于个人能力不够，认为个体是受外部环境而并非自己控制的（外控型），其对工作的投入较少且动力不足，表现出较低的工作绩效（颜爱民、裴聪，2013）。理论和实证研究提供了相应支持。Yammarino 等人（2008）建立了多层次真实型领导与多层次绩效之间关系模型，其中介变量包含多层次的效能变量（自我效能感、群体效能感和集体效能感）。

颜爱民和裴聪（2013）研究发现，自我效能感对员工绩效产生显著影响。Walumbwa 等人（2011）发现，伦理型领导通过自我效能感影响下属绩效。Tuttle（2009）发现，真实型领导通过心理资本对员工组织公民行为和任务绩效产生影响，而心理资本包含自我效能维度。田红（2012）研究也发现，真实型领导通过创新自我效能感还对员工创新行为产生影响。基于上面论述，有以下假设：

H3a：自我效能在真实型领导和员工任务绩效关系中起中介作用；

H3b：自我效能在真实型领导和员工关系绩效关系中起中介作用。

四、领导—成员交换调节作用

受有限的时间、资源以及个人精力的限制，一个领导者不可能和组织里每一个员工都建立起平等的关系。实现组织目标的最有效率和最有成效的方式，往往是建立一个由可信赖的成员组成的群体（圈子）作为助手。依据领导—成员交换理论，领导者会与不同的部属建立差异性的交换关系，这些关系的质量反映了员工的“圈内人”与“圈外人”两种不同的身份（Graen 和 Uhl – Blen，1995）。企业领导者将会据此提供相应的诱因，例如将会提供较多的培训、晋升、信任以及授权等给内圈内人，暗示他们已经获得了内部人身份。关于这一点，Chen 和 Aryee（2007）也强调，高质量领导—部属交换能够增强员工的圈内人感知。他们的研究也证实，高质量领导—部属交换的重要特征即领导者的授权行为与员工的圈内人感知之间存在显著的正相关关系。总的来说，在高质量的领导—部属交换中，部属将因为圈内人而获得相对较多的信任、支持以及授权等诱因，这同时也为这些员工提供了信号，即他们已在组织中获得了个人空间并被组织所接受，从而影响他们的心理感知。

同样，高质量 LMX 关系中，对于成员承担风险、资源、奖励和鼓励等方面的支持，同样存在于能促进员工自信产生。与领导维持高质量关系的成员比维持低质量关系的成员将会获得更高的自由程度和更多的授权，拥有更大的决策权力和更多的组织支持（Scott 和 Bruce，1994；Tierney、Farmer 和 Graen，1999），因而表现出更强烈的自信。如果领导本身是具有自信的（如真实型领导），那么通过上下级的互动交换，其行为将起到一种示范和榜样作用，从而推动员工具有自我效能。基于社会交换理论，Ilies、Morgeson 和 Nahrgang（2005）使用互惠和价值一致性解释了真实型领导与部属建立积极交换关系的过程。他们认为，当领导者展示平衡加工信息、个人诚实和真实关系定向时，领导成员关系将促进更大的价值一致性，领导成员之间将有更高水平的信任和积极情感，因而会促进真实性产生。因此，高质量 LMX 关系将有助于推动组织建立高度自信氛围。从以上分析可以看出，LMX 增强真实型领导和员工自我效能感之间的关系。基于此，提出以下假设：

H4：LMX 在真实型领导和员工自我效能感关系中起调节作用。

相应研究概念模型如图 9－1 所示。

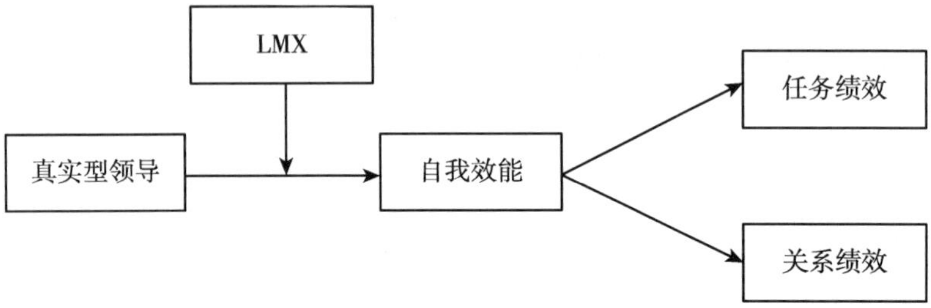

图 9－1　研究概念模型

第三节　研究设计

一、研究对象

与第八章一样，为了保证研究设计的严谨，本研究选取一家大型电力公司下属 6 家企业，它们主要分布于河北省和北京市。为了避免同源偏差（Podsakoff 等人，2003），本研究选择管理者—员工的配对样本（dyad）进行实证分析。管理者对 3—5 名直接下级的创新行为进行评价，下级对感知到的直接上级的真实性和心理资本进行评价。在上级填写直接下级的创新行为问卷（A 卷）后，由相关人员直接回收。然后根据上级所填的问卷，发放有配对号码的员工调查问卷（B 卷），员工填写后放入信封，由相关工作人员直接收回。作者将这些配对问卷进行筛选、编号，由相关工作人员登记。

共发放 346 份员工问卷，75 份上级问卷，平均每位管理者评价 4.6 位员工。最终回收有效问卷为 69 份管理者和 306 份员工配对问卷，回收率为 87.6%。剔除无效配对问卷 9 份，最后得到有效配对问卷 297 份。

此次问卷调查中，男性占 51.2%；员工年龄 30—40 岁，占 34.8%，40—50 周岁之间占 28.9%，20—30 周岁者占 22.9%；员工学历以大学学历为主，比例高达 78.1%，其次是高中及以下达到 18.4%。

二、测量工具

本章所研究的概念的测量量表主要来自于西方学者的研究文献。首先对英文问卷进行翻译，然后经过会议讨论，修改后形成初始问卷，再进行回译（将中文再翻译成英文），对比翻译后的英文与原英文的差异，对中文翻译问卷进行修改。并将翻译的英文问卷送呈原始英文问卷创立者。其次，选择 2 家企业进行问卷的试调查（这 2 家企业并不包括在最终样本中）。一共发放 97 份问卷，共回收 91 份（有效回收率 94%）。并利用试调查的样本对问卷中的各概念进行信度和探索性因子分析，发现因子载荷均在 0.5 以上，α 一致性系数都在 0.7 以上。问卷分为两个部分，真实型领导、LMX 和自我效能感问卷通过员工自我进行评估，而关系绩效和任务绩效通过员工直接上级进行评估。

真实型领导问卷采用 Walumbwa 等人（2008）所编制的四维度量表，共 16 个题目，关系透明（5 题）、内化道德（4 题）、平衡加工（3 题）和自我意识（4 题）。例如“我的主管鼓励每个人说出他们的想法”“我的主管仔细倾听不同的观点，然后得出结论”“我的主管寻求反馈以改善与他人的互动”等。项目均采用 Likert 五点量表，每个项目分为 0—4 等级：0 代表根本不；1 代表偶尔；2 代表有时；3 代表相当频繁；4 代表总是。分数越高，表示领导真实性领导程度越高。此量表已经被使用于中国情境下的实证研究，并显示良好的信度。

领导—成员交换采用王辉、牛雄鹰和罗胜强（2004）开发的量表，包含情感、忠诚、贡献和专业尊敬等 4 个维度，共 16 个题项，平均分配在每个维度上。如“我认为组织的问题就是我的问题”“如果我犯了无心之失，我的主管会在公司其他人面前为我辩护”“我愿意为我主管做超出我的职责范畴之外的工作”

“我的主管工作方面的知识以及他/她的工作能力是众所周知的” 等。项目采用 Likert 五点尺度测量，每个项目分为 5 个等级：1 代表非常不同意；2 代表不太同意；3 代表无明显态度；4 代表同意；5 代表非常同意。

自我效能感采 Luthans、Youssef 和 Avolio（2007）开发的量表。尽管这个量表也已经在多次被使用于中国情境下的实证研究（Luthans 等人，2005；仲理峰，2007）。我们对 Luthans、Youssef 和 Avolio（2007）问卷进行预试，通过讨论调整，最后形成 4 个题目。举例的条目如“对自己的工作，我总是看到事情光明的一面”和“与管理层开会时，在陈述自己工作范围之内的事情方面我很自信”等。采用 1—6 级 Likert 量表，1 表示强烈同意，6 表示强烈不同意。

工作绩效采用韩翼、廖建桥和龙立荣（2007）开发的任务绩效和关系绩效量表。经修订后，关系绩效共 12 个题目，举例的条目如“自愿做许多有利于公司利益的工作”“密切关注工作中的重要细节”“遵守公司正确的流程制度”。任务绩效共 10 个题目，举例的条目如“按照正式绩效考核的要求完成工作任务”“具有很好的与工作相关的专业技能”等。每个项目分为 5 个等级：1 代表非常不同意；2 代表不太同意；3 代表无明显态度；4 代表同意；5 代表非常同意。

第四节　研究结果

一、区分效度检验

本研究也运用验证性因素分析对变量区分效度进行检验。根据 Netemeyer、Johnston 与 Burton（1990）和 Zhang 和 Bartol（2010）以及 Wang 等人（2005）的方法，我们将真实型领导和领导成员交换的题目平均到各维度，并将各维度作为潜变量指标（Indicators），而关系绩效和任务绩效只有一个因子的变量，因此将其随机分成 3 个部分（这种方法可以避免结构方程模型中潜变量仅有一个指标所导致的模型不能识别问题），自我效能感 4 个题目直接作为指标进行分析（Netemeyer、Johnston 和 Burton，1990；汪林、储小平、倪婧，2009）。

由表 9-1 可知，单因子模型（AL + LMX + SE + TP + CP）的χ^2/df为 15.53，RMSEA 值为 0.22，明显大于绝对拟合指标的标准，相对拟合指标 CFI 和 NNFI 指标也均小于 0.9，说明单因子模型是不可接受的。2 因子模型（AL + LMX + SE；TP + CP）的χ^2/df为 4.86，RESEA 值为 0.11 大于 0.08，CFI 和 NNFI 指标值均大于 0.9，说明该模型比较匹配。3 因子模型（AL + LMX；SE；TP + CP）χ^2/df为 4.41，在 3—5 之间，表示可以接受，RESEA 值为 0.11 大于 0.08，CFI 和 NNFI 指标值分别为 0.93、0.94，均大于 0.9 并接近于 1，说明该模型比较匹配。4 因子模型（AL + LMX；SE；TP；CP）χ^2/df为 2.78，在 1—3 之间表示非常好，RESEA 值为 0.0.78 小于 0.08，CFI 和 NNFI 指标值分别为 0.96、0.96，均大于 0.9 并接近于 1，说明该模型比较匹配。5 因素模型（模型）（χ^2 = 286.71，χ^2/df = 2.29，CFI = 0.97，RMSEA = 0.066，NNFI = 0.97）比其他嵌套模型（nest model）拟合效果都要好，且具有比较好的匹配指数，这就意味着，本章研究的 5 个变量之间具备很好的区分效度。图 9-2 也显示了四个变量的区分效度情况。

表 9-1　　验证性因子分析结果（N = 297）

模型	因素	χ^2	df	χ^2/df	RMSEA	NNFI	CFI
模型 1	5 因子：AL；LMX；SE；TP；CP	286.71	125	2.29	0.066	0.97	0.97
模型 2	4 因子：AL + LMX；SE；TP；CP	359.02	129	2.78	0.078	0.96	0.96
模型 3	3 因子：AL + LMX；SE；TP + CP	582.06	132	4.41	0.11	0.93	0.94
模型 4	2 因子：AL + LMX + SE；TP + CP	651.32	134	4.86	0.11	0.92	0.93
模型 5	1 因子：AL + LMX + SE + TP + CP	2096.67	135	15.53	0.22	0.75	0.78

注：CP 表示关系绩效；TP 表示任务绩效；SE 自我效能；AL 表示真实型领导；LMX 表示领导—成员交换。+ 代表 2 个因子合并为一个因子。

因此，本章研究中的真实型领导量表、任务绩效量表、关系绩效量表、自我效能感量表和领导成员交换量表之间具有较高的区分效度，可以很好地进行相关分析、回归分析和结构方程模型分析。

根据 Wang 等人（2005）、Fornell 和 Larcker（1981）以及 Netemeyer、Johnston 与 Burton（1990）的建议，我们进一步利用平均萃取变异量（AVE）对四个变量的区分效度进行检验（如表 9-2 所示）。所有五个变量的 AVE 值分别为 0.72、0.49、0.61、0.59、0.60，除任务绩效外均高于 0.5 的临界值。同时，我们也分析了各个变量的组合信度，以判别变量的内在质量。结果发现，所有五

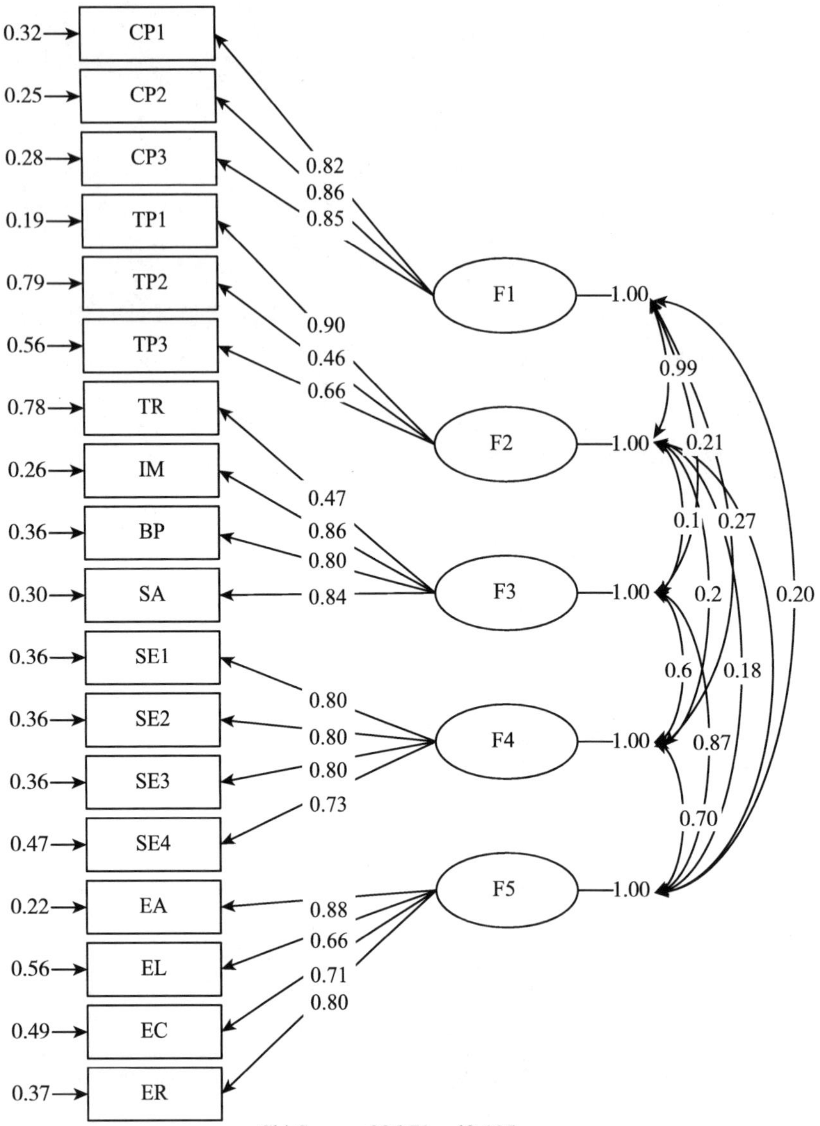

Chi-Square=286.71，df=125，
P-value=0.00000，RMSEA=0.066

图 9－2　变量的区分效度

注：F1 表示关系绩效；F2 表示任务绩效；F3 表示真实型领导；F4 表示自我效能感；F5 表示领导成员交换；CP1—CP3 表示关系绩效随机因子；TP1—TP3 表示任务绩效随机因子；SE1－SE3 表示自我效能随机因子；TR、IM、BP、SA 分别表示真实型领导四个维度：关系透明、内化道德、平衡加工和自我意识；EA、EL、EC、ER 分别表示领导—成员交换（LMX）四个维度：情感、忠诚、贡献和专业尊敬。

个变量的组合信度系数分别为 0.88、0.73、0.86、0.85、0.85，均大于 0.60 的临界值，且均显著高于各个变量的 AVE 值（Wang 等人，2005；Netemeyer、

Johnston 和 Burton，1990）。综合 CFA 和以上分析结果，可以证明五个变量具有良好的区分效度，因此可以进行下一步模型分析。

表 9－2　　测量项目属性

构念和指标	标准化载荷	信度	平均萃取变异量
关系绩效		0.88[a]	0.72
因子 1	0.82	0.67	
因子 2	0.86	0.74	
因子 3	0.86	0.74	
任务绩效		0.73[a]	0.49
因子 1	0.90	0.81	
因子 2	0.46	0.21	
因子 3	0.66	0.44	
自我效能感		0.86[a]	0.61
因子 1	0.80	0.64	
因子 2	0.80	0.64	
因子 3	0.80	0.64	
因子 4	0.73	0.53	
LMX		0.85[a]	0.59
情感	0.88	0.77	
忠诚	0.66	0.44	
贡献	0.71	0.50	
专业	0.80	0.64	
真实型领导		0.85[a]	0.60
关系透明	0.47	0.22	
内化道德	0.86	0.74	
平衡加工	0.80	0.64	
自我意识	0.84	0.71	

注：a 指组合信度。

二、描述性统计

表9－3显示主要变量的平均数、标准方差、相关系数和内部一致性系数。通过信度检验发现，关系绩效、任务绩效、自我效能、LMX和真实型领导的内部一致性系数均超过0.7，达到可接受的标准。真实型领导与关系绩效（$r=0.17$，$p<0.01$）、任务绩效（$r=0.15$，$p<0.05$）、LMX（$r=0.74$，$p<0.01$）及自我效能感（$r=0.59$，$p<0.01$）显著相关，而自我效能感也与关系绩效（$r=0.24$，$p<0.01$）、任务绩效（$r=0.18$，$p<0.01$）和LMX（$r=0.57$，$p<0.01$）、LMX与关系绩效（$r=0.16$，$p<0.01$）及任务绩效（$r=0.15$，$p<0.01$）之间也显著相关。

表9－3　　主要变量的描述性统计

	均值	标准差	关系绩效	任务绩效	自我效能感	LMX	真实型领导
关系绩效	4.19	0.60	(0.81)				
任务绩效	4.059	0.51	0.78**	(0.79)			
自我效能感	4.96	0.92	0.24**	0.18**	(0.86)		
LMX	4.06	0.67	0.16**	0.15**	0.57**	(0.93)	
真实型领导	3.18	0.71	0.17**	0.15*	0.59**	0.74**	(0.94)

注：**表示$p<0.01$，*表示$p<0.05$（双尾）。对角线括号内的数字是内部一致性信度系数。

三、中介效应检验

根据Baron和Kenny（1986）所介绍的对中介效应检验方法，要证明自我效能的中介作用，必须首先证明真实型领导、自我效能感、任务绩效与关系绩效之间有显著相关性。由表9－3知道，真实型领导、自我效能感、任务绩效与关系绩效之间均显著正相关，因此可以进行中介效应检验。表9－4显示，在控制人口统计学变量基础上，通过真实型领导对自我效能感直接回归，显示出正向显著性（$\beta=0.62$，$T=12.89$，$p<0.01$）。自我效能感在真实型领导与关系绩效之间中介作用是显著的（$\beta=0.25$，$T=3.26$，$p<0.01$）。但同时，真实型领导对关系绩效直接影响也是显著的（$\beta=0.17$，$T=2.83$，$p<0.01$）。这说明自我

效能感在真实型领导和关系绩效之间起部分中介作用，且中介效应所占效应比为91.2%（0.62 × 0.0.25/0.17 = 0.912）。同样，在控制人口统计学变量基础上，真实型领导对自我效能感显示出正向显著性（β = 0.62，T = 12.89，p < 0.01）。自我效能感在真实型领导与任务绩效之间中介作用是显著的（β = 0.19，T = 2.44，p < 0.05）。但同时，真实型领导对任务绩效直接影响不显著的（β = 0.10，T = 1.71，p < 0.05）。这说明自我效能感在真实型领导和任务绩效之间起完全中介作用。因此，假设1a、假设2、假设3a、假设3b得到验证，而假设1a没有得到验证。

表9-4 自我效能在真实型领导和关系绩效之间的中介作用

变量	自我效能感	关系绩效		任务绩效	
	（H2）	（H1a）	（H3a）	（H1b）	（H3b）
控制变量					
性别	-0.10	-0.07	-0.05	-0.11	-0.09
年龄	0.10	0.13*	0.11	0.05	0.04
学历	0.00	-0.18**	-0.18**	-0.23**	-0.23**
工龄	0.08	0.03	0.01	0.03	0.02
职位	0.02	0.06	0.06	0.03	0.03
真实型领导	0.62**	0.17**	0.02	0.10	-0.01
自我效能感			0.25**		0.19*
ΔF	166.16**	8.00**	10.62**	2.93*	5.93*
R^2	0.41	0.09	0.13	0.07	0.10
ΔR^2	0.38**	0.03**	0.04**	0.01*	0.02*

注：** 表示 $p < 0.01$，* 表示 $p < 0.05$（双尾）。

四、调节效应检验

通过层次回归分析来检验真实型领导在影响自我效能感过程中的调节作用（见表9-5）。层次回归分析表明，在控制人口统计学变量以后，分别加入标准化的真实型领导和LMX两个变量，真实型领导对员工自我效能感解释效应明显增加（$\Delta R^2 = 0.62$，$p < 0.01$），而加入LMX解释效应（$\Delta R^2 = 0.03$，$p < 0.01$）。进入真实型领导和LMX交互项，结果发现交互效应对自我效能感没有显著影响

($\Delta R^2=0$，$p<0.01$)。这说明 LMX 不影响真实型领导与自我效能感之间的关系，因此假设 4 得到验证。

表 9－5　　　　LMX 作用的回归分析

变量	自我效能感							
	M1		M2		M3		M4	
	β	T	β	T	β	T	β	T
第一步（控制变量）								
性别	−0.14*	−2.17	−0.10*	−1.98	−0.07	−1.39	−0.07	−1.41
年龄	0.09	1.47	0.10*	2.01	0.08	1.56	0.07	1.53
学历	0.02	0.32	0.00	0.05	0.02	0.34	0.02	0.33
工龄	0.06	0.89	0.08	1.63	0.06	1.34	0.06	1.28
职位	0.07	0.98	0.02	0.38	0.01	0.19	0.01	0.18
第二步（主效应）								
真实型领导			0.62**	12.89	0.43**	6.32	0.42**	5.75
第三步（主效应）								
LMX					0.27**	3.93	0.27**	3.91
第四步（调节效应）								
真实型领导×LMX							−0.02	−0.40
ΔF	1.68		166.12**		15.5**		0.16	
R^2	0.03		0.41		0.45		0.45	
ΔR^2	0.03		0.38**		0.03**		0.00	

注：** 表示 $p<0.01$，* 表示 $p<0.05$（双尾）。

第五节　结论与讨论

一、研究结论

通过以上的相关分析、回归分析和结构方程模型验证等实证分析方法，验证本研究提出的相应假设，由此可以得出以下的结论：

1. 通过相关分析和回归分析发现，真实型领导行为对员工自我效能感和关系绩效有显著重要影响，但对员工任务绩效则没有显著影响。

2. 通过回归分析发现，自我效能感对员工任务绩效和关系绩效有显著的正向预测作用，自我效能感越高的员工，员工工作绩效越高。

3. 通过回归分析发现，自我效能感是真实型领导与员工关系绩效（$\beta = 0.25$，$T = 3.26$，$p < 0.01$）和任务绩效（$\beta = 0.19$，$T = 2.44$，$p < 0.05$）之间的中介变量，在真实型领导影响员工关系绩效过程中起着部分中介作用，在真实型领导和任务绩效之间起完全中介作用。

4. 通过回归分析，加入标准化的相应变量检验 LMX 在真实型领导影响自我效能感过程中的调节作用发现，LMX 调节效应不显著，假设 4 没有得到验证。相关研究结果汇总如表 9－6 所示：

表 9－6　　假设检验结果汇总

研究假设	假设内容	验证结果
假设 1a：	真实型领导对员工关系绩效产生显著的正向影响。	支持
假设 1b：	真实型领导对员工任务绩效产生显著的正向影响。	不支持
假设 2：	真实型领导领导对员工自我效能感产生显著的正向影响。	支持
假设 3a：	自我效能感在真实型领导影响员工关系绩效过程中起中介作用。	支持
假设 3b：	自我效能感在真实型领导影响员工任务绩效过程中起中介作用。	支持
假设 4：	LMX 在真实型领导影响员工自我效能感过程中起调节作用。	不支持

二、研究讨论

（一）真实型领导与自我效能感的关系讨论

Bandura（1977、1986）列举了四种增强自我效能的方式：替代经验或者仿效；口头劝说；情感或生理唤醒；早期自信经历（Enactive Mastery）和个人造诣（Personal Attainments）。从真实型领导的定义来看，这四个方面都会受到真实型领导的影响。真实型领导不仅从情感或生理唤醒、口头劝说方面帮助员工增强自我效能感，也会因个人造诣和早期自身经历影响员工自我效能感。真实型领导通过积极的反馈、社会认可、授权和工作家庭平衡等措施来使员工获得这些体验。Gardner 等人（2005）提出的研究模型认为，个人经历和引致事件（Trigger Events）将影响真实型领导，并最终促进下属产生积极效果。另一项研究则是 Jensen 和 Luthans（2006）对创业者企业家的调研。他们发现，创业企业家的心理资本对真实型领导产生积极作用，并促进下属产生积极结果，如希望、自我效能等。领导者的个人历史包括家庭环境、早期生活挑战、教育及工作经验，特别是师傅的角色榜样会濡染领导者，使其成为真实的人和真实的领导者（George，2003、2007）。领导者也会把这些早年的经历带入其领导行为和角色之中。引致事件则包括个人环境中发生促进个人成长和发展的事件或者微妙变化，它往往提高领导者自我认知水平，形成自我认知图式，并通过自我反省，获得对自己核心价值观、身份、感情及动机的一致性的认识，从而达到自我调节。这正如我国古人曾子（孔子弟子）所言："吾日三省吾身……与朋友交而不信乎?" 引致事件不仅激发领导者如何处理面临的危机，在困难时如何决策，这也会促进领导者更多地历练，促进其处事的能力和自信，也把这种自信传递给下属。

真实型领导受社会文化环境的影响（韩翼、杨百寅，2009）。Barker（2001）认为，微观系统，如组织或者领导者自己，和环境交换能量并不能脱离宏观环境制约，过程而不是情景是领导力的源泉。环境不是解决领导实质的理由，而是他们演变、适应和重生的引擎。领导模式是一种特定环境下的特质权变行为和过程。而追随者的行为同样如此。因此，当人处于一种高度发展的情景之中，例如自我效能感非常高的浓厚的氛围之中，自信也由此而激发。

（二）真实型领导与员工工作绩效的关系讨论

通过表 9－4 相关分析结果可知，真实型领导对员工关系绩效产生显著正向影响，而对任务绩效影响不显著。这意味着真实型领导更有可能激发员工角色外行为，而非角色内行为。因为真实型领导是一种愿景型领导，对员工长远绩效的影响或许是显著的，而由于本书研究并非长时间段的纵向研究，因而在任务绩效的影响上可能并不显著。真实型领导形成之旅需经过漫长的过程：性格形成、与世界碰撞、开始领导、领导巅峰、领导力形成（智慧与反馈）。这一过程的效果传递给下属，并濡染下属，也需要一个长期过程。未来研究可以考虑，在研究设计时采取纵向追踪研究，探讨长时间段的真实型领导对员工任务绩效的影响。

（三）自我效能感与工作绩效的关系讨论

本章通过表 9－3 相关分析和表 9－4 回归分析发现，自我效能感正向预测员工任务绩效和关系绩效。自我效能感能激起若干特殊形态的思维过程，这些思维过程对个体活动产生影响。自我效能感影响个体目标的设定，从而决定对个体的投入程度，也决定了个体的工作绩效。Bandura（1997）认为，自我效能感影响个体的归因，从而影响个体选择、努力和恒心，影响任务绩效。在归因过程中，高自我效能感的人会选择具有挑战性的工作，设置高水平的目标，投入充足的时间和精力来实现目标，将成功归因于自己的能力和努力，认为个体可通过努力改变自己（内控型），在面对障碍和沮丧时能够坚持不懈（Stajkovic 和 Luthans，1998），从而提高工作绩效。低自我效能感的人对挑战性的工作往往采取回避态度，为自己设置的目标也较低，对目标的承诺也不高，他们将成功归因于外部环境或命运，将失败归因于个人能力不够，认为个体是受外部环境而并非自己控制的（外控型），其对工作的投入较少且动力不足，从而影响到他们的工作绩效（周文霞、郭桂萍，2006；颜爱民、裴聪，2013）。因此，我们可以推断自我效能感和工作绩效间存在着正相关。

（四）自我效能感的中介作用讨论

本章研究通过回归分析发现，自我效能感在真实型领导影响员工工作绩效的过程中起到中介作用，这与许多现有理论和实证研究是一致的。Yammarino 等人（2008）建立了多层次真实型领导与多层次绩效之间关系模型，其中介变量包含多层次的效能变量（自我效能感、群体效能感和集体效能感）。他们认为，真实型领导不仅在个体层次上通过效能感能够影响员工的任务绩效和组织公民行为，在团队层次和组织层次也是如此。一些研究表明，真实型领导、心理资本与绩效三个变量之间存在相应的逻辑关系，真实型领导会促进部属心理资本的增加，并最终提升部属的工作绩效（Luthans、Norman 和 Avolio 等人，2008；Clapp－Smith、Vogelgesang 和 Avey，2009）。如 Luthans 等人（2008）关于心理资本对员工效能影响作用的研究结果表明，员工心理资本与其绩效、满意度和组织承诺之间存在显著正相关。Walumbwa 等人（2011）发现，伦理型领导通过自我效能感影响下属绩效。Tuttle（2009）研究发现，真实型领导通过心理资本对员工组织公民行为和任务绩效产生影响，而心理资本包含自我效能感维度。田红（2012）研究也发现，真实型领导通过创新自我效能感还对员工创新行为产生影响。自我效能感的中介作用揭示了真实型领导影响员工任务绩效和关系绩效的作用机制，丰富了有关员工工作绩效的影响因素研究。

（五）LMX 调节作用讨论

本章研究通过回归分析发现，LMX 在真实型领导影响员工自我效能感的过程中并不起调节作用。Graen 等人认为，新员工在组织的社会化进程中，要经过角色获得（Role Taking），角色扮演（Role Making）和角色习惯化（Role Routinization）三个阶段。在角色获得阶段，领导通过一系列相关事件来检验和评价成员的动机和潜能。在角色扮演阶段，一般是领导给成员提供机会去尝试松散的任务，这个任务暗示与领导的某种工作关系，如果成员接受了这种机会，领导和成员的关系就可能发展成高质量关系。角色习惯化阶段，领导和成员的行为互相倚赖，从这个时刻起领导和成员的关系会相对稳定。相反，如果在三个阶段中成员没有积极的回应，就会发展成低质量的关系，如此就形成了有的成员慢慢进入关系圈内，而有的成员则停留在关系圈外，形成不同的组织成员身份感知。关系圈的现象随之稳定下来。在实际工作中，人们能体会到成员和领导的关系有“圈内”和“圈外”之分，领导者对成员的领导方式也有不同。前文的研究发现，LMX 调节真实型领导和心理资本之间的关系。这种不一致的研究结果是否意味着，存在着第三种调节变量或者边界条件来增强 LMX 调节作用，即三重调节作用。我们认为，由于文化的差异以及不同的政治、经济、法律等规范的影响，根植于西方文化的 LMX 并不等同于中国情景下的 LMX。跨文化研究表明，中国社会存在着比西方国家更大的权力距离（廖建桥、赵君、张永军，2010）。以关系为特征和儒家文化为主导的中国文化更强调等级差异、人情面子及和谐统一，中国是一个高权力距离的国家，领导者常常表现出威权领导，强调领导的权威性与顺从性，这从可能另外一个方面削弱了员工自我效能感。和领导关系好，可能就是服从性更好的员工所具有的特征。

真实性的激活依赖于领导者的性格和过去经历以及所面临的社会文化、组织文化、组织结构以及领导所处的层次。中国传统集体主义文化强调“修身、齐家、治国、平天下”，从家庭集体延续到国家层面。杨中芳（1994）认为，不同于个体主义倾向，集体主义在社会层面表现为一套文化理念、一套价值体系，其核心是一种对个人—社会关系的设想，集体主义文化是强调和谐的文化。其核心要素是群体身份认同，强调的是群体内部和谐一致的人际关系。反射到工作场所中，领导必须注意员工和下属的权利，个人的成就往往与集体荣誉和成就息息相关（吴隆增、刘军、许浚，2010）。从中可以推断，对于领导者而言，即使与现有规则发生冲突，仍然有利于建立起一种长远的积极的交换关系。从这一点上看，集体主义文化由于社会压力所致，会对领导行为决策产生重要影响，从而对下属认知、情感和态度产生影响，个体的表达必须在一种设定的框架下运行，团队的效能感胜过个体自我效能感。

我们也认为领导者所在企业的氛围也会缓解 LMX 对自我效能感产生一定的影响。组织氛围被定义为在某种环境中员工对一些事件、活动和程序以及那些可能会受到奖励、支持和期望的行为的认知，这种认知与员工的思想、情感和行为密切相关。组织氛围可分为两种性质：支持性组织氛围和控制性组织氛围。支持性的组织氛围意味着组织鼓励包容多元化（Shore 等人，2011）、开门纳谏、集思广益、支持新观点、委派具有挑战性的工作，管理人员并不害怕来自下属负面反馈、能够及时提供各种必要的组织支持，员工拥有工作自主性；反之就是控制性组织氛围（王端旭、洪雁，2011；Luthans 等人，2008）。支持性组织氛围由于鼓励创新、包容风险、支持多元化，因而可能会促进员工建立做事的信心。当一个真实型领导者处于高层或者是创立者时，他可能会促进真实性氛围的产生，而当其为中层或者更下级的领导时，这种动力或者作用力会变得微弱。其次，我们认为组织结构与领导存在一定关系，并会强化或者削弱 LMX 的影响。组织结构界定了对工作任务进行分解、组合和协调的方式，主要包括部门化、命令链、工作专门化、管理幅度、集权化和正规化等因素（Schminke 等人，2000）。集权化程度反映组织内部的权力和威望的集中程度，主要体现在员工参与决策程度与权力等级结构程度两个方面。集权化程度越高，决策越由最高层主管掌控，最高主管对关系到组织生死存亡的决策时，根本不考虑下属感受。正规化程度用来表示组织中的规则、程序、制度等被正式用文件加以记载。组织正规化程度越高，则员工柔性越低，员工被期望以组织规定的方法、程序、流程和制度行事。即使员工和上级关系好，员工自我效能感也不一定很高。这意味着，LMX 的调节作用不显著的原因可能是更加宏观或者中观的因素在起作用。

第十章　真实型领导研究展望

第一节　总体结论与讨论

自 George（2003、2007）连续出版两本实践性畅销书——《真实型领导》和《真北》以来，学界对真实型领导的研究层出不穷。这一方面反映了人们对当前领导败德行为和虚假欺骗的失望，另一方面也是对真实型领导的祈盼。在过去的十年间，真实型领导成为最流行的研究课题。尽管对真实型领导概念的理解有了很大的进步，但对它的实质、维度、评估措施、作用机制以及如何应用到组织实践中的认识还存在严重的不一致。本章第一节，我们将对真实型领导构念维度与测量、测真实型领导作用机制分别进行讨论。第二节对现存研究的贡献及局限进行讨论。第三节则着重对未来研究方法和可能存在的研究主题进行详细分析。

一、研究结论

本书通过文献分析、理论论证、调查研究考察了真实型领导构念维度、形成机制、作用机制（包括中介效应、交互效应和效应机制）等几个方面。本书结论如下：

（1）真实的含义不同于诚信、真诚、诚实等概念，也不同于自我控制、自律等概念。真实型领导研究起源于自我心理学和积极心理学，从认知、情感、行为和关系四个层面进行建构。

（2）真实型领导是一个潜在多维度构念，并且有效区分为 4 个维度：关系透明、内化道德、平衡加工和自我意识。多组验证性因子发现（第七章），真实型领导构念维度与 Walumbwa 等人（2008）所编制的四维度量表结果是一致的。

（3）真实型领导受许多因素影响。理论分析显示，这些因素包括社会文化因素、组织因素和个人因素。社会文化因素包括国家文化，如权力距离、集体主义、不确定性规避和男性化等。组织因素如组织气氛（伦理气氛）、组织结构（正规化和专门化）、组织历史等。个人因素则包括个人历史和引致事件、领导者个性等。

（4）真实型领导对组织承诺、工作绩效、创新行为和创造力均产生显著影响。研究还发现，心理资本在真实型领导和创新行为之间、真实型领导和组织承诺之间起中介作用；心理授权在真实型领导和组织承诺之间起中介作用；而自我效能感在在真实型领导、员工创造力、任务绩效和关系绩效之间起中介作用。

（5）圈内人感知调节真实型领导和心理授权之间的关系，LMX 调节真实型领导和心理资本之间的关系，但不调节真实型领导和自我效能感之间的关系。

二、研究讨论

（一）真实型领导的涵义及界定

尽管真实性受限于组织研究，但在哲学、文学、社会学和心理学中已经存在几个世纪之久。真实被一些学者看做是主观体验，如“我感觉是真实的”，而被另外一些学者当做是客观的，如“他是真实的”。另外一些学者则将其看做是状态类或者特征类（Wood 等人，2008；Lenton 等人，2013）。特别是组织学者从个人中心观点出发，将真实性看作一种道德或者性格优点的集合，而其他的学者则认为应该从心理状态方面寻求解释。与此不同的是，近年来，一些学者全面系统开始考察真实性，这包括个人中心和关系中心。从个人中心出发的观点，将真实性看作成为真实的自我或者对自己是真实的，而缺乏对其他人的考虑。关系真实性意味着与传统真实性含义不同，建构的基础是关系，而不是个性特征或者状态；意味着交往的双方互相承诺、关系透明地理解和欣赏彼此的优势、劣势和独一无二的社会地位（Eagly，2005；Gardner 等人，2005）。

Branson（2007）建构真实型领导理论是从自我观点出发，提出一个系统的自我理论框架（如图 10－1 所示），他认为人的行为受到自我不同成分的影响，从自我概念到信仰，都会不同层次地影响领导的外在行为。人们可能没有自我感念的知识，但一定有相当多的有关行为的知识。内在成分是外在成分的前提，但内在成分也依赖于外在成分的有机互动和反馈。每一种成分的不同，创造了独一无二的真正的自我。

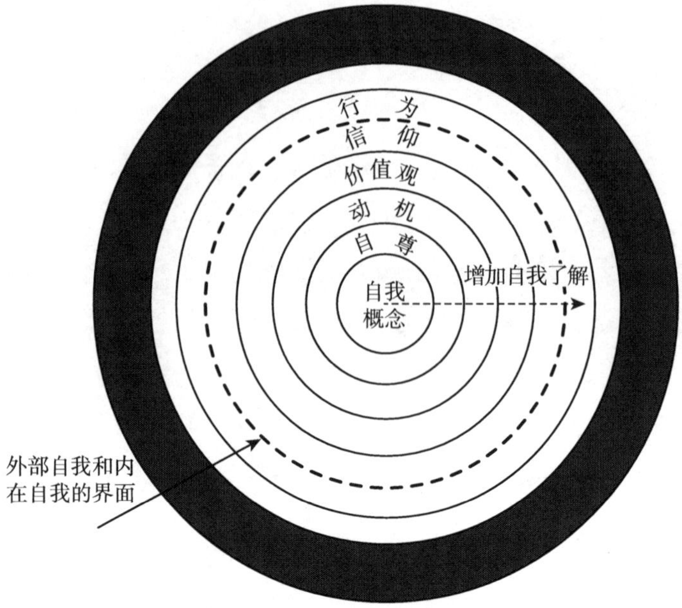

图 10－1　自我结构

与 Branson（2007）仅仅关注自我的内在成分不同，Leroy 和 Sels 从哲学、心理学及奠基理论三个方面对组织中的员工的真实性进行探讨，他们认为真实性意味着在“真实自我”和“真实他人”。真实自我仅仅从自我的角度出发，以自我为中心，将自己致力于一个孤独的、隔绝的空间。事实上，个体是生活在一个特定环境中的，特别是组织中的员工，不仅受组织文化、领导风格、创始者理念、同事甚至市场压力和家庭冲突的影响。因此，真实型领导需要在其他人感知的也是真实的。真实的自我意味着：感觉、知道和行为三个方面都真实的一个过程。

正如 Avolio 等人（2004）定义真实型领导一样：真实型领导者是指那些对自己的思想（包括信念、价值观和道德观等）、行为以及所处的工作情境具有深刻的意识，深深地知道自己是怎么思考和行为，能被其他人感觉到自己和他人的价值观（道德）、知识和优势；自信、乐观、充满希望、富有韧性，具有高尚的品德并且是未来导向的（future－oriented）人。这意味着，真实型领导不仅需要通过增加自我了解，还需要被他人真正了解，来通过行为增加真实性。这个概念主要强调的是对自己和他人的了解，涉及 Walumbwa 等人（2008）所倡导的平衡加工信息及真实行为。

Sedikes 和 Strube（1997）认为，有 4 种基本的动机对自我进行评估：自我提升（积极思考）、自我评估（个人一致性）、自我证实（关系一致性，其他人评估）和自我促进（改善自我）。同样，四种基本的自我动机涉及信息和行动，当然也包括了关系（自我证实）。进一步，Leroy 和 Sels 认为，真实既不是完全的自我中心，也不是完全的关系中心。

真实性的功能可以最好地概括为：平衡加工的过程，感觉（铭记）、了解（意识）和行动（透明）。我们用我们的感觉告诉我们需要了解什么，以及利用了解去保持行为一致，如图 10－2 所示。真实性不应该被看作是一种气质特征，而应该作为一种状态去评估个体努力融入他们变化的环境的程度。真实的自我在于自我、他人和环境的互动，以期达成理想自我。当我们在问“我是谁”时，代表的不是“个体原子”的自我，而是相互关联的自我。因而，自我是多重的，换句话说，是社会性自我。在塑造自身的真实时，不是向内探查以找寻自我，而是向外探查他人和协同活动，以达成外部自我和内在自我的一致性（伊恩·伯基特，2012）。Sedikes 等人（2013）认为，真正的自我包括：个体自我（Individual Self）、关系自我（Relational Self）和集体自我（Collective Self）。个体自我反映了一个人的客观独特性，诸如特征和行为、爱好和兴趣、抱负和目标。这些都显著区别于其他人，和双边关系和团队关系无关。关系自我反映对子关系或者依附关系（如朋友关系）。这代表和其他人，特别是亲密关系的共享信息

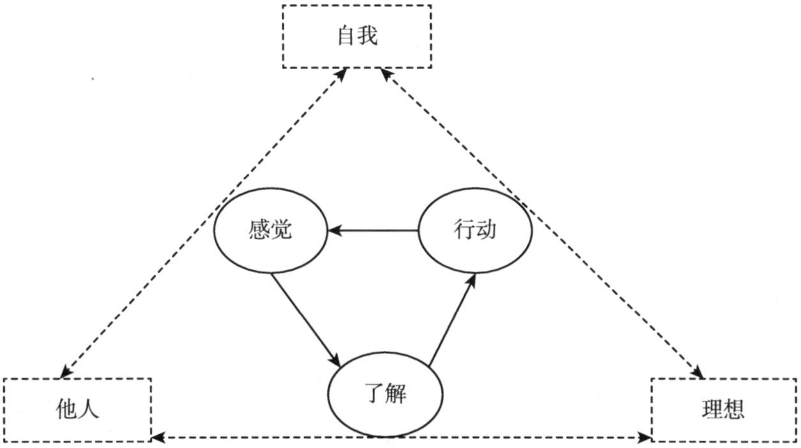

图 10－2　真实的功能

和自我知识。这区别于其他人的关系。集体自我（社会性自我）不仅仅着眼于自身或者双边关系，而是强调镶嵌入一定的社会关系和社会网络中，这区别于内群体和外群体的关系。在这种意义上，真实可能是一种波动的状态而不是一种个体特征（Roberts 等人，2009）。

综上所述，理解真实型领导必须首先了解真实的含义。总结真实的含义可以看出，它包含以下特征：

（1）真实型领导的概念必须从认知、情感、态度、行为和特征以及具体环境多个方面去了解，也即是说，真实领导的成分必须包含特征（trait）和状态（state）两个方面。特征涉及一个人认知、情感和行动倾向的集合，而状态则是在某种情景下一个人认知、情感和行动的实际集合。特征指涉个性，状态指涉现象的经历。早期很多测量主要集中在真实型领导的特征和个性方面，Henderson（1982，1996）认为，真实型领导包含三个方面：展示显著的自我角色、非操控性和责任心。显著的自我角色意味着领导者不受传统角色的限制而展现出真诚性。而非真实型领导则会遵守工作说明书的要求，不会从事说明书以外的活动，不会超越说明书做出决策，这种个性是满足办公的需要，而不是出自自己的真心或者内在满意。对下属的非操控性意味着真实型领导不奉行马基雅维利主义。马基雅维利被人称之为“黑暗人格”或“社会厌恶型人格”。马基雅维利被视作不道德行为、欺诈行为、隐蔽情绪和过度不道德的代名词。马基雅维利行为具有侵略性、剥削性、操控性和迂回性特征，通常用不信任他人、超道德操控、控制欲和地位欲进行度量。第三个方面是责任心，这也被认为是大五人格的一种，描述了领导者敢于承担责任和承认错误。而不真实领导者则不敢承担责任，犯错误时互相扯皮、推诿。近期也有学者测量真实的个性，Wood 等人（2008）从自我疏离、接受外部影响和真实生活三个方面检验真实的个性。而 Lenton（2013）比较研究发现，特征类真实比状态类真实性更为显著。

真实型领导不能仅仅从特征或者行为方面去理解，他是在高度发展情景中产生的。这种情景可能是包容的、伦理的、透明的和支持性的。组织行为的结构理论强调，理想的环境将提供领导者和下属开放性地获得信息、资源、支持和大量学习和发展的机会，使他们完成他们的工作。领导者必须维持持续学习和增长的组织气氛，特别是透明性起到相当大的作用。真实型领导的测量不仅要关注认知（自我意识）、情感、特征和行为（真实行为），还要重视关系（关系透明）和集体（平衡加工）。

（2）真实型领导是一个多层次的构念。真实型领导不仅要向内探寻，还要向外延伸。这涉及个体自我、关系自我和集体自我。真实型领导受个体生活经历和引致事件的影响，不可能仅仅封闭自己的灵魂而成为一个伟大的领导。一流的个性可以造就伟大，但必须辅佐以一流的环境。多面自我表明，个体的自我不仅受到内部自我概念、自尊、动机和价值观的影响，他们受制于外部环境。在真空中生活的领导不可能成为卓越的领导。真实型领导历经性格形成、与世界碰撞、开始领导、领导巅峰、智慧与反馈等阶段。无论是何种领导，他们必须是社会的，而不是自己的。他们必须面临压力，也会遭逢诱惑。真实包含对待自己的真实、在交往关系中的真实以及作为组织成员的真实。

（二）真实型领导构念维度及测量

纵观国内外真实型领导理论，许多研究者根据各自视角和标准进行了划分与测量，有二维度的、三维度的、四维度的和五维度的。

二维度量表对真实型领导主要从高阶量表进行测量，如自我调节和自我意识。但现有研究中对自我意识的测量非常缺乏。唯一例外是 Tuttle（2009）从自我意识和自我调节两个方面进行测试（包含 5 个方面：自我意识、平衡加工、真实行为、道德观点和关系透明）。Lopez 和 Rice（2006）则单独从关系方面进行测量，包含：不可接受的欺骗性（unacceptability of deception）和亲密的冒险性（intimate risk taking）两个维度。因此研究者在将它们与真实型领导结合起来进行研究之前，有必要首先开发出测量这些成分的有效方法。

三维度的真实型领导则包含广泛，主要有：Henderson（1982、1996）从展示显著的自我角色、非操控性和责任心的个性量表；Wood（2007）从透明性、利他性和行为一致性三个方面测量的混合量表；Wood 等人（2008）从自我疏离、接受外部影响和真实生活个性方面设计量表。

四维度的量表则有 Walumbwa 等人（2008）编制的 16 题目量表：关系透明、内化道德、平衡加工和自我意识；Neide 和 Schriesheim（2011）基于上述模型进行修正的 14 题目量表：关系透明、到的观点、平衡加工和自我意识。事实上，Kernis 早在 2003 年就提出了四维度真实性概念，并列举了 12 个题目。其后，Kernis 和 Goldman（2006）进行了验证，测试个体真实性包含：自我意识、无偏见加工、真实行为和关系定向。中国的研究者王勇和陈万明（2012）则建构了 4 个不同层次的维度结构：员工导向真实、关系导向真实、价值导向真实和工作导向真实。

五维度真实型领导量表主要有：Gerber（2006）从自我、行为、个性、关系和他人等方面开发的量表：了解真实自我（knowing your authentic self）、诚实领导（leading with integrity）、沟通做作（communicating with Pretense）、他人取向（having an other orientation）和发展他人（developing others）。我国的谢衡晓（2007）在对以上文献研究基础上，通过访谈和问卷调查开发了五因素模型：下属导向、循规蹈矩、领导特质、诚实不欺、正直无私。研究者认为不同国家的员工，因国情、制度、文化不同，既有共性成分，也有差异成分。但从研究趋势来看，逐步从传统的二维结构向多维结构发展。但无论怎样划分，可以看出，Walumbwa 等人（2008）提出的四维度真实型领导模型得到了学术界的广泛支持和认同。本书研究在总结以上各个维度基础上，通过调查问卷及验证性因子发现，四维度组织承诺具有较高的信度和效度，这与 Walumbwa 等人多年研究结果是一致的。Walumbwa 等人（2008）四维度构念模型，对构念的确认、构念维度的推理和论证，不仅有深厚的理论基础，而且有深厚的实践的积累。量表从认知、情感、行为、信息和关系等多重构面进行建构，而且研究样本包含了中国和美国样本。我们的多次研究也检验了该量表在中国情景具有很高的效度（构念效度和区分效度）和信度（内部一致性和组成信度）。

（三）真实型领导作用机制

真实型领导作用机制可见图 10－3。

真实型领导作用机制的研究主要表现在其决定机制、效应机制和干预机制（中介机制和调节机制）。决定真实型领导①的因素有很多，主要有个体特征、工作特征、组织特征和社会文化特征。真实型领导的效应主要体现在个体、团队、组织的绩效和行为方面，如工作绩效、组织公民行为、创造力等。图 10－3 总结了真实型领导的作用机制。

通过总结以往的领导力和真实型领导研究，形成了图 10－3 有关真实型领导决定机制模型。研究已经发现，个体特征特别是大五人格对领导行为产生影响。如 Walumbwa 和 Schaubroeck（2009）发现，领导责任心和宜人性对伦理型领导有正向影响，而神经质对伦理型领导有负向影响。一些其他的研究发现，开放性正向影响真实型领导行为（Walumbwa 等人，2012）。另外一些研究也发现，控制点也会对领导行为产生影响。Rotter（1966）认为，当某种强化在个体看来

① 这里的真实型领导指各个层次的领导者，不单指高层领导或者首席执行官（CEO）。

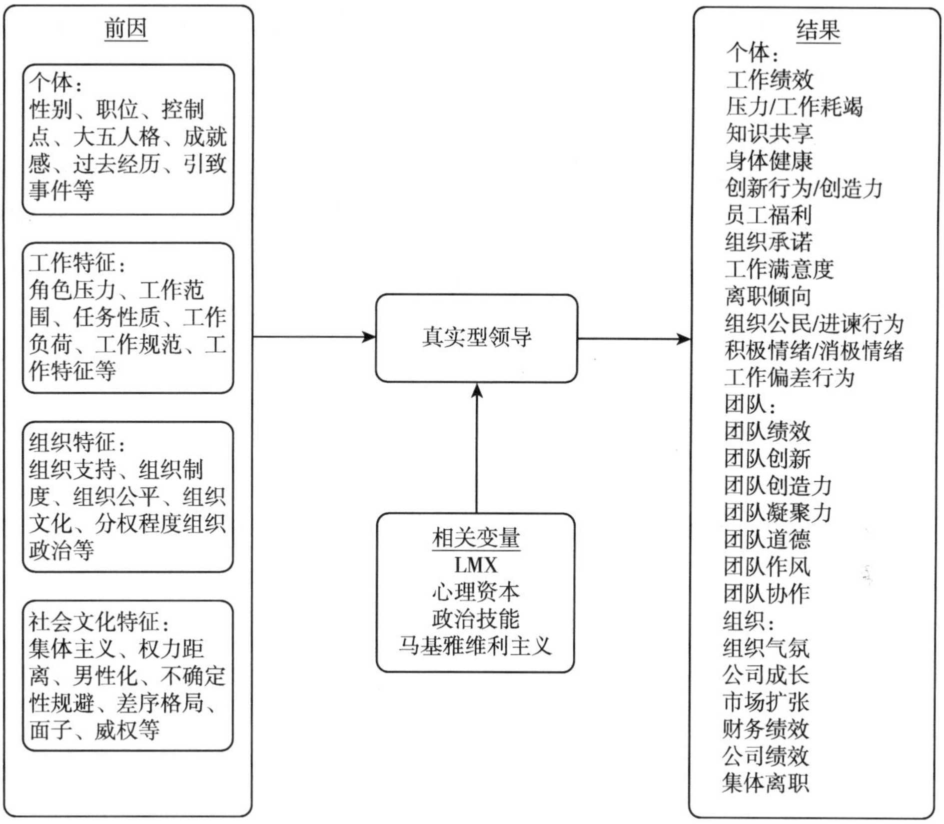

图 10－3　真实型领导作用机制

资料来源：根据相关学者研究成果综合而成。

是由于自己的部分行为而非全部行为决定时，那么我们的文化将被造化、机遇、命运、权威人士所赋予的结果或者不可预知的氛围所形塑。相反，个体可能认为个人的努力对事件形成的结果是主动的、积极的，命运、机遇、造化和威权都是可以改变的。人不仅是环境的产物，也是环境的创造者，甚至是控制者。员工并不总是被动地接受环境对其行为的限制，他们总是试图改变环境（包括物理环境、社会环境和心理环境），采取一系列主动行为来了解环境、获取信息，提高自己对组织和工作的适应能力和控制能力，以适合自己的生存和发展（Schneider 等人，1987，1995）。同样，具有内控和外控的领导者所呈现的真实性是不一样的。最近研究者也开始讨论情绪智力和领导之间的关系，如对变革型领导的影响，这也为未来研究提供启示，是否情绪智力会影响真实型领导。

工作相关特征也会对真实型领导产生影响。Hackman 和 Oldham（1976）提出了工作特征（Job Characteristics Model，JCM）。模型探讨了不同的职位特征对员工产生激励的状况：（1）技能多样性；（2）工作完整性；（3）工作重要性；（4）工作反馈性；（5）工作自主性（Autonomy）。JCM 提供了一种框架，通过它可以得到工作特征对个体影响的一些结果，例如满意度和留职意愿，也为工作设计提供了坚实的理论基础。技能多样性、工作完整性和工作重要性提供了领导者工作意义，工作自主性使领导者对工作结果承担责任，工作自主性则使领导者了解工作实际情况，采取真实行为。此外，角色压力也会影响到领导采取的行为。在组织行为学中，角色是人们对某一特定位置上被期望该有的行为的表现。按其本意是指演员在特定的文化背景下，基于自我图式在戏剧舞台上按照剧本规定所扮演的某一种特定人物的专门术语（Goffman，1959）。由于人们在工作中常常面临多重角色，如工作角色（job）、职业角色（career）、创新角色（innovator）、团队角色（team）和组织角色（organization）。当员工面临分歧的角色期望时，就会产生角色冲突或者角色压力（Kahn 等人，1978）。人们的角色受系统要求、自我概念、角色图式影响。因为个体生活在一定的系统中，如组织文化、组织气氛，必定受到相应的制度、文化、规范和价值观的约束。这种约束显性地表现为薪酬激励和惩罚。员工因此为了最大化报酬或者回报，往往遵守系统规则。组织中员工的角色也受组织期望的影响。当员工个人价值观、目标、期望与组织价值观、目标和期望相一致时，组织和员工达到双赢。系统要求的角色仅仅是角色内的行为，而非系统要求的行为，如组织公民行为是角色外行为。角色期望的明确性对于领导者如何行动及其决策产生很大的影响。当领导者处于一种模糊的角色之中是，他们可能不知道什么才是真实的，或者真实无法得以实现。

前面讨论过，组织特征也会影响真实型领导行为。例如，组织政治会影响领导行为。早在 20 世纪 80 年代 Pfeffer（1981）就赞成从政治的视角看待组织，现在越来越多的实践者与理论研究者开始赞同组织是一个内在的政治竞技场。Mayes（1977）认为组织政治行为是员工为达到不许可目标或用不许可手段达到许可目标的影响管理，结果可能导致组织机能障碍；Ferris 则认为，组织政治是共享意义的管理，其核心是引导其他人对事件的评估和解释，以便产生自己所希望的、有利的结果。而马超、凌文栓所定的组织政治行为是指在潜在动机支配下，为获得和保护个人及相关团体的利益，而对他人或团体施加的影响。在组织政治浓厚的氛围下，权术和马基雅维利主义盛行，这使真实性得以产生的土壤遭受污染，人们不敢也不想采取真实型领导风格和行为。

集体主义、权力距离和面子等文化特征也会影响中国文化情景下的真实型领导行为。许多研究支持集体主义对领导行为的影响（吴隆增、刘军、许浚，2010；王震、孙健敏、张瑞娟，2012）。传统集体主义文化强调“修身、齐家、治国、平天下”，从家庭集体延续到国家层面。杨中芳（1994）认为，不同于个体主义倾向，集体主义在社会层面表现为一套文化理念、一套价值体系，其核心是一种对个人—社会关系的设想，集体主义文化是强调和谐的文化。其核心要素是群体身份认同，强调的是群体内部和谐一致的人际关系。反射到工作场所中，领导必须注意员工和下属的权利，个人的成就往往与集体荣誉和成就息息相关（吴隆增、刘军、许浚，2010）。跨文化研究也发现集体主义价值取向影响领导行为（Tavakoli 和 Tavakoli，2010）。在集体主义文化情境下，人们不断倾向于要面子，而且更愿意给面子（施卓敏、范丽洁、叶锦锋，2012）。从中可以推断，对于领导者而言，和谐而不是真实也就是“给面子”，即使与现有规则发生冲突，但仍然有利于建立起一种长远的、积极的交换关系。从这一点上看，集体主义文化由于社会压力所致，会对领导行为决策产生重要影响。我们预想，在集体主义文化下，领导可能更倾向于保留自己的真实性。

面子也会领导真实性的产生。鲁迅认为，“面子就是中国人的精神纲领”。林语堂在其成名作《吾国吾民》一书中也说，统治中国的三女神是“面子、命运和人情”，而三女神中，面子又比命运、人情更重要（宝贡敏、赵卓嘉，2009）。面子既是一种心理建构也是一种社会建构，既具有情境性也具有持久性，指的是个人所声称的而且为他人所认可的社会尊严或公众形象（翟学伟，2006）。在讲究人际和谐的中国社会里，有“扬善于公堂，规过于私室”的原则取向。面子感知是个人因某种社会性回馈而觉察到的自我影像（施卓敏、范丽洁、叶锦锋，2012）。这种认知包含正性、负性两个方面，正性面子对应于我们通常所说的有面子或挣面子；负性面子意味着没面子与丢面子。礼貌理论的基本观点认为：特定的语言行为，诸如请求、供认、道歉、承诺、批评、建议和申辩等，都会对互动双方的面子或面子需求构成威胁。真实意味着在特定情境下真实的表征和自证行为（Peterson，2005），这会威胁到其他人的面子。根据上述定义，真实型领导者在关注自我真实的同时，也关注其他人取向。在维护面子和和谐统一的情境下，真实可能会消失得无影无踪。因为面子是现象之根，名实之源，而真实取向于价值观和行为的一致性。

本书主要对真实型领导的效应机制和干预机制进行了研究，而没有考虑真实型领导的决定机制，即真实型领导对下属态度、行为（创新）和工作绩效的影响。研究结果也证实，真实型领导对员工工作绩效、创新行为和有显著影响。干预机制研究发现：（1）心理授权和心理资本在真实型领导与员工之间有中介作用；（2）心理资本在真实型领导和创新行为之间有中介作用；（3）自我效能感在真实型领导与员工创造力之间有中介作用。交互效应研究发现：（1）圈内人感知调节真实型领导与心理授权之间的关系；（2）政治技能调节真实型领导和心理资本之间的关系；（3）LMX调节真实型领导与心理资本之间的关系，但不调节真实型领导与自我效能之间的关系。进一步数据分析发现，LMX也不调节真实型领导与任务绩效和关系绩效之间的关系。综述性的研究也发现，真实型领导对以下因素产生影响：（1）个体，例如下属工作压力、工作绩效、创新、创造力、工作满意度、离职倾向、组织公民行为、进谏行为、工作偏差行为、积极情感；（2）团队创新、团队创造力、团队绩效、团队作风、团队道德、团队协作和团队凝聚力；（3）组织绩效、公司成长、财务绩效、市场扩张和销售增长等（Gardner等人，2011）

总之，本书研究为继续从事真实型领导研究提供了相应的框架，也为后续研究提供了相应启示。

第二节　研究贡献及局限

一、理论贡献

（一）开拓了真实型领导的跨文化研究

House等人（1997）认为，领导文献是基于有限的假定和西方发达文化的，几乎98%的实证领导研究是表现美国人特征：个人主义而不是集体主义。在美国文化中成功的领导，在中国不一定成功。同样，Tsui（2006）认为，本土化研究是与情景化联系在一起的，构建基于本土情景化研究，可以通过：（1）现象情景化：即由外而内到由内而外；（2）理论情景化：从应用到创造；（3）测量情景化：从翻译到本土化；（4）方法学情景化：从磨快原有工具到创造新的工具。

和西方基于个人主义和自我概念建构起来的真实型领导理论不同，中国是一个以关系特征和儒家文化为主导，差序氛围浓重的集体主义国家（樊景立，1995）。因此，与西方测量出来的真实型领导内容和结构维度可能有所不同。譬如，陈丽君和王重鸣（2002）认为，中国社会实践重真轻实，而西方社会实践则重实轻真。中国人的生活方式是情境中心（situation - centered）的和集体主义的，使其区别于西方个人中心（individual - centered）下建构起来的真实型领导内容和结构，它的特征是有一个将近亲永久地连结在家庭和宗族之中的纽带。由此，个人在一生的经历中，因情境不同而有不同的原则，但每一场合的原则都值得崇尚。因而，中国人的情感或者关系往往更加含蓄，这引致他们更渴求关系或者情感的真实性。西方人的生活方式是个人中心的，它的特征是近亲之间的纽带是暂时的。个人对待环境和生活的基本取向是自力更生（self - reliance）。子女选择摆脱对父母的依赖而自立，此后的同伴关系也不是持久的，因而，喜怒哀乐容易表露，集中在个人身上。而中国人则以家国为寄托，社会心理上倾向于相互依赖（集体主义）（许烺光，1963）。中西方文化的较大差异性，使我们相信西方的研究结论不可能在中国情景下完全复制。譬如西方真实型领导研究更多强调个体自我，而中国集体主义文化主张关系自我或者社会自我。以关系为特征和儒家文化为主导的中国文化更强调等级差异、人情面子及和谐统一，真实行为通常被视为大逆不道或者唱对台戏，破坏和谐（翟学伟，2006）。而在西方，这通常被认为是一种正常事情。另一方面，中国是一个高权力距离的国家，领导者常常表现出威权领导，强调领导的权威性与顺从性，仅仅强调个人真实性，可能不符合中国“上尊下卑”和高权力距离背景（廖建桥、赵君、张永军，2010）。此外，中国人在现代性与传统性上、与西方人表现出极大差异（杨国枢，1989），这可能表明中国文化中传统价值观也会使真实型领导的构思、维度和表现方式不同于西方。尽管 Walumbwa 等人（2008）开发的问卷在中国情境下得到过验证，但以个体自我为中心建立的西方真实型领导内容和以关系自我建立的中国真实型领导结构维度可能具有显著差异。尽管这种差异在本书中没有体现，未来的研究可以继续寻求这种国别的不同。最后，移植型研究可能水土不服，如果我们研究问题 A、面临情景 B、得出结果 C、讨论差异 D，则对华人及其组织研究贡献极其有限（郑伯勋，2006）。因此，在中国文化情景下对真实型领导进行探索性研究不仅是必要的，也是非常有意义的。

（二）体现对心理授权文献的贡献

在既有心理授权研究中，研究者们主要探讨心理授权与变革型领导之间的关系，很少有文献研究心理授权与真实型领导二者之间的关系。我们的研究揭示出心理授权在真实型领导与组织承诺之间的中介作用。但不可否认的是，心理授权也受到圈内人感知的影响。这意味着，尽管员工感知到真实型领导可能是道德的、关系透明的，并能正确认识自己，毫无偏见地接受各种信息，但仅当他们感知到自己是圈内人时，心理授权才是真实的。这可能因为，授权的感知会因关系远近而不同。关系亲近的资源分配多，这增加了授权的感知；关系疏远的资源分配少，这削弱了授权感知。当员工感知自己成为圈内人时，资源是向自己倾斜的，这增加了他们心理授权（自信、工作意义、自由和影响力）的感觉。即他们更加自信，对工作更加感知到有意义，并相信圈内人比圈外人拥有更多自由和影响力。

（三）有助于心理资本研究的再发现

心理资本被看作个体内在资源的不竭动力。心理资本的开发和培育意味着将使个体获得比投入人力资本和社会资本更高的收益。研究发现，真实型领导促进下属心理资本（$\beta = 0.80$，$p < 0.01$；$\beta = 0.75$，$p < 0.01$）的提高，并最终影响下属的组织承诺和创新行为。另外两项研究分别发现，真实型领导对自我效能感（$\beta = 0.56$，$p < 0.01$；$\beta = 0.56$，$p < 0.01$）产生显著影响，并分别影响下属创造力、任务绩效和关系绩效。而自我效能感被认为是心理资本的组成成分之一。本书的研究发现，可以为后续研究者提供借鉴，即真实型领导可以显著影响员工心理资本。早期有关心理资本研究主要关注心理资本构念维度，考虑如何将更多的因素纳入心理资本内容之中。Luthans 等人（2007）开发了心理资本问卷，他们认为心理资本分为自信（或自我效能感）、希望、乐观和韧性四个构成要素。其后，在他们的专著中，陆续讨论很多变量，如领导真实性也被作为心理资本潜在开发的内容。本书研究发现，真实型领导和心理资本存在区分性。这说明，领导真实性不能纳入心理资本组成成分，而是心理资本的影响因素。

（四）开启政治技能—真实型领导关系实证研究先河

Ferris 等人（2007）和 Mintzberg（1985）用三个核心要素区分具有政治技能的领导者。第一，具有政治技能的领导者易于领会人际交往中的一些暗示性行为，并能精确地对他人的行为动机进行归因；第二，具有政治技能的领导者能付出相对少的努力去影响和控制他人与环境；第三，具有政治技能的领导者能更有效地建立人际网络来增加自己占有的社会资源，以提升他们在组织中的地位并为下属提供稀缺资源。具有政治技能的领导者能够在不同的社会情境下明确知道做什么和不做什么，以及利用真诚方式如何去做，以激发下属的信任和信心，使他们相信组织是为他们谋福利的。由于很多研究者错误认为政治技能是一种破坏行为或者等同于阴谋诡计，因此可能认为政治技能的调节作用是负向的或者削弱真实型领导对下属积极行为或者情感的影响。本书研究发现，政治技能促进真实型领导对下属心理资本的影响。这不仅具有与主观现象相反的结果，而且开启了政治技能与真实型领导关系研究的先河。政治技能并不仅仅带来黑暗行为，在特定的组织情境下，它是一种政治资源，或者正如班杜拉所说，是一种政治效能感（Political Efficacy）。当运用政治资源的时候，领导者可以促进下属心理资源，这为资源保护理论研究提供了启示。

（五）拓展上下级关系研究的新方向

边燕杰（2011）认为，关系主义是相对于个人主义和集体主义而言的。个人主义的本质特征是利益本位，个人导向，是理性人取得最大收益边际利益的表征。集体主义本质特征是价值本位，集体导向，是感性人维护和谐与平衡的表征。关系主义则与此不同，是伦理本位、关系导向，是活性人维持关系的诉求[①]。西方有关真实型领导研究多数是基于自我理论（或者说理性人理论）进行阐述，所得出的结果自然围绕个人主义。与此不同的是，尽管身处美国，但Walumbwa却来自于非洲。因此，他所体验的领导者经历与美国人有很大不同。正是在此基础上，他开发的有关真实型领导问卷也有别于西方其他学者问卷。问卷着重强调了关系透明这一维度。另外一个维度平衡加工信息也不同于Kernis（2003、2006）的无偏见加工信息。平衡意味着集体，而不是对个人的偏见。正因如此，真实型领导量表在中国文化下的检验体现了包含关系主义的中国文化特征的适应性。

另一方面，三项研究发现领导成员关系研究结果是混合的。第五章的研究发现，圈内人感知调节真实型领导对心理授权的影响，并随后增进下属组织承诺。第八章的研究也发现，LMX调节真实型领导对心理资本的影响，而第九

① 参见屠兴勇、杨百寅：“知识整体论及其在管理领域中的应用”，《清华大学学报（哲学社会科学版）》，2011年第6期，第125—135页。以及杨百寅、韩翼：《战略人力资源管理》，清华大学出版社2012年版，有关三元知识整体理论的论述。该理论将知识三分为理性、感性和活性。由此，我们演绎为三种人：理性人、感性人和活性人。

章的研究却发现，LMX 并不调节真实型领导对自我效能感的影响。混合型研究结果使我们相信，领导成员关系对真实型领导与其作用结果变量之间的促进作用并不如现有研究所得出的结论那么明朗（Wherry，2012）。由此推测，LMX 也可能直接作用于真实型领导所影响的变量，或者作为二者间的中间变量。

（六）对工作绩效理论的重要贡献

许多研究认为，真实型领导能够更好地预测员工的创造力、创新行为（Rego 等人，2012）或者任务绩效（Wood，2007；Leroy 等人，2012）和关系绩效（Walumbwa 等人，2008；Tuttle，2009；Valsania 等人，2012）。真实型领导也会通过对自我效能和心理资本的影响，对创新行为、创造力（Rego 等人，2012）、任务绩效（Tuttle，2009；Peterson 等人，2012）和关系绩效（Tuttle，2009）产生影响。因为真实型领导本身具有的特征因这种动力机制得以产生：（1）真实型领导的本身是高心理资本的；（2）真实型领导本身是具有创造性的；（3）真实型领导是具有完全功能的人。研究发现，当员工感受到强烈领导关怀和支持时，他们能够更有效、更专心地处理不确定性的工作，因而产生更高的创造力（Kahn，1998）。与此相关，Ilies 等人（2005）认为，真实型领导经历更多的沉浸体验（flow）和内在激励，从而濡染下属，激发更多的创造力。真实型领导促进领导和员工真实、透明的关系，从而激发部属产生更多的信任，并导致部属产生更多的真实性和创造性。真实的部属经历更多自由，不受外部压力和规范的限制，对待生活和工作更具创造力。这种创造力受到真实的内在经历的点燃，并有强烈适应改变环境的意愿（Kernis，2003）。

另一方面，社会学习理论暗示，个体学习行为来自于对过去行为的学习和模仿（Bandura，1997）。真实型领导鼓励不同观点并与追随者建立协作性关系（关系透明），从而赢得追随者的尊敬和信任（Uzzi 和 Spiro，2005；Skilton 和 Dooley，2010）。这往往会通过大多数成员的传递，最终形成变革气氛，促进员工创造力产生。真实型领导也通过积极的示范和角色模式，刺激个体获取新的行为反应，促进创造性思维产生（Ilies 等人，2005）。他们通过强化自我意识和自我调节，促进员工持续的自我开发，进而产生真正的、持续的绩效。真实型领导促进下属积极情感的产生，并支持下属自我决定，并最终提高员工的绩效（Luthans、Youssef 和 Avolio，2007）。关系透明的领导，往往和员工共享信息，开放地接受和反馈信息，准许下属理解和权衡创新对组织有多重要，并不因为害怕而不去试验新的创意。透明性的领导也有促进组织气氛的透明，从而让员工明确知道什么是有报酬的，什么是被鼓励的，并且不必担心“幼稚的创意”是否被同事嘲笑，从而有效促进员工创新行为产生（Vogelgesang 和 Lester，2009）。自我意识很强的领导会鼓励员工自我表达，支持自主性、接受非正统的和打破常规的想法，为员工提供相似的、有启发性的作用，从而促进员工创造力产生。本书研究也显示，真实型领导通过不同的方式，促进员工创造力、创新行为、任务绩效和关系绩效的产生。

二、实践含义

（一）促进组织中领导真实性的产生

许多研究已经证实，领导力是影响工作场所员工创造力水平的一个最重要的情境因素。在当今变化日益剧烈和充满挑战的时代，企业应该主动去变革，改变过去的管理模式，发挥领导的才能。美国翰威特咨询公司 2003 年所做的调研结果表明，大多数的领导者是经过选拔、培训产生的。因此，对于注重创新的企业来说，挖掘和塑造一个优秀的领导者是这些企业发展的重要事项之一。然而许多企业只关心候选领导者的个人魅力、个人形象，忽视他们的人品。在组织中许多领导者拉帮结派，价值观和道德观缺失，自我意识不足，都会导致企业管理成本增加，员工对领导不信任，员工的离职率居高不下，工作积极性不足并缺乏创造力等现象产生。

本书研究结果表明领导的真实性能够点燃员工的创造力之火，关系透明、内化道德、平衡信息加工和自我意识的领导同样都会影响员工创造力。因此，组织必须促进真实型领导的产生，通过关系透明、内化道德、平衡信息加工和自我意识，建立领导的角色模式，感染下属，使下属产生更多的真实性行为，从而产生创造力。从实践角度来看，企业可以从以下三个方面来促进领导真实性行为的产生：

第一，提高领导的道德水平，树立正确的道德观。内化道德是真实性领导的一个核心维度，也是与其他领导方式的重要区别标准。内化道德的领导本身必须具备高标准的道德观，并且言语、行动与高标准的道德观一致。企业可以开展一系列的专题讨论会让领导者进行自我反省，在进行领导绩效考核时设立道德考评标准来约束领导的行为，通过设立“领导道德问题举报箱”来监督领导的行为。从而，在组织中塑造一种和谐的工作氛围，使员工更加积极主动的参与工作，促进员工创造力的产生。

第二，提高领导者的自我意识。自我意识是指一个人对自己的认知和评价，包括对自己心理特征以及自己与他人关系的认知。自我意识不强的领导通常没有创新精神，因为创新很大程度上来源于对自己和组织的反思，尤其是来源于对自己和组织的否定。因此，企业应塑造和鼓励自我意识强的领导，通过制定一套操作性强、科学规范的领导自我评价指标体系，让领导进行自我评价，重新认识自身、组织及其关系，支持下属打破常规的想法，让下属主动思考解决问题，并通过自己的榜样作用启发员工，从而促进员工创造力产生。

第三，建立优秀的沟通反馈机制。真实型领导的关系透明维度指的是上级与下级之间公开阐明自己的信念、价值观和态度。领导在组织中可以与下属进行开放性的沟通或者非正式的沟通（网络论坛、内部刊物、意见箱、员工建议制度、领导与上级定期交流制度、员工参与制度），互相阐明自己的态度和观点，使工作任务更有效传达，促进与下属建立一种密切的关系，下属通过感受上级的真实性而做出积极反馈，从而形成一种良性循环。

第四，采取有效开发真实型领导的措施。这涉及：（1）从过去的经历中学习；（2）通过情景模拟让领导者了解真实的自我，包括其优点和缺点；（3）践行内在价值观和原则，以达到言行一致；（4）平衡内在激励和外在激励，使领导者实行积极的道德观点；（5）建立支持性的团队；（6）整合生活和工作，达到工作和家庭平衡；（7）授权其他领导者，让其他领导者感知到工作意义、自主性、重要性和责任心；（8）创建高度发展的伦理气候，促进高度发展的组织情景产生；（9）展示积极的心理态势，即自信，乐观、开朗和韧性，促进下属真实性产生；（10）示范积极的角色模型；（11）构建透明的上下级关系，以使角色榜样风行企业；（12）寻找真实型导师并构建愿景和长远目标。

（二）积极强化员工的心理资本

随着社会经济的快速发展以及全球化竞争时代的到来，越来越多的管理者认识到员工心理资本是组织获取竞争优势的重要来源。本书研究结果也显示，心理资本在真实型领导和员工工作态度之间起着部分中介作用，员工心理资本的质量直接影响真实型领导者的领导效果，影响员工的工作态度，所以企业人力资源管理实践应该采取积极措施获取、开发和利用员工的心理资本，使组织获得竞争优势。

第一，招聘和选拔具有积极心理资本的员工。企业在招聘和选拔人才的时候，不应该只看重员工的人力资本和社会资本，也要积极考查员工的心理资本。聘用积极心理资本的员工可以节省人力资源管理成本。企业管理人员在招聘人员时可以采用测量员工心理资本的量表来选择自己需要的员工。

第二，在培训和考核体系中增添员工心理资本的相关内容。从理论研究可以看出，个体的积极心理资本是可以培育、开发和管理的。如果能够在积极心理资本的开发过程中，针对性地进行培训干预，就可以收到良好的作用。与传统培训相比，现代企业还应该注意培育员工积极体验、良好品质与乐观向上的心理。另外，把心理资本纳入绩效管理中，强调员工之间、团队之间的合作，个人绩效与团体绩效的协调。

第三，培养员工的抗压能力。现在很多员工都会感到很大的压力，据调查显示，全球500强企业中有75%的企业都聘有专门的心理咨询师，为企业员工排除心理困扰。所以，企业应该通过设立心理咨询室等方式帮助员工排解心理压力，改善情绪，增强员工的自信，使其乐观地对待工作和生活。

（三）塑造员工的自我效能感

本书研究发现自我效能感对员工创造力有积极的影响。因此，在实践中组织领导者可以通过培养员工的自我效能感来提高员工的创造力水平。首先，及时鼓励员工，权威者的评价是影响员工自我效能感的一个重要因素，因此，在员工经历失败和挫折时需要上级领导及时对下属的能力肯定，并赞赏其努力程度，才能够提高员工的自我效能感。其次，以往工作的成功经验能够提高员工的自我效能感，相反，失败的经历会降低自我效能期望。在工作中，领导者应该不断让下属体验成功，逼迫其向前看，直到成功为止，而不是让下属停留在“失败”上。让员工体验成功能够强化下属的自我效能感，从而使下属走向更大的“成功”。最后，树立成功的榜样，领导者可以在会议或者培训过程中向员工展示成功的员工案例，看到与自己相似的人通过坚持和努力取得成功，有助于增强员工信心和斗志，从而激励员工努力奋斗，认为自己也能够在类似的工作中取得成功，提高自我效能感。

（四）积极培养高质量的领导—成员关系

根据本书研究的分析结果得知，高质量的领导—成员关系对强化真实型领导与员工创新行为之间的关系。我国是一个非常重视人际关系的国家，在处理问题时很容易根据自己与对方的关系远近决定处理的方式，这在许多有关社会正义的研究中得到证明（Leung 和 Bond，1984；Zhang 和 Yang，1998）。在这样的文化氛围下，企业内部更应该注意高质量 LMX 的培养，以免影响员工的组织公平感，降低员工满意度和，影响下属创新行为。

高质量的领导—成员交换关系可以通过针对性的训练获得，LMX 训练特别有助于将“圈外”成员转变为“圈内”成员。LMX 形成过程中，组织领导者和员工需要共同努力，时刻牢记高质量的 LMX 的重要性，积极地对“工作期望”“工作责任”等相关内容进行良好的沟通。另外，企业可以通过完善的薪资制度、合理的绩效考核制度、良好的协同沟通渠道、广泛的信息共享等措施来减小低质量 LMX 的不良影响。

（五）正确运用领导政治技能

领导政治技能是在工作中有效地理解下属，并利用基于理解而获得的知识去影响下属，使他们以一种可以提高个人或组织目标的方式行动的能力。从理论研究和本书实证研究的结论我们都可以看出，领导政治技能在组织发展中有着重要的作用，他对于干预真实型领导和心理资本之间的关系，因此，领导者和管理者正确运用政治技能显得尤为重要。Ferris 和 Perrewe（2000）指出，虽然政治技能在一定程度上是一个人身上所固有的，但也是可以开发和塑造的。政治技能的开发分三步进行：第一步，对自身进行理解和评估。也就是了解在组织内部组织中的其他人是如何知觉自己的。往往政治技能低的个体他们是不会意识到自己的行为是无礼的、不老练的或是被人认为是粗鲁的，因此对自身的理解和评估是培育和发展政治技能的第一步。第二步，通过指定的学习方法对政治技能进行塑造和开发。通过对自身进行评估和理解后，针对自身存在的问题，建立科学的学习方法，通过在学习中不断更正以前的某些政治技能低的行为，从而不断发展和塑造自身的政治技能。第三步，通过指定方法的学习后，对个体的政治技能方面的进步做出评估。他人评估方面，可以了解自己的上级、同事、客户甚至是自己的配偶对自己政治技能方面的进步进行反馈。在反馈的基础上，个体可以对目前的学习方法进行调整或者进行新的学习。Ferris 等（2000）指出，政治技能学习的四种方法：分别是实践练习（Experiential Exercises）、替代学习（Vicarious Learning）、沟通技能训练（Communication Skills Training）以及戏剧法（Dramaturgy）。

随着外部环境竞争的日益激烈和内部管理水平发展的需要，一个组织中的领导者和管理者的作用日益重要，他们政治技能的高低往往影响着组织内部员工对组织的看法和感情依赖程度。领导政治技能高的组织不仅可以使员工感知到来自领导和组织的支持，而且可以激发他们的工作热情，从而把自己当成组织的一部分，增加对组织的承诺，从而有效地减少员工流失，增加组织的工作绩效。因此，企业在发展过程中应该积极开展重要领导政治技能的培育和塑造，不断提升组织领导者的政治技能，从而促进组织才持续和长远发展。

当政治技能或多或少存在于一个工作场所中时，组织与其采取消极或压制的态度，不如将其视为组织获取必要的、持续的甚至意义深远的稀缺资源。通过政治技能，领导者不仅仅唤起员工组织斗争的渴望。实际上，或者正如本书研究结论，更多地是带给可靠性的和心理资本的增加感觉。因为具有政治资源的领导所暴露的自信、希望、韧性和乐观的性格会感染他们的下属，使他们成为一个同类的追随者。当依附于一个没有政治技能的领导时，意味着依附于一个概率很大的没有前途的领导。授权可能成为一种无可奈何或者无能的表现，而不是一种自信、希望、开明和包容的表现，或者组织忠诚成为空中楼阁，忠诚越多也就意味着可能失去越多。而当依附于一个具有政治技能的领导时，员工相信他们的领导能够通过高超的政治技能获得超常的稀缺资源，从而为他们的工作效能和职业发展提供支持，因而表现得更加忠诚。

（六）培养具有创造性的员工

为了促使员工创造力产生，领导除了从员工的内在心理因素（自我效能感）激励，还可以从人力资源管理实践的角度来促进员工创造力水平。

第一，营造积极的组织文化氛围。组织文化是组织的信念、价值观、行为准则和企业精神等有机的统一，它能够潜移默化地影响员工的价值观和行为。优秀的组织文化能够形成一种凝聚力，这种凝聚力是企业创新的第一要素，它能够使员工产生强大的组织认同感和归属感，以满足员工自我实现的需要，从而激发出员工的积极性和创造性。在优秀的组织文化中成长的员工具有较高的工作热情和主动性，为了组织的共同愿景而付出自己的努力。因此，企业领导者在管理过程中应该建立一种积极的、倡导创新、变革的、伦理的和包容性的组织文化氛围，促使员工发挥员工创造力。

第二，招聘具有创造潜能的个体。从本书的研究结果看出，自我效能感越高的员工，创造力水平就越高。因此，企业在进行招聘时，对于某些需要创造力的职位，领导者应该选择积极、乐观、自信的个体。

第三，通过培训来提高员工的创造力水平。大量理论研究和实践证明，通过教育和培训可以提高员工创造力水平。企业管理者可以开展一些创新技能培训课程以丰富员工的知识，员工利用培训形成的知识储备和工作经验来处理新的问题，使他们有足够的知识和经验来发挥创造力。

第四，建立健全创新激励机制。由于许多创造性的行为都是自发的，为满足员工的自我实现价值的需要，因此，企业管理者应建立以内部激励为主，外部激励为辅的创新激励措施，同时采用多种激励方式结合的方法，如岗位轮换使员工从事爱好的其他工作、开展各种各样的创新活动等。

三、研究局限

许多评论研究认为，领导者类别是一个庞大、多维度、层级式且具有情景敏感性的超级结构。对领导这一复杂而多元的领域进行研究无疑是一项艰巨工作，研究者们常常迷失于领导实践的不确定性之中。经过近一个世纪反复探索，今天的西方研究者们已变得具有信心，他们开始站在既有理论基础上，着手整合各种重合与互补的领导理念（文茂伟，2011）。本书通过理论和实证分析，验证所提出的假设，理清了真实型领导对下属创造力、创新、任务绩效和关系绩效之间的关系，并且验证了心理授权、自我效能感、心理资本的中介作用机制，以及圈内人感知、LMX 和政治技能的调节作用。但是由于时间、精力以及资源的限制，不可避免存在诸多的缺陷和不足之处。

（一）概念整合紊乱

领导研究历史就是对领导实质界定的历史。领导是一种情景下的产物还是隶属于个人特征，是一种行为还是一个过程？Barker（2001）对比了传统领导和可替代领导之间的差异（如表 10－1 所示）。他建议当前领导理论和实践应该按照传统的观点执行，但可以吸收一些可替代模型的新兴观点。Barker 认为，在行动和结果之间可能由一个调和结构：双向结构。社会系统的机构属性既可能是实践和行动的中介，也可能是其结果。人和机构的复杂的、互惠的关系是解释领导的焦点。微观系统，如组织或者领导者自己，和环境交换能量并不能脱离宏观环境制约，过程而不是情景是领导力的源泉。环境不是解决领导实质的理由，而是他们演变、适应和重生的引擎。领导模式是一种特定环境下的特质权变行为和过程。例如，魅力型领导在美国和华盛顿、罗斯福等英雄联系在一起，在欧洲则是和希特勒、墨索里尼等臭名昭著的人物联系在一起。那么这些人物是否也符合真实型领导风格？

表 10－1　　　　　　　　领导理论双重观点

传统观点	替代观点
领导寓于个体之中	领导是一个社会的产物
领导是基于科层组织并与其链接	领导发生任何地方
领导发生在领导者为追随者做事情时	领导是一个共同影响的复杂过程
领导不同于管理并比管理更重要	领导与管理的区分是无益的
领导者是不同的	任何人可能是一个领导者
领导者造就了组织绩效的显著差异	领导是影响组织绩效的许多因素之一
有效的领导是普实化的	领导情景是关键的

对于真实型领导的定义同样存在许多不确切的界定，分歧主要是在于把真实型领导定义为特征或是状态（Henderson，1982，1996；Wood 等人，2008；Lenton，2013），个体内在具有的（Branson，2007）、关系型的、社会型的还是混合型的（Walumbwa 等人，2008；Sedikes，2013）。一些学者认为，真实型领导就是一种特征或者个性，例如，Wood 等人（2008）认为真实性就是一种个性，表现在自我疏离感、接受外部影响和真实生活。另外一些学者从特征视角进行探讨，认为真实的表现是随着情景变化而变化的一种状态，呈现波浪形、旋转型。在高达发展的情境下，真实型领导得到最高体现（Avolio 等人，2004）。无论真实型领导表现为特征还是状态，都只是从个体自我本身出发，没有考虑真实型领导必须从认知、情感、态度、行为、特征、关系和情景等等多个方面去分析。如果真实仅仅嵌入于个体内部之中，开发领导的真实性变得毫无意义。Sedikes 等人（2013）认为，要了解真实性，必须考虑真实自我包含多重角色：个体自我、关系自我和集体自我。理解真实性、开发真实性和维持真实性，如果不从领导者的过去经历、引致事件出发，不涉入领导者所处的环境，他的社区、家庭、企业、朋友和社会网络关系出发，不从他的所扮演的角色、所处的岗位出发，所建构的真实型领导模型将只是空中楼阁。

其他学者提出的利他性、他人取向、关系真实性等等都包含在 Walumbwa 等人（2008）四维度模型之中，而且其测度方法也没有脱离该量表的桎梏，在信度和效度上也难以让人信服。因此，可以说 Walumbwa 等人（2008）提出的四维度真实型领导模型在目前占据统治地位。

本书研究也只是沿用 Walumbwa 等人（2008）提出的四维度真实型领导模型，但一些学者提出，其模型中的自我调节与自我意识的测量还不清晰，是否要考虑在模型中加入自我意识的分维度测量。因此，在以后的研究中，这个问题可能需要加以关注，这同时也是未来深入研究的方向之一。

（二）方法有欠规范

1. 真实型领导评估问题。要使领导力的评估赢得组织支持，必须回答一些基本的问题：我们为什么评估领导力？评估领导力时采用什么尺度？如何评估领导力？评估领导力的内容有那些？Kroeck、Lowe 和 Brown 认为，领导力评估包括三个方面：（1）对过去领导业绩的评估；（2）为开发而做的评估（近期业绩）；（3）对领导潜力的评估（长期业绩）。

由于领导研究是一个浩瀚的海洋，领导研究可以说是理论、定义、评估、描述、说明、哲学等集合的谜团，领导的研究方法及其测量很难找到固化的内容。领导实质的争论导致了领导研究方法的争论，比如采用定量方法还是定性方法去研究领导。归因理论的倡导者认为，在大多数研究中使用的定量方法由于存在夸大领导重要性的偏见而变得不那么重要，被要求评估领导者行为的下属往往对高绩效的领导群体评价很高，而对低绩效的领导群体评价很低，即使二者的实际行为是相同的。

在分析的行为层次上，如领导特质问卷（LTQ）、领导行为问卷（LBDQ）、领导观点问卷（LOQ）、领导成员交易标准（LMX）、多因素领导问卷（MLQ），以及其他的基本工具是最主要的几个评估手段。领导行为问卷在研究中受到大量攻击，特别是一些固定的反应性项目，当他们没有涉及具体的、能够观察到的行为时。即便如此，在整个 20 世纪，指直到今天，纸笔问卷在理论建构中仍然起主导作用。纸笔问卷在领导研究中简便易行，取得数据可以直接用于实践分析。但使用纸笔问卷也有很多局限，比如可操作性问题，问卷只涉及某一个单一分析层次，特别是行为维度，忽略了情景因素在领导效能评估中的作用（Conger 和 Kanungo，1994）。研究者甚至认为，使用纸笔的问卷“通常只是对行为的态度评估，而不是实质上的行为观察，因此必然受到反馈者谁会期望的心理影响”（Conger，1998）。来自于另外一些批评是，问卷通常“远离行动、实践、感觉、关系、观点的阐述等，远离这些发源于实际生活场景里面的东西……”，因此造成大部分信息的丧失，换来的是“抽象的概念和描述，是我们只能用相当肤浅的层次综合广泛的情景”（Alvesson，1996）。

过去一个世纪以来，领导研究已经得到充足的发展。社会学家千方百计地对存在的事物进行解释，对领导经常出现的误解现象也进行了剖析和抨击。领导学科的发展、领导理论的建立似乎形成了一种百花齐放的局面，许多学者希望在沙漠上建立一座大厦，另外一些学者企图构建宏观愿景，但要把领导学建成一门真正的学科还为时尚早。学科的整合不仅体现在理论基础上，研究方法的成熟和领导规律的发现也是不容忽视的问题。领导在今天已经不是一个“谜”，学者的努力已经使它的破解显现曙光，但它的完全破解尚需时日。但无论如何，领导研究必须适应时代潮流。

真实型领导研究正是在这一潮流之下应运而生，并得到非常多学者的支持。积极心理学和积极组织行为学发展为真实型领导研究提供深厚的理论基础和广阔的研究平台。对积极心理学和积极组织行为学相关构念的评估可以作为评估真实型领导量表的典范。譬如对伦理型领导的评估、对心理资本的评估、对真实性的评估都可以借鉴作为对真实型领导评估（Nelson 和 Cooper，2007）。

2. 缺乏纵向研究。尽管大量的研究致力于真实型领导研究，但大多是取自于平面数据。少有的纵向研究涉及的时间段一般不超过 1 年，这给真实型领导的研究留下较大的研究空间。本书也未能从纵向研究方面探讨真实型领导的作用机制，进一步的研究必须根据领导者进入企业的不同年限，针对性探讨不同阶段真实型领导行为和特征的变化以及所造成绩效和行为后果的变化情况，通过设置不同时间段的调查，对同一研究样本进行长期追踪，检验真实性在不同时段和周期的变化，以及所引起的行为倾向和行为特征的变化，考察真实性是一种状态还是一种个体特征。以第七章的研究为例，尽管得出了一些鼓舞性的结论，但不可避免存在一定局限性。首先，研究采用的是横截面设计。尽管使用结构方程模型准许同时测试整个模型变量，但结果的解释更应该谨慎。更严谨的研究应该采用纵向研究方法，在测量员工心理、态度和行为之后，间隔一段时间再通过上级评估员工创新行为，将对领导的评估和对员工的评估区分为不同的时间段。同样，第九章的研究也可以这样设计，员工第一阶段填写个人信息和评价真实型领导，6 个月之后评价 LMX 和自我效能感，一年后由直接上司评价其任务绩效和关系绩效。分析时，可以考虑用 HLM 软件进行多层次纵向分析。详见表 10－2。

表 10－2　　　　　　　　纵向研究示例

时间 / 对象	第一波调研	第二波调研（6 个月之后）	第三波调研（1 年以后）
焦点员工	真实型领导	LMX、自我效能感	
直接上司			任务绩效、关系绩效

3. 需要多层分析。从上述文献看，一些学者认为领导是个体现象，而另外一些学者认为是集体（collective）现象（杨百寅、杨斌、王念，2013）。早期的研究者主要集中在领导者的特质方面，比如认知能力、个性、动机、社交技能等。其后团体动力学理论和成员交换理论（LMX）相信领导行为发生于领导者和他们的直接下属之间。他们关注的是小群体或是团队，判断领导效能标准也主要是成员的满意度、士气、下属评估的群体绩效。但是，后来的学者开始关注组织和组织的高层领导者，因而领导者影响的范围也扩大到组织外部，领导行为也不只是关心生产，更多地包括战略规划、组织政策制定、环境压力等。如 Hunt 提出了一个领导的拓展模型，主要集中在领导的情景。给定某种情景，领导被分成三个范围：系统领导（高层）、组织领导（中层）、直接领导（基层）。一些领导研究者甚至提出了战略领导和管理领导的概念。显然，当将领导适用于差别明显的不同范围和层次时，对于哪些属于领导行为，哪些不是领导范畴不能不引起混乱。对于情景而言，领导更有可能面临的是一个变革和混乱的系统而不是一个经典的稳态系统，因此，领导与控制无关。在对真实型领导进行研究时，可以考虑从战略层面（CEO）、团队层面和个体层面对真实型领导进行研究。

Yammarino 等人（2008）分析发现，直到 2008 年，所有关于真实型领导的理论和实证研究涉及多层分析的只有 10 篇文章。这些文章也同样存在不同的问题：

（1）概念基础不牢。很多多层次研究并没有界定概念到底是在何种层次，可能概念是在团队层次，而数据收集是在个体层次；可能概念是团队层次，而收集数据却在组织层次。概念和测量不是在同一个层次。

（2）使用的方法不正确。在个体层次收集数据，然后将数据加总到团队或者组织层次，但没有计算组内或者组件差异。

（3）加总数据时可能不正确。

（4）没有明确界定概念和测量到底在哪一个层次。在评价相关论文之后，他们建立了一个多层次真实型领导模型（如图 10 - 4 所示）。

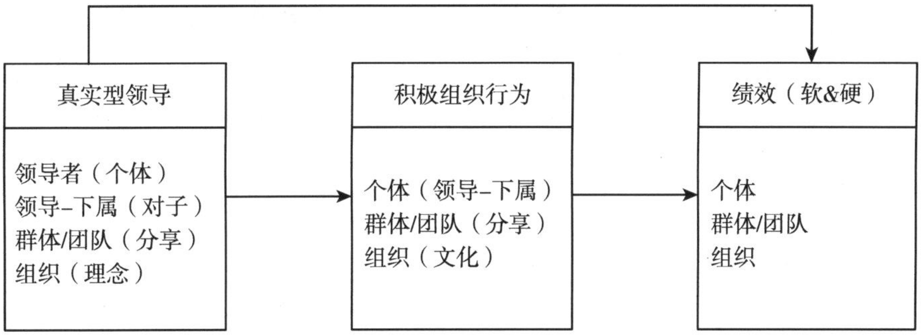

图 10 - 4　Yammarino 等人（2008）多层次研究模型

我最近的一项有关真实型领导对员工创造力影响研究便是采用的多层次研究，从团队层次真实型领导和个体层次真实型领导考察它们对员工创造力作用机制（Walumbwa、Han、Hartnell 和 Zhang，2012）（如图 10 - 5 所示）。

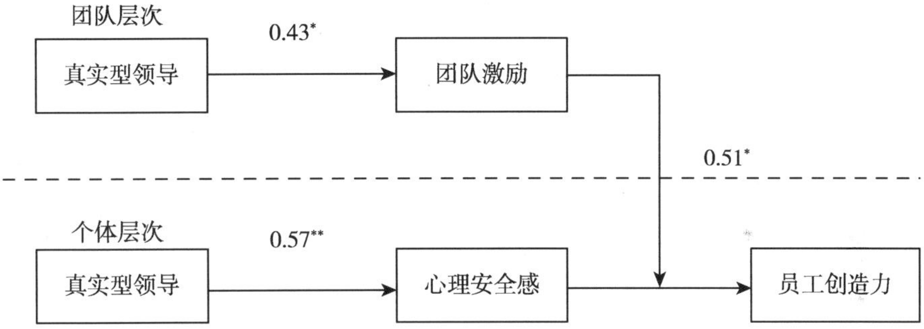

图 10 - 5　多层次研究示例

杜瓦斯（2012）认为，社会行动的促成在四种理想水平上存在：（1）个体内水平，这是最为微观的层次，主要关注个体在社会情境中组织其认知、情感和经验的机理。这涉及自我、认知、归因、情感和态度等；（2）人际和情景水平，主要关注在给定的情境中所发生的人际过程，譬如破坏行为、组织公民行为、合作行为等；（3）群体内水平，以群体为主要研究对象，可包括的主要主题为团队绩效、领导—成员交换等；（4）意识形态水平或群际水平，关注研究对象的信仰、表征、价值观和规范系统、文化系统。而通常多水平研究可能涉及 3 种水平：个人、团队和组织。Yammarino 等人（2008）认为，组织层次的真实型领导可以被看做是类似于战略型领导力或 CEO，他们往往和组织价值观及管理理念相关。尽管一些西方学者提出过有关真实型领导的多层次作用机制模型，但相应的实证研究还很缺乏，有限的变量和缺乏边界界定的解释不足以提供充足的证据（Yammarino 等人，2008）。为了加深了解真实型领导作用机理，需要使用多层次方法探讨在个体层次和组织层次真实型领导效应。多层次研究不仅能够解释单一个体层次不能解释的现象，而且也能丰富真实型领导视角。真实型领导是一个多维结构，往往处于一个被激活的自我概念状态（Working Self－concept），分别呈现于意识、信息、行为和关系层面（Kernis，2003），因此有必要采取多层次研究设计。

4. 关于本土化研究中国有着几千年漫长的历史，存在深厚且丰富的文化内涵以及很多极富意义的现象，例如忠孝之道、中庸之道、人情与面子、家长制领导等，以及其他独特现象。采用本土研究视角理解这些现象并将其运用到企业管理之中，具有重大意义（郑伯埙，2005；李平，2010）。研究者对本土化研究具有不同的看法：（1）研究一个本土现象就是本土研究；（2）在西方研究主题下加入本土特有的情境元素；（3）采用本土的概念或理论进行研究。研究目的是验证现存西方理论还是修正现存西方理论？是发展新颖理论以解释某些本土独特现象？还是探究更宽泛的全球化理论？这些问题必须得到解答，否则本土研究无从开展。

本土化和跨文化研究也是真实型领导研究急需解决的问题。这主要涉及时空问题，提出的是 A、验证的是 B（A 时间行为，B 时间验证；A 空间行为，B 空间验证。见表 10－3）。也就是不同层次、不同等级、不同时空的领导力必须采用不同的研究方法。如果理论是 A，测试的是 B，将对领导理论的建构毫无裨益。随着时间的推移，我们的研究工具可能因组织方向或者战略转移或者环境变化而不能再进行预测或缺乏信度。领导行为的开发与培养随着时间的变化而变化。因此，在不同时间对领导行为进行比较可能得出错误的结论。另一方面，空间上的位移也会影响研究工具对领导力测量的准确性和可靠性。领导层次的不同所需特质也不一样，文化的变异也造就了不同的领导行为的差异性。因此，破解研究方法的难题不能不考虑时空的限制。

表 10－3　　提出 A 验证 B 的时空可能性

	时间（提出）	空间（提出）
时间（验证）	A 时间行为，B 时间验证	A 时空行为，B 时间验证
空间（验证）	A 时空行为，B 空间验证	A 空间行为，B 空间验证

另一方面，这些研究也为我们创造新理论划定了边界和提供基础。在现有的情景下，我们是接受西方文化，运用经验数据来证实这些理论，还是二元对立或者建设性对话，建构我们本土化的理论或是化约为普遍化的理论？事实上，本土化的研究应该是现代的、发展的、有学科分类的研究，这种研究不是完全的去“西化”，也不是一手拉着西方研究方法或者范式，一手操盘本土概念和变量，而是要扎根到中国社会实践中，去洗礼、炼狱、结晶，然后寻求用什么来表达它们，建立中国式管理（翟学伟，2006）。它是一种二元契合论，主张在中国情境下，做出普遍的理论和范式，通过检验，达到知识的累积和增长

（三）决定机制缺失

如果要透彻理解真实型领导的作用机制，必须对真实型领导的决定机制进行研究。本书研究只对真实型领导的涵义、构念维度、效应机制以及干预机制进行了研究，未能研究其决定机制，即什么因素对真实型领导本身产生影响，这可能影响本书的研究结论。未来需要对影响真实型领导的因素，如个人因素（大五人格、焦点控制等）、工作因素（工作特征、绩效评估方式等）、组织因素（组织气氛、组织制度等）和社会文化因素（集体主义、权力距离、面子）以及相关因素（政治技能、马基雅维利等）进行研究，构建基于本土化的决定机制模型。

在对真实型领导决定机制进行研究时，可以考虑采用人生故事法。人生故事方法主要用于测量真实型领导的法则效度，考察真实型领导的形成和实质。通过故事叙述形式可以了解真实型领导的实质、内容和成分，了解真实型领导价值观、信仰、自我意识。利用人生故事法需要对相应企业的领导进行采访，需要领导者对自己过去的人生经历和引致事件进行描述，是研究真实型领导非常好的方法。但取样难度大，费时费力，成本较高。

随着环境日益动态化发展，可以预见的是，真实型领导将成为组织行为学的重要研究领域，虽然本书所提出的研究模型和实证分析尚显简单，但在国内有关真实型领导研究不够清晰的背景下，具有一定的创新意义。未来研究除了可以在以上不足之处以及模型完善方面弥补之外，还可以从以下几个方面进行深入的研究：

1. 以后的研究中在此模型的基础，增加其他的干预变量来探讨真实型领导对员工行为和绩效的影响。本书研究只选取了心理授权、自我效能感和心理资本作为中介变量，还可以采用其他心理过程变量如内部动机、心理卷入、员工

活力、心理安全感等作为中介变量。在调节效应方面，可以考虑控制点、逢迎行为、权力距离、集体主义等因素的干扰作用。

2. 考虑更多的结果变量。现有虽然探讨了真实型领导对多种结果的影响，但仍然不够。未来的研究的需要考虑诸如真实型领导对消极行为的影响，如偏差行为、犬儒主义、工作疏忽等等。在团队层面也需要考虑对团队学习、团队安全氛围、团队智能等的影响。在组织层面，则需要考虑对组织繁荣、企业公民行为、企业社会责任的影响。

3. 本书研究只是从员工个体层面来研究真实型领导对员工行为和绩效的影响，未来研究可以从团队和组织层面切入，从而能够更加深入、全面地对真实型领导进行研究。充分考虑个体自我、关系自我和集体自我的共同作用，建构不同水平上的作用模式。在不同层次上，考虑多种资源的联合作用，如社会资本、智力资本、心理资本和物质资本对真实型领导的联合影响。

第三节　研究新方向

随着信息化的迅速发展，可以预见的是，真实型领导领导将成为组织行为学的重要研究领域，虽然本书所提出的真实型领导研究模型和实证分析尚显简单，但在国内有关真实型领导研究不够清晰的背景下，具有一定的创新意义。真实型领导作为一个非常有实践前景和研究意义的课题，本书研究只是尝试性地作了些微工作，还有很多问题值得进一步探讨和检验，主要表现在以下几方面。

一、本土化量表开发

真实型领导量表被翻译成中文后，是否还具有必要的效度和信度？如有问题如何改进？真实型领导量表（ALQ）是否不同西方的组成成分？能否开发出具有中国特色的、科学的真实型领导量表。现有文献显然有助于我们对量表的改进和拓展，如 Walumbwa 等人（2008）中国样本的研究发现，真实型领导具有很好的结构效度和预测效度。我们初步的研究已经发现，真实型领导在中国情境下具有很好的信度和效度（韩翼、杨百寅，2011）。考虑到中国情景的特殊性，有必要开发出真实型领导的中国问卷。

开发真实型领导量表是一个复杂的过程（如图 10－6 所示）。这需要经历以下阶段，项目生成→预测试→项目精简→小规模研究→常模建立（Flynn 和 Pearcy，2001；Hinkin，1995）。

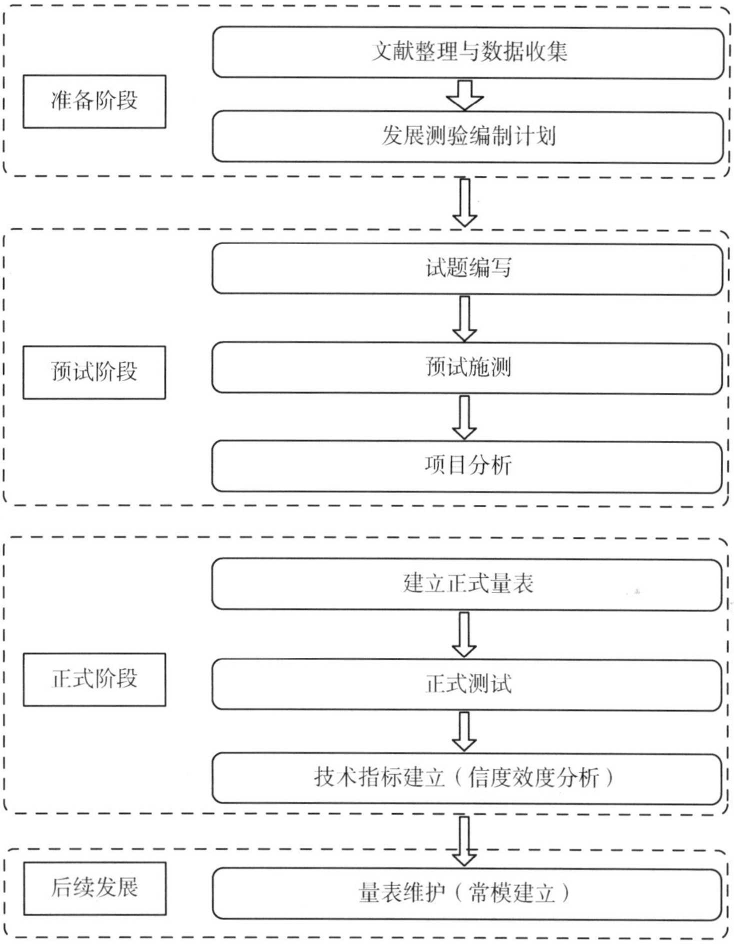

图 10－6 问卷开发的过程

1. 准备阶段。这一阶段主要通过对文献的整理和收集发展形成初步的项目库。首先可以采用归纳法将文献（学术研究、案例资料、新闻报道、企业家传记、历史文献等）中对领导真实性的描述进行总结归类，然后采用访谈和开放式问卷的方法收集领导者和普通员工对领导真实性的看法，提取典型事例和领导真实行为，并运用三级编码方法，对定性数据进行分析。再通过课题组和相关专家小组讨论对所涉及的关键行为进行界定，形成初步条目库。

由于真实型领导量表多是在西方开发，而国内这方面的研究还很薄弱，主要是关于诚信方面的研究。研究者可以从中国古典文献（例如《四书》《五经》《大学》《中庸》等）中寻找与真实性相关的词语，通过词汇分析法建立项目库。当然也可以通过西方现有的题目库进行精简分析（聚类分析），简约化为初始的量表。

2. 预试阶段。包括试题编写、预试施测和项目分析。在归纳法或者演绎法（或半结构化访谈）基础上，通过专家（企业人员和学者）对指标进行筛选，确立初始项目（items），并通过评价和概化方法，对项目进行初试筛选，确定各个初试项目的名称和维度，并对筛选后的项目进行初次测试。初次测试过程反复多次，需要对项目进行分析。这包括多种指标的测定，如信度、效度、平均值、极端值、相关系数、标准差等。

3. 小规模研究（包括项目精简）。根据统计结果和条目内容进行修正而形成第一份量表。下一步进行几轮大样本测试，第一轮用于探索性因子分析，第二轮用于验证性因子分析，不断探索并检验真实型领导的因子结构和构念效度，删减一些不必要的项目，尽量简化真实型领导构念维度和题目。在这些反复探索检验过程中，可以考虑用变革型领导或伦理型领导检验真实型领导的效标效度，用领导包容性检验真实型领导的区分效度。经过如此循环往复，形成正式真实型领导量表，并进行正式测量。

4. 常模建立。在小规模研究后，通过不断测试和其他学者研究，形成真实型领导常模，从而形成固定的真实型领导量表。

在量表构建过程中，需要考虑中国特定文化情境因素。研究者必须注意，有关诚信的术语在中国古典文献中非常丰富。研究者可以对比研究中国古代和现代真实型领导的差异，探寻真实型领导变迁的意义。此外，如果资源足够丰富，可以考虑跨文化对比研究，借鉴霍夫斯泰德（2010）有关国家文化的研究方式，或者 House 领导的全球领导力（GLOBE）研究，对量表进行跨文化对比研究。

二、演化系统模型建立

尽管学者们建立不同的作用机制模型（Ilies 等人，2005；Gardner 等人，2005；Avolio 等人，2005，2006），但这些模型要么缺乏前置变量的研究，要么缺乏后果变量的研究，要么缺乏干预变量（中介变量和调节变量）研究。研究者可以借鉴 Tierney（2008）领导力和创造力演化系统和 Chandler、Kathy 和 Yip（2011）师徒关系演化系统（见图 10 -7）建构真实型领导的系统模型，来建构真实型领导各个层次的交互作用机制。建立社会文化宏观层次、微观层次（组织微观系统、网络微观系统和对子微观系统）以及个人内在系统的多层次模型。

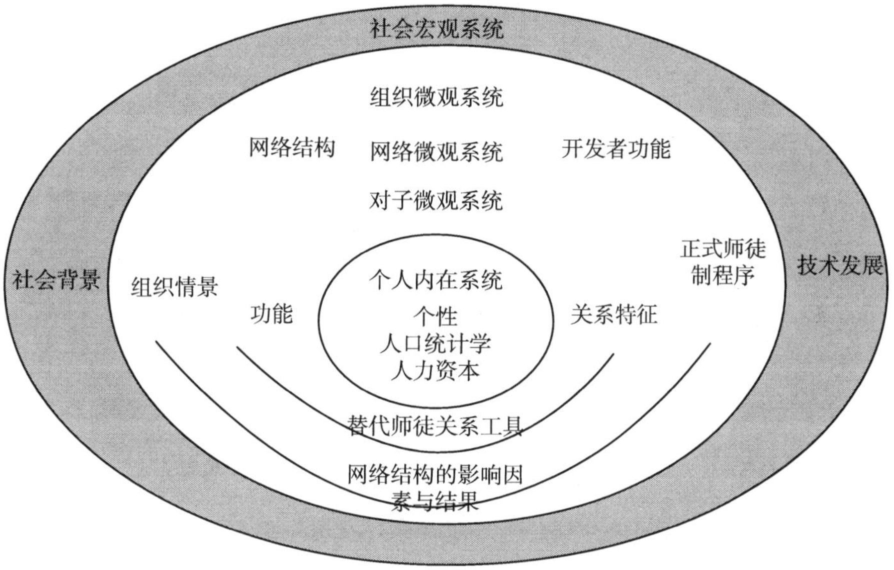

图 10 -7　师徒关系演化系统模型

正如前述分析，在宏观层次考虑社会文化因素的影响，特别是差序氛围、传统性、集体主义、权力距离、面子等显著特征因素的影响。在组织因素上，考虑组织氛围、组织特征因素（譬如创立者的价值观、信仰、创业过程）的影响。这一层次前置变量可能主要对企业 CEO 产生影响，而 CEO 又会对组织结果承担责任（如利润率、销售增长、每股收益率等），也可以考虑企业软指标，如企业公民行为或者组织繁荣（Spreitzer 等人，2005；韩翼、魏文文，2013）。在团队层次可以考虑团队氛围和团队构成对真实型领导的影响，并最终影响团队绩效和团队创造力。在个体层次可以考虑个体内在特征和个人经历对真实型领导影响，并最后影响到员工的积极行为（进谏、组织承诺、工作满意度）或消极行为（偏差行为、犬儒主义、消极情绪等）。尽管图 10 -8 没有涉及干预变量中，但可以考虑诸如 LMX、TMX（团队成员交换）、权力距离、面子威胁等变量的调节或者中介作用。总之，未来研究可以充分利用演化理论，建立理论模型，并进行实证检验。

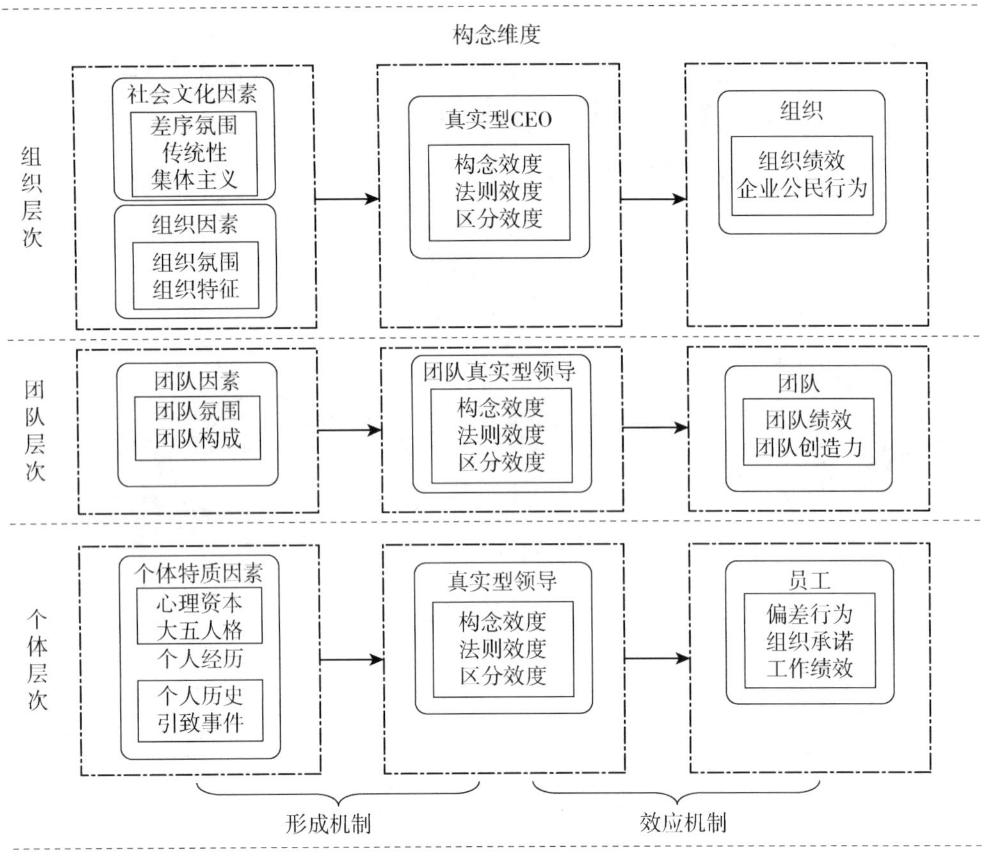

图 10－8　基于演化模型推导的真实型领导多层次模型

尽管领导理论纷繁复杂，罗列万象，对领导的研究在未来也不会止步。所有这些研究对于人类的长河来说只不过是飘渺的一滴雨水，重要的是，它为人类的进步提供了无限的帮助。领导不仅是一个权力的集合，而且也是一个集特质、行为、情景于一身的宠儿。真实型领导研究开启了人类的智力，也为美好明天的建立提供了愿景。它的研究不仅涵盖特质、信息处理、情景权变以及变革，还必须考虑民族文化、性别以及道德规范、领导者的产生、领导者影响和适应群体或组织外部环境、领导者影响组织内部、领导者能力开发、领导者传承等模块，领导研究方法及其层次、领导力测量等。

参考文献

［1］乔纳森·布朗．自我［M］．陈浩莺，等，译．北京：人民邮电出版社，2004.

［2］蔡宁伟．“圈子”研究——一个聚焦正式组织内部的文献综述和案例研究［J］．华南理工大学学报，2008，3：63－80.

［3］陈劲．中国人诚信心理结构及其特征［D］．重庆：重庆大学博士论文．

［4］陈丽君，王重鸣．中西方关于诚信的阐释及应用的异同与启示［J］．哲学研究，2002，8：35－40.

［5］陈晓萍．近九成人士拥戴真实型领导［J］．管理@人，2005，8：56－57.

［6］陈永霞，贾良定，李超平，宋继文，张君君．变革型领导、心理授权与员工组织承诺：中国情景下的实证研究［J］．管理世界，2006，（1）：96－105.

［7］查尔斯·狄更斯．双城记［M］．北京：人民文学出版社，1993.

［8］丁琳，席酉民．变革型领导对员工创造力的作用机理研究［J］．管理科学，2008，21（6）：40－46.

［9］樊景立．我对差序格局与华人组织行为的一些看法［J］．本土心理学研究，1995，3：219－237.

［10］费孝通．乡土中国［M］．上海：三联书店，1985.

［11］欧文·戈夫曼．日常生活中的自我呈现［J］．北京：北京大学出版社，2008.

［12］郭本禹，姜飞月．自我效能理论及其应用［M］．上海：上海教育出版社，2008.

［13］郭桂梅，段兴民．变革型领导行为与创造性：内在动机和创造性工作氛围的中介作用：针对中国企业管理实践的分析［J］．科学学与科学技术管理，2008（3）：189－196.

［14］郭晓薇．中国情境中的上下级关系构念研究述评：兼论领导－成员交

换理论的本土贴切性 [J]. 南开管理评论, 2011, 14 (2): 61-68.

[15] 顾远东, 彭纪生. 组织创新氛围对员工创新行为的影响 [J]. 南开管理评论, 2010, 13 (1): 30-41.

[16] 韩翼, 廖建桥. 组织成员绩效结构理论研究评述 [J]. 管理科学学报, 2006, 9 (2): 86-94.

[17] 韩翼, 廖建桥, 龙立荣. 雇员工作绩效结构模型构建与实证研究 [J]. 管理科学学报, 2007, 10 (5): 62-77.

[18] 韩翼, 刘竞哲. 管理学研究中的多维构念模型分类与研究应用差异甄别 [J]. 外国经济与管理, 2009, 31 (12): 1-7.

[19] 韩翼, 杨百寅. 真实型领导: 理论、测量与最新研究进展 [J]. 科学学与科学技术管理, 2009 (2): 170-175.

[20] 韩翼, 杨百寅. 真实型领导、心理资本与员工创新行为: 领导成员交换的调节作用 [J]. 管理世界, 2011, (12): 78-86.

[21] 韩翼, 杨百寅, 张鹏程. 组织承诺会导致创新: 目标定向的调节作用 [J]. 科学学研究, 2011, 29 (1): 127-137.

[22] 韩翼, 魏文文. 员工工作繁荣研究述评与展望 [J]. 外国经济与管理, 2013, 35 (8): 46-53.

[23] 吉尔特·霍夫斯泰德, 格特·杨·霍夫斯泰德. 文化与组织: 心理软件的力量 [M]. 李原, 孙健敏, 译. 北京: 中国人民大学出版社, 2010.

[24] 黄光国, 胡先缙. 面子: 中国人的权力游戏 [M]. 北京: 中国人民大学出版社, 2004.

[25] 黄书光. 中国领导教育的历史探究 [M]. 上海: 华东师范大学出版社, 2008.

[26] 柯江林, 孙健敏, 石金涛等. 企业 R & D 团队之社会资本与团队效能关系的实证研究: 以知识分享与知识整合为中介变量 [J]. 管理世界, 2007 (3): 89-102.

[27] 孔芳, 赵西萍. 真实型领导及其与下属循环互动机制研究 [J]. 外国经济与管理, 2010, 32 (12): 50-56.

[28] 雷巧玲, 赵更申, 段兴民. 不同文化导向下心理授权对组织承诺影响的实证研究: 基于知识型员工的观点 [J]. 南开管理评论, 2006, 9 (6): 13-19.

[29] 李平. 中国管理本土研究: 理念定义及范式设计 [J]. 管理学报,

2010，7（5）：633－641.

［30］李超平，李晓轩，时勘，陈雪峰. 授权的测量及其与员工工作态度的关系［J］. 心理学报，2006，38（1）：99－106.

［31］李小江. 超越精神：论企业家自我的发展［M］. 北京：经济科学出版社，2010.

［32］廖建桥，赵君，张永军. 权力距离对中国领导行为的影响研究［J］. 管理学报，2010，7（7）：988－992.

［33］林崇德. 培养和造就高素质的创造性人才［J］. 北京师范大学学报（社会科学版），1999，（01）：5－13.

［34］凌文辁，陈龙，王登. CPM 领导行为评价量表建构［J］. 心理学报，1987，19（2）：199－207.

［35］凌文辁，方俐洛. 心理与行为测量［M］. 北京：机械工业出版社，2003，2－352.

［36］刘军，宋继文，吴隆增. 政治与关系视角的员工职业发展影响因素探讨［J］. 心理学报，2008，40（2）：201－209.

［37］刘军，章凯，仲理峰. 工作团队差序氛围的形成与影响：基于追踪数据的实证分析. 管理世界，2009，（8）：92－101.

［38］刘效广，王艳平，李倩. 创新氛围对员工创造力影响的多水平分析［J］. 管理评论，2010，22（8）：84－89.

［39］刘云，石金涛. 员工创新行为触发系统分析及管理启示［J］. 中国软科学，2007，（3）：92－98

［40］马超，凌文辁，方俐洛. 企业员工组织政治知觉量表的构建［J］. 心理学报，2006，38（1）：107－115.

［41］Nelson，D. L.，& Cooper，C. L. 积极组织行为学［J］. 王明辉，译. 北京：中国轻工业出版社，2007.

［42］施桂荣，浦光博，陶向京，时巨涛. 领导的诚实性行为对员工工作积极性的影响过程［J］. 管理世界，2002，（1）：113－117.

［43］施卓敏，范丽洁，叶锦锋. 中国人的脸面观及其对消费者解读奢侈品广告的影响研究［J］. 南开管理评论，2012，15（1）：151－160.

［44］孙锐，石金涛，张体勤. 中国企业领导成员交换、团队成员交换，组织创新气氛与员工创新行为关系实证研究［J］. 管理工程学报，2009，23（4）：

109－115.

［45］谭亚莉，廖建桥，李骥. 管理者非伦理行为到组织腐败的衍变过程、机制与干预：基于心理社会微观视角的分析［J］. 管理世界，2011，(12)：68－77.

［46］田红. 真实型领导、创新自我效能感与员工创新绩效的关系研究［D］.［硕士学位论文］. 苏州大学，2012.

［47］约翰·特纳，等. 自我归类论. 杨宜音、王兵、林含章，等，译. 北京：中国人民大学出版社，2011.

［48］王才康，胡中锋，刘勇. 一般自我效能感量表的信度和效度研究［J］. 应用心理学，2001，7（1）：37－40.

［49］王端旭，洪雁. 组织氛围影响员工创造力的中介机制研究［J］. 浙江大学学报（人文社会科学版），2011，41（2）：77－83.

［50］王辉，牛雄鹰，罗胜强. 领导—部属交换的多维结构及对工作绩效和情境绩效的影响［J］. 心理学报，2004，36（2）：179－185.

［51］王垒，姚翔. 管理者权力距离对员工创造性观点产生与实施关系的调节作用［J］. 应用心理学，2008，(03)：203－207.

［52］王勇，陈万明. 企业真诚型领导的结构维度研究［J］. 华东经济管理，2012，26（7）：98－101.

［53］王忠军，龙立荣，刘丽丹. 组织中的上下级关系［J］. 心理学报，2011，43（7）：798－809.

［54］王震，孙健敏，张瑞娟. 管理者核心自我评价对下属组织公民行为的影响：道德式领导和集体主义导向的作用［J］. 心理学报，2012，44（9）：1231－1243.

［55］王重鸣. 管理心理学［M］. 北京：人民教育出版社，2001：227－229.

［56］汪林，储小平，倪婧. 领导—部属交换、内部人身份认知与组织公民行为［J］. 管理世界，2009，(1)：97－107.

［57］文茂伟. 当代英美组织领导力发展：理论与实践［M］. 浙江：浙江大学出版社，2011.

［58］温忠麟，张雷等. 中介效应验证程序及其应用［J］. 心理学报，2004，36（5）：614－620.

［59］温忠麟，侯杰泰，张雷. 调节效应与中介效应的比较和应用［J］. 心理学报，2005，37（2）：268－274.

[60] 吴隆增，刘军，许浚. 职场排斥与员工组织公民行为：组织认同与集体主义倾向的作用 [J]. 南开管理评论，2010，13 (3)：36 – 44.

[61] 谢衡晓. 诚信领导的内容结构及其相关研究 [D]. 暨南大学，2007.

[62] 许烺光. 中国人与美国人 徐隆德博士译 [M]. 台北：南天书局伊恩，2002.

[63] 颜爱民，裴聪. 辱虐管理对工作绩效的影响及自我效能感的中介作用 [J]. 管理学报，2013，10 (2)：213 – 218.

[64] 杨百寅，杨斌，王念. 集体领导力 [J]. 清华管理评论，2013，1：42 – 53.

[65] 杨国枢. 中国人的心理和行为 [M]. 北京：中国人民大学出版社，2004.

[66] 杨中芳. 中国人真是集体主义的吗？杨国枢主编：《中国人的价值观——社会科学观点》[C]. 台北：桂冠出版社，1994，321 – 434.

[67] 伊恩. 伯基特. 李康译 社会性自我：自我与社会面面观 [M]. 北京：北京大学出版社，2012.

[68] 翟学伟. 人情、面子与权力再生产 [M]. 北京：北京大学出版社，2006.

[69] 翟学伟. 中国人的关系原理：时空秩序、生活欲念及其流变 [M]. 北京：北京大学出版社，2011.

[70] 詹延遵，凌文辁，方俐洛. 领导学研究的新发展：诚信领导理论 [J]. 心理科学进展，2006，14 (5)：710 – 715.

[71] 张庆林. 创造性研究手册 [M]. 成都：四川教育出版社，2002.

[72] 张悦. 民营企业家尚存十大内伤 [R]. 中国工商时报，2003 年 2 月 18 日.

[73] 郑伯埙. 差序格局与华人组织行为. 中国社会心理学评论（第三辑），李原主编 [M]. 北京：社会科学文献出版社，2006，1 – 52.

[74] 仲理峰. 心理资本对员工的工作绩效、组织承诺及组织公民行为的影响 [J]. 心理学报，2007，39 (2)：328 – 334.

[75] 周建国. 紧缩圈层结构论 [M]. 上海：上海三联书店，2005.

[76] 周丽芳，郑伯埙，樊景立，任金刚，黄敏萍. 家长式领导——华人组织行为议题、作法及出版 [M]. 华泰文化事业股份有限公司，2006.

[77] 周文霞，郭桂萍. 自我效能感 概念，理论和应用 [J]. 中国人民大

学学报，2006，(1)：91－97.

[78] 朱力. 变迁之痛：转型期的社会失范研究 [J]. 北京：中国社会科学出版社，2006.

[79] Ahearn, K. K., Ferris, G. R., Hochwarter, W. A., Douglas, C., & Ammeter, A. P. Leader political skill and team performance [J]. Journal of Management, 2004, 30 (3): 309－327.

[80] Algera, P. M., & Wiersma, M. L. Radical Authentic Leadership: Co－creating the conditions under which all members of the organization can be authentic [J]. The Leadership Quarterly, 2012, 23 (1): 118－131.

[81] Allen, N. J. & Meyer, J. P. The Measurement and antecedents of affective, continuance and normative commitment to the organization [J]. Journal of Occupational Psychology, 1990, 63 (1): 1－18.

[82] Allen, N. J., & Meyer J. P. Affective, continuance and normative commitment to the organization: an examination of construct validity [J]. Journal of Vocational Behavior, 1996, 49 (3): 252－276.

[83] Amabile, T. M. The social psychology of creativity [M]. New York: Springer－Verlag, 1983.

[84] Amabile, T. M. A model of creativity and innovation in organizations [J]. Research in Organization Behavior, 1988, 8: 123－167.

[85] Amabile, T. M., Conti, R. Assessing the work environment for creativity [J]. Academy of Management Journal, 1996, 39 (5): 1154－1184.

[86] Antonakis, J., Cianciolo A. T., & Sternberg, R. J., (Eds). The Nature of Leadership [M]. Los Angeles, CA: SAGE, 2004.

[87] Avey, J. B., Luthans, F., & Youssef, C. M. The Additive Value of Positive Psychological Capital in Predicting Work Attitudes and Behaviors. [J]. Journal of Management, 2009, 35 (2): 1－23.

[88] Avolio B. J., & Gardner, W. L. Authentic leadership development: Getting to the root of positive forms of leadership [J]. The Leadership Quarterly, 2005, 16 (3): 315－340.

[89] Avolio B. J., & Gardner, W. L., & Walumbwa, F. O, et al. Unlocking the mask a look at the process by which authentic leaders impact follower attitudes and

behaviors [J]. The Leadership Quarterly, 2004, 15 (6): 801 - 823.

[90] Avolio, B. J., & Walumbwa, F. O. Authentic leadership moving HR leaders to a higher level [J]. Research in Personnel and Human Resources Management, 2006, 25: 273 - 304.

[91] Avolio, B. J., Walumbwa, F. O., & Weber, T. Leadership: Current Theories, Research and Future Directions [M]. Annual Review of Psychology, 2009, 60: 421 - 449.

[92] Bandura, A. Self - efficacy: toward a unifying theory of behavioral change [J]. Psychological Review, 1977, 84 (2): 191 - 215

[93] Bandura, A. Human agency in social cognitive theory [J]. American Psychologist, 1989, 44 (9): 1175 - 1184.

[94] Bandura, A. Self - efficacy: The exercise of control [M]. New York: W. H. Freeman, 1997.

[95] Bandura, A., & Locke, E. A. Negative self - efficacy and goal effects revisited [J]. Journal of Applied Psychology, 2003, 88 (1): 87 - 99.

[96] Barker, R. A. How can we train leaders if we do not know what leadership is? [J]. Human Relations, 1997, 50 (4): 343 - 62.

[97] Baron, R M., Kenny, D A. The Moderator - Mediator Variable Distinction in Social Psychological Research: Conceptual, Strategic and Statistical Considerations [J]. Journal of Personality and social psychology, 1986, 51 (6): 1173 - 1182.

[98] Barrow, J. C. The variables of leadership: A review and conceptual framework [J]. Academy of Management Review, 1977, 2 (2): 231 - 251.

[99] Bass, B. M. (1990). Bass & Stogdill's Handbook of Leadership; Theory, research, and managerial applications [M]. (3rd ed.). New York: The Free Press.

[100] Bauer, T. N., & Green, S. G. Development of leader - member exchange: A longitudinal test [J]. Academy of Management Journal, 1996, 39, 1538 - 1567.

[101] Baumeister, R. F. How the Self Became a Problem: A Psychological Review of Historical Research [J]. Journal of Personality and Social Psychology, 1987, 52 (1): 163 - 176.

[102] Becker, H. S. Notes on the concept of commitment [J]. American Journal of Sociology, 1960, 66: 32-42.

[103] Befort, N., & Hattrup K. Valuing task and contextual performance: experience, job roles, and ratings of importance of job behavior [J]. Journal of Applied Human Resource Management Research, 2003, 8 (1): 17-32.

[104] Berman, M. The politics of authenticity: Radical individualism and the emergence of modern society [M]. New York: Atheneum.

[105] Borgatta, E. F, Bales, R. F., & Couch, A. S. Some findings relevant to the great man theory of leadership [J]. American Sociological Review, 1954, 19 (6): 755-759.

[106] Borman, W. C., &Motowidlo, S. J. Expanding the criterion domain to include elements of contextual performance [M]. In N. Schmitt, & W. C. Borman (Eds.), Personnel selection in organizations (pp. 71-98). San Francisco: Jossey-Bass, 1993.

[107] Branson. C. Effects of Structured Self-reflection on the Development of Authentic Leadership Practices among Queensland Primary School Principals [J]. Educational Management Administration & Leadership, 2007, 35 (2): 225-246.

[108] Brown, M. E., & Treviño, L. K. Ethical leadership: A review and future directions [J]. Leadership Quarterly, 2006, 17 (6): 595-616.

[109] Brouer, R. L., Harvey, P., Wallace, A. S. When good resources go bad: The applicability of conservation of resource theory to psychologically entitled employees. In P. Perrewé & D. Ganster (Eds.) [M]. Research in occupational stress and well being (pp. 109-150). Emerald Publishing, 2011.

[110] Burt, R. S. Structural holes: The social structure of competition [M]. Cambridge, Mass.: Harvard University Press, 1992.

[111] Carmeli, A., & Schaubroeck, J. The influence of leaders and other referents normative expectations on individual involvement in creative work [J]. The Leadership Quarterly, 2007, 18 (1): 35-48.

[112] Carmeli, A., & Gittell, J. H. High-quality relationships, psychological safety, and learning from failures in work organizations [J]. Journal of Organizational Behavior, 2009, 30 (6): 709-729.

[113] Carmeli, A, Reiter - Palmon, R., & Ziv, E. Inclusive Leadership and Employee Involvement in Creative Tasks in the Workplace: The Mediating Role of Psychological Safety [J]. Creativity Research Journal, 2010, 22 (3): 250 - 260.

[114] Cerne, M, Jaklic, M., & Skerlavaj, M. Authentic leadership, creativity, and innovation A multilevel perspective [J]. Leadership, 2013, 9 (1): 63 - 85.

[115] Chandler, D., Kathy, K. E., &Yip, J. An ecological systems perspective on mentoring at work: A review and future prospects [J]. The Academy of Management Annals, 2011, 5 (1): 519 - 570.

[116] Chen, C. C. The mediating effect of employees' experience of inclusion and the moderating effect of individual work values on the relationship of authentic leadership style and organizational commitment [J]. Alliant International University Doctor.

[117] Chen, G., Casper, W. J., & Cortina, J. M. The roles of self - efficacy and task complexity in the relationships among cognitive ability, conscientiousness, and work - related performance: A meta - analytic examination [J]. Human Performance, 2001, 14 (3): 209 - 230.

[118] Chen, Z. X., & Aryee, S. Delegation and employee work outcomes: The cultural context of mediating processes [J]. Academy of Management Journal, 2007, 50 (1): 226 - 238.

[119] Choi, J. M. Individual and contextual predictors of creative performance: The mediating role of psychological processes [J]. Creativity Research Journal, 2004, 16 (2): 187 - 199.

[120] Clapp - Smith, R, Vogelgesang, G. R., & Avey, J. B. Authentic leadership and positive psychological capital: The Mediating Role of Trust at the Group Level of Analysis [J]. Journal of Leadership & Organizational Studies, 2009, 15 (3): 227 - 240.

[121] Cloninger, S. C. Theories of personality: understanding persons [M]. Englewood. Cliffs, NJ: Prentice - Hall, 1993.

[122] Cooper, C., Scandura, T. A., & Schriesheim, C. A. Looking forward but learning from our past: Potential challenges to developing authentic leadership theory and authentic leaders [J]. The Leadership Quarterly, 2005, 16 (3): 474 - 493.

[123] Csikszentmihalyi, M., Creativity: Flow and the Psychology of Discovery and Invention [M]. New York: Harper Collins, 1996.

[124] Dabos, G., & Rousseau, D. M. Mutuality and reciprocity: Psychological contracts in research teams [J]. Journal of Applied Psychology, 2004, 89 (1): 52 -72.

[125] Dahling, J. J., Whitaker, B. G. & Levy, P. E. The development and validation of a new Machiavellianism scale [J]. Journal of Management, 2009, 35 (2): 219 -257.

[126] Deci, E. L. and Ryan, R. M. The 'what' and 'why' of goal pursuits: human needs and the self - determination of behavior [J]. Psychological Inquiry, 2000 (11): 227 -268.

[127] Dienesch, R. M., &Liden, R. C. Leader - member exchange model of leadership: Acritical and further development [J]. Academy of Management Review, 1986, 11: 618 -634.

[128] Douglas, C., Ferris, G. R., & Perrewé, P. L. Leader political skill and authentic leadership [M]. In W. L. Gardner, B. J. Avolio, & F. O. Walumbwa (Eds.), Authentic leadership: Origins, development, and effects, vol. 3: 139 - 154. Oxford, UK: Elsevier Science, 2005.

[129] Erickson, R. J. The importance of authenticity for self and society [J]. Symbolic Interaction, 1995, 18 (2): 121 -144.

[130] Fornell, C., & Larcker, D. F. Evaluating Structural Equation Models with Unobservable Variables and Measurement Error [J]. Journal of Marketing Research, 1981, 18 (1): 39 -50.

[131] Ferris, G. R., & Kacmar, K. M. Perceptions of Organizational Politics [J]. Journal of Management, 1992, 18, (1): 93 -116.

[132] Ferris, G. R., Perrewe', P. L., & Anthony, W. P, et al. Political skill at work [J]. Organizational Dynamics, 2000, 28 (4): 25 -37.

[133] Ferris, G. R, Davidson, S. L., & Perrewé, P. L. Political skill at work: Impact on work effectiveness [M]. Mountain View, CA: Davies - Black Publishers, 2005.

[134] Ferris, G. R., Treadway, D. C., Perrewé, P. L et al. Political skill

in organizations [J]. Journal of Management, 2007, 33 (3): 290 – 320.

[135] Fleming, J., Mingo, S., & Chen, D. Collaborative Brokerage, Generative Creativity, and Creative Success [J]. Administrative Science Quarterly, 2007, 52 (3): 443 – 475.

[136] Ford, C. A theory of individual creative action in multiple social domains [J]. Academy of Management Review, 1996, 21 (4): 1112 – 1142.

[137] Fred, L., Bruce J. A., & Fred, O. W, Wexing Li. The Psychological Capital of Chinese Workers: Exploring the relationship with performance [J]. Management and Organization Review, 2005, 1 (1): 249 – 271.

[138] Fry, L. W. Toward a Theory of Spiritual Leadership [J]. The Leadership Quarterly, 2003, 14 (6): 693 – 727.

[139] Gardner, W. L., Avolio, B. J., Luthans, F., May, D. R., & Walumbwa, F. O. Can You See the Real Me? A Self – based Model of Authentic Leader and Follower Development [J]. The Leadership Quarterly, 2005, 16: 343 – 372.

[140] Gardner, W. L., Cogliser, C. C., Davis, K. M., & Dickens, M. P. Authentic leadership: A review of the literature and research agenda [J]. The Leadership Quarterly, 2011, 22 (6): 1120 – 1145.

[141] Gemmill, G. & Oakley, J. Leadership: An alienating social myth? [J]. Human Relations, 1992, 45, 113 – 29.

[142] Gerber, E. Authentic leadership: The development and initial validation of a measure [D]. The University of Georgia Doctor paper, 2006.

[143] Gelade, G. A. and Ivery, M. The impact of human resource management and work climate on organizational performance [J]. Personnel Psychology, 2003, 56 (2): 383 – 404.

[144] George, B. Authentic leadership: Rediscovering the secrets to creating lasting value [M]. San Francisco: Jossey – Bass, 2003.

[145] George, B., & Sims, P. True north: Discover your authentic leadership [M]. Jossey – Bass, 2007.

[146] Gong, Y., Huang, J. C., & Farh, J. L. Employee learning orientation, transformational leadership, and employee creativity: The mediating role of employee creative self – efficacy [J]. Academy of Management Journal, 2009, 52

(4): 765 – 778.

[147] Gist, Mitchell. Self – efficacy: A theoretical analysis of its determinants and malleability [J]. Academy of Management Review, 1992, 17 (2): 183 – 211.

[148] Graen, G., & Schiemann, W. Leader – member agreement: A vertical dyad linkage approach [J]. Journal of Applied psychology, 1978, 63: 206 – 212.

[149] Graen, G. B., & Uhl – Bien, M. Relationship – based approach to leadership: Development of leader – member exchange (LMX) theory of leadership over 25 years: Applying a multi – level multi – domain perspective [J]. The Leadership Quarterly, 1995, 6 (2): 219 – 247.

[150] Hackman, J. R., & Oldham, G. R. Motivation through the design of work: Test of a theory [J]. Organizational Behavior and Human Performance, 1976, 16 (2): 250 – 279.

[151] Hannah, S. T., Avolio, B. J., & Walumbwa, F. O. Relationships between authentic leadership, moral courage, and ethical and pro – social behaviors [J]. Business Ethics Quarterly, 2011, 21 (4), 555 – 578.

[152] Hannah, S. T., Walumbwa, F. O., & Fry, J. Leadership in action teams: Team leader and members' authenticity, authenticity strength, and performance outcomes [J]. Personnel Psychology, 2011, 64 (3): 771 – 801.

[153] Harris, K. J., Kacmar, K. M., Zivnuska, S., & Shaw, J. D., The Impact of Political Skill on Impression Management Effectiveness [J]. Journal of Applied psychology, 2007, 92 (1): 278 – 285.

[154] Harter, S. Authenticity. In C. R. Snyder, & S. Lopez (Eds.), Handbook of positive psychology (pp. 382 – 394) [M]. Oxford, UK: Oxford University Press, 2002.

[155] Harvey, P., Martinko, M. J., & Gardner, W. L. Promoting Authentic Behavior in Organizations: An Attributional Perspective [J]. Journal of Leadership and Organizational Studies, 2006, 12 (3): 1 – 11.

[156] Harvey, P., Harris, K. J., Kacmar, K. M., Buckless, A., & Pescosolido, A. T (in press). The impact of leaders' political skill on employees' perceptions of ethical leadership [J]. Journal of Leadership and Organizational Studies, 2013.

[157] Henderson, J. E., & Brookhart, S. M. Leader authenticity key to organizational climate, health and perceived leader effectiveness [J]. Journal of Leadership & Organizational Studies, 1996, 4 (3): 87 – 101.

[158] Hmieleski, K. M, Cole, M. S., & Baron, R. A. Shared Authentic Leadership and new venture performance [J]. Journal of Management, 2012, 38 (5): 1476 – 1499.

[159] Hobfoll S E. Social and psychological resources and adaptation [J]. Review of General Psychology, 2002, 6 (4): 307.

[160] Hobfoll, S. E. Conservation of resource caravans and engaged settings [J]. Journal of Occupational and Organizational Psychology, 2011, 84 (1): 116 – 122.

[161] Hsiung, H. H. Authentic leadership and employee voice behavior: A multi – level psychological process [J]. Journal of Business Ethics, 2012, 107 (3): 349 – 361.

[162] Huang, X., Shi, K., Zhang, Z. J., & Cheung, Y. L The impact of participative leadership behavior on psychological empowerment and organizational commitment in Chinese state – owned enterprises: The moderating role of organizational tenure [J]. Asia Pacific Journal of Management, 2006, 23 (3): 345 – 367.

[163] Hofstede, G. Cultures and Organizations: Software of the Mind (3rd Edition) [M]. New York: McGraw – Hill USA, 2010.

[164] Holland, J. L. Making vocational choices: A theory of careers [M]. Englewood Cliffs, NJ: Prentice – Hall, 1973.

[165] House, R. J. Path – goal theory of leadership: Lessons, legacy, and a reformulated theory [J]. The Leadership Quarterly, 1996, 7 (3): 323 – 352.

[166] House, R. J., &Aditya, R. A. The social scientific study of leadership: Quo Vadis? [J]. Journal of Management, 1997, 23 (3): 409 – 473.

[167] Hunt, J. G., Stelluto, G. E., & Hooijberg, R Toward new – wave organization creativity: Beyond romance and analogy in the relationship between orchestra – conductor leadership and musician creativity [J]. The Leadership Quarterly, 2004, 15, 145 – 162.

[168] Hunt, J. G. What is leadership [M]. In (Eds), The nature of leadership, Los Angeles, CA: SAGE, 2004.

[169] Ilies R., Morgeson F. P., Nahrgang J. D. Authentic leadership and eudaemonic well – being: Understanding leader – follower outcomes [J]. The Leadership Quarterly, 2005, 16 (3): 373 –394.

[170] Janssen, O. Thebarrier effect of conflict with superiors in the relationship between employee empowerment and organizational commitment [J]. Work & Stress, 2004, 18 (1): 56 –65.

[171] Janssen O, Van Yperen N W. Employee' s goal orientations, the quality of leader – member exchange, and the outcomes of job performance and job satisfaction [J]. Academy of Management Journal, 2004, 47 (3): 368 –384.

[172] Jensen, S. M., & Luthans, F. Relationship between entrepreneurs' psychological capital and their authentic leadership [J]. Journal of Managerial issues, 2006, 10 (2): 254 –273.

[173] Jones, E. E., & Pittman, T. S. Toward a general theory of strategic self – presentation [M]. In: J. Suls (Ed.), Psychological perspectives on the self: Vol. 1, 231 –262. Hillsdale, NJ: Lawrence Erlbaum, 1982.

[174] Judge T. A. Bono J. E. Relationship of core self – evaluations traits self – esteem, generalized self – efficacy, locus of control, and emotional stability with job satisfaction and job performance: a meta – analysis [J]. Journal of Applied Psychology, 2001, 86 (1): 80 –92.

[175] Kark, R., Shamir, B., & Chen, G. Thetwo faces of transformational leadership: Empowerment and dependency [J]. Journal of Applied Psychology, 2003, 88 (2): 246 –255.

[176] Katz, D., & Kahn, R. L. The Social Psychology of Organization [M]. 2nd. New York: Wiley, 1978.

[177] Kernis, M. H. Optimal self – esteem and authenticity: Separating fantasy from reality [J]. Psychological Inquiry, 2003, 14 (1): 83 –89.

[178] Kernis, M. H. Toward a conceptualization of optimal self – esteem [J]. Psychological Inquiry, 2003, 14 (1): 1 –26.

[179] Kernis, M. H., & Goldman, B. M. A multicomponent conceptualization of authenticity: Theory and research. In M. P. Zanna (Ed.), Advances in experimental social psychology [M]. San Diego: Elsevier Academic Press, 2006, 38:

284 – 357.

[180] Koestler, A. The art of creativity [M]. New York: Macmillan, 1964.

[181] Kolodinsky, R. W, Treadway, D. C., Ferris, G. R. Political skill and influence effectiveness testing portions of an expanded Ferris and Judge (1991) model [J]. Human Relations, 2007, 60 (12): 1747 – 1777.

[182] Kroeck, K. G., Lowe, K. B., & Brown, K. W. The appraisal of leadership [M]. In (Eds), The nature of leadership, Los Angeles, CA: SAGE, 2004.

[183] Kuenzi, M., & Schminke, M. Assembling fragments into a lens: A review, critique, and proposed research agenda for the organizational work climate literature [J]. Journal of Management, 2009, 35 (3): 634 – 717.

[184] Law, K. S., Wong, C., & Mobley, W. H. Toward a Taxonomy of Multidimensional Constructs [J]. Academy of Management Review, 1998, 23 (4): 741 – 755.

[185] Law, K. S., & Wong, C. Multidimensional Constructs in Structural Equation Analysis: An Illustration Using the Job Perception and Job Satisfaction Constructs [J]. Journal of Management, 1999, 25 (2): 143 – 160.

[186] Lee, C., Robert, L., Coaching for Authentic Leadership, In Passmore, J. (Eds), Leadership Coaching: Working with Leaders to Develop Elite Performance [M]. Replika Press Pvt Ltd. 2010, 17 – 34.

[187] Lenton, A. P., Bruder, M., Slabu, L., & Sedikides, C. How Does "Being Real" Feel? The Experience of State Authenticity [J]. Journal of Personality, 2013, 81 (3): 276 – 289.

[188] Leroy, H., Palanski, M. E., & Simons, T. Authentic leadership and behavioral integrity as drivers of follower commitment and performance [J]. Journal of Business Ethics, 2012, 107 (3): 255 – 264.

[189] Liden, R. C., & Graen, G. A. Generalizability of the Vertical Dyad Linkage Model of Leadership [J]. Academy of Management Journal, 1980, 23 (3): 451 – 465.

[190] Liden, R. C., & Maslyn, J. Multidimensionality of leader – member exchange: An empirical assessment through scale development [J]. Journal of Management, 1998, 24 (1): 43 – 72.

[191] Lowe, B. B., & Gardner, W. L. Ten years of the The Leadership Quarterly: contributions and challenges for the future [J]. The Leadership Quarterly, 2000, 11 (4): 459 - 514.

[192] Luthans, F. The need for and meaning of positive organizational behavior [J]. Journal of Organizational Behavior, 2002, 23 (6): 695 - 706.

[193] Luthans, F., & Youssef, C. M. Human, social and now positive psychological capital management: Investing in people for competitive advantage [J]. Organizational Dynamics, 2004, 33: 143 - 160.

[194] Luthans, F., &Avolio, B. J. Authentic leadership: A positive developmental approach [M]. In Cameron K. S., Dutton J E, Quinn R. E. Positive organizational scholarship. San Francisco: Barrett - Koehler, 2003.

[195] Luthans, F., Youssef, C. M., & Avolio, B. J. Psychological capital: Developing the human capital edge [M]. Oxford, U K: Oxford University Press, 2007.

[196] Luthans F., Norman, S. M., & Avolio, B. J., et al. The mediating role of psychological capital in the supportive organizational climate - employee performance relationship [J]. Journal of Organizational Behavior, 2008, 29 (2): 219 - 238.

[197] Luthans, F., Avolio, B. J., & Walumbwa, F. O., et al. The psychological capital of Chinese workers: Exploring the relationship with performance [J]. Management and Organization Review, 2005, 1: 247 - 269.

[198] Luthans, K. W., & Jensen, S. M. The Linkage between Psychological and Commitment to Organizational Mission: A Study of nurse [J]. Journal of Nursing Administration, 2005, 35 (6): 304 - 310.

[199] Madddux, J. E. Self - efficacy, adaptation, and adjustment: theory, research, and application [M]. New York: Plenum Press, 1995.

[200] Masterson, S. S. and Stamper, C. L. Perceived organizational membership: An aggregate framework representing the employee - organization relationship [J]. Journal of Organizational Behavior, 2003, 24 (5): 473 - 490.

[201] Mayes B. T. & Allen R. W. Toward a Definition of Organizational Politics [J]. Academy of Management Review, 1977, 2 (4): 672 - 678.

[202] Mintzberg, H. The Organization as political Arena [J]. Journal of Man-

agement Studies, 1985, 22 (2): 133 - 154.

[203] Moorman, R. H. , Blakely, G. L. , & Niehoff, B. P. Does perceived organizational support mediate the relationship between procedural justice and organizational citizenship behavior? [J]. Academy of Management Journal, 1998, 41 (3): 351 - 357.

[204] Mumford, M. D. , Scott, G. M. , Gaddis, B. H. , & Strange, J. M. Leading creative people: Orchestrating expertise and relationships [J]. The Leader Quarterly, 2002, 13 (6): 705 - 750.

[205] Murphy, K. R. , & Sharella, A. H. Implications of the multidimensional nature of job performance for the validity of selection tests: multivariate frameworks for studying test validity [J]. Personnel Psychology, 1997, 50 (4): 823 - 854.

[206] Myers, I. B. , & McCaulley, M. H. Manual A guide to the development and use of the Myers - Briggs Type Indicator [M]. Palo Alto Consulting Psychologists Press, 1985.

[207] Nahapiet, J. , & Ghoshal, S. Social capital, intellectual capital, and the organizational advantage [J]. Academy of Management Review, 1998, 23 (2): 242 - 266.

[208] Neider, L. L. , & Schriesheim. The Authentic Leadership Inventory (ALI) Development and empirical tests [J]. The Leadership Quarterly, 2011, 22 (6): 1146 - 1164.

[209] Netemeyer, R. G. , Johnston, M. W. and Burton, S. Analysis of Role Conflict and Role Ambiguity in a Structural Equation Framework [J]. Journal of Applied Psychology, 1990, 75 (2): 148 - 157.

[210] Oldham, G. R. , &Cummings, A. Employee creativity: Personal and contextual factors at work [J]. Academy of Management Journal, 1996, 39: 607 - 634.

[211] Perry - Smith, J. E. , & Shalley, C. E. The social side of creativity: A static and dynamic social network perspective [J]. Academy of Management Review, 2003, 28 (1): 89 - 106.

[212] Peterlin, J. , Penger, S. , & Vlado, D. Authenticleadership as the promising link between western And eastern management practices the case of slovenian company [J]. International Business & Economics Research Journal, 2009, 12

(12): 87 -98.

[213] Peterson, S. J. In search of authenticity [J]. Journal of Management Studies, 2005, 42 (5): 1083 -1098.

[214] Peterson, S. J., Walumbwa, F. O., Avolio, B. J., Hannah, S. T. The relationship between authentic leadership and follower job performance: The mediating role of follower positivity in extreme contexts [J]. The Leadership Quarterly, 2012, 23: 502 -516.

[215] Pieterse, A. N, Van Knippenberg, D, Schippers, M, et al. Transformational and Transactional Leadership and Innovative Behavior: The Moderating Role of Psychological Empowerment [J]. Journal of Organizational Behavior, 2010, 31, 609 -623.

[216] Podsakoff, P. M., MacKenzie, S. B., Lee, J. Y., & Podsakoff, N. P. Common method biases in behavioral research: A critical review of the literature and recommended remedies [J]. Journal of Applied Psychology, 2003, 88 (5): 879 -903.

[217] Pfeffer, J. Power in organizations [M]. Boston: Pitman, 1981.

[218] Rego, A., Vitória, A., Magalhães, A., Ribeiro, N., & Cunha, M. P. Are authentic leaders associated with more virtuous, committed and potent teams? [J]. The Leadership Quarterly, 2013, 24 (1): 61 -709.

[219] Rego, A., Sousa, F., Marques, A., & Cunha, M. P. Authentic leadership promoting employees' psychological capital and creativity [J]. Journal of Business Research, 2012, 65: 429 -437.

[220] Rego, A., Sousa, F., Marques, A., & Cunha, M. P. Hope and positive affect mediating the authentic leadership and creativity [J]. Journal of Business Research, 2012, 65: 429 -437.

[221] Roberts, L. M., Cha, S. E., Hewlin, P. F., & Settles, I. H. Bringing the inside out: Enhancing authenticity and positive identity in organization in Roberts, L. Morgan & Dutton, J. (Eds.) Exploring Positive Identities and Organizations: Building a Theoretical and Research Foundation [M]. Routledge Press, New York, 2009.

[222] Rotter, J. B. Generalized expectancies for internal versus external control

of reinforcement [J]. Psychological Monographs, 1966, 80 (1): 1 -28.

[223] Rosenfeld, P., Gaiacalone, R. A., & Riordan, C. A. Impression management: building and enhancing reputation at work [M]. London, Thomson Learning, 2002.

[224] Schneider, B. The people make the place [J]. Personnel Psychology, 1987, 40 (3): 437 -453.

[225] Schneider, B., Goldstein, H. W., & Smith, D. B. The ASA framework: An update [J]. Personnel Psychology, 1995, 48 (4): 747 -773.

[226] Schriesheim, C., Neider, L., & Scandura, T. Delegation and leader - member exchange: Main effects, moderators, and measurement issues [J]. Academy of Management Journal, 1998, 41 (3): 298 -318.

[227] Schminke, M., Ambrose, M. L., & Cropanzano, R. S. The effect of organizational structure on perceptions of procedural fairness [J]. Journal of Applied Psychology, 2000, 85 (2): 294 -304.

[228] Scott, S. G., & Bruce, R. A. Determinants of innovative behavior: A path model of individual innovation in the workplace [J]. Academy of Management Journal, 1994, 37 (3): 580 -607.

[229] Sedikides, C., & Strube, M. J. Self - evaluation: To thine own self be good, to thine own self be sure, to thine own self be true, and to thine own self be better. Advances in Experimental Social Psychology [J], 1997, 29: 209 -269.

[230] Sedikides, C., Gaertner, L., Luke, M. A., Mara, E. M. O., & Gebauer, J. E. A Three - tier hierarchy of self - potency individual self, relational self, collective self. In M. P. Zanna (Ed.), Advances in experimental social psychology [M]. San Diego: Elsevier Academic Press, 2013, 48: 235 -295.

[231] Seligman, M. E. P. Authentic happiness [M]. New York: Free Press, 2002.

[232] Seligman, M. E. P., & Csikszentmihalyi, M. M. Positive psychology: An introduction [J]. American Psychologist, 2000, 55: 5 -14.

[233] Shamir B., Eilam G. "What's your story?" A life - stories approach to authentic leadership development [J]. The Leadership Quarterly, 2005, 16 (3): 395 -417.

[234] Shalley, C. E., Zhou, J., Oldham, G. R. The effects of personal and contextual characteristics on creativity: Where should we go from here? [J]. Journal of Management, 2004, 30 (6): 933 -958.

[235] Shalley, C. E., Gilson, L. L. What leaders need to know: A review of social and contextua factors that can foster or hinder creativity [J]. The Leadership Quarterly, 2004, 15: 33 -53.

[236] Shin S. J, Zhou Jing. Transformational leadership, conservation, and creativity: evidence from Korea [J]. Academy of Management Journal, 2003, 46 (6): 703 -714.

[237] Smith, D. B. The People make the Place. Mahwah [M]. NJ: Lawrence Erlbaum Associates, 2008.

[238] Snyder, C. R., & Lopez, S. J. (Eds.). The handbook of positive psychology [M]. New York: Oxford University Press, 2002.

[239] Spreitzer, G. M. Psychologicalempowerment in the workplace: Dimensions, measurement, and validation [J]. Academy of Management Journal, 1995, 38 (5): 1442 -1465.

[240] Spreitzer, G. M., Janasz, S. C., & Quinn, R. E. Empowered tolead: The role of psychological empowerment in leadership [J]. Journal of Organizational Behavior, 1999, 20 (4): 511 -526.

[241] Spreitzer, G. M., Sutcliffe, K., Dutton, J. E., Sonenshein, S., & Grant, A. M. A socially embedded model of thriving at work [J]. Organizational Science, 2005, 16 (5): 537 -550.

[242] Stajkovic, A. D., & Luthans, F. Self - efficacy and work - related performance: A meta - analysis [J]. Psychological Bulletin, 1998, 124 (2): 240 -261.

[243] Stajkovic, A. D. Development of a core confidence higher - order constructs [J]. Journal of Applied Psychology, 2006, 91 (6): 1208 -1224.

[244] Stamper, C. L., & Masterson, S. S. Insider or Outsider? How Employee Perceptions of Insider Status Affect Their Work Behavior [J]. Journal of Organizational Behavior, 2002, 23 (8): 875 -894.

[245] Stein, M. I. Creativity and culture. In R. Mooney & T. Razik (Eds.),

Explorations in creativity [M]. New York: Harper, 1967: 109 –119.

[246] Sternberg, R. J. , & Lubart, T. I. Investing in creativity [J]. American Psychologist, 1996, 51 (7): 27 –38.

[247] Sternberg, R. J. Handbook of creativity [M]. New York: Cambridge University Press, 1999.

[248] Sternberg, R. J &Vroom, V. The person versus the situation in leadership [J]. The Leadership Quarterly, 2002, 13: 301 –323.

[249] Sternberg, R. J, Kaufman, J. C. , & Pretz, J. E. A propulsion model of creative leadership [J]. The Leadership Quarterly, 2003, 14: 455 –474.

[250] Stogdill, R. M. Handbook of leadership: A survey of the literature [M]. New York: Free Press, 1974.

[251] Stone E F. The moderating effect of work – related values on the job scope – job satisfaction relationship [J]. Organizational Behavior and Human Performance, 1976, 15 (2): 147 –167.

[252] Sweetman, D. , Avey, J. B. , & Luthans, F. Relationship between Positive Psychological Capital and Creative Performance [J]. Canadian Journal of Administrative Sciences, 2011, 28 (1): 4 –13.

[253] Tate, B. A Longitudinal Study of the Relationships among Self – Monitoring, Authentic Leadership, and Perceptions of Leadership [J]. Journal of Leadership and Organizational Studies, 2008, 15 (1): 16 –29.

[254] Thomas, K. W. , & Velthouse, B. A. Cognitive elements of empowerment: An lnterpretive model of intrinsic task motivation [J]. Academy of Management Review, 1990, 15 (4): 666 –681.

[255] Tierney. P. , Farmer, S. M. , & Graen, G. B. An examination of leadership and employee creativity: The relevance of traits and relationships [J]. Personnel Psychology, 1999, 52 (3): 591 –620.

[256] Tierney, P. Work's relations as a precursor to a psychological climate for change: The role of work group supervisors and peers [J]. Unpublished dissertation, University of Cincinnati, 1999.

[257] Tierney, P. , & Farmer, S. M. Creative Self – efficacy: Its potential antecedents and relationship to creative performance [J]. Academy of Management Re-

view, 2002, 45 (6): 1137 – 1148.

[258] Toor, S., & Ofori, G. Authenticity and its influence on psychological well – being and contingent self – esteem of leaders in Singapore construction sector [J]. Construction Management and Economics, 2009, 27, 299 – 313.

[259] Treadway, D. C., Hochwarter, W. A., Ferris, G. R., Kacmar, C. J., Douglas, C., Ammeter, A. P., & Buckley, M. R. 2004. Leader political skill and employee reactions [J]. The Leadership Quarterly, 15: 493 – 513.

[260] Trilling, L. Sincerity and authenticity [M]. Cambridge, MA: Harvard University Press, 1971.

[261] Tuttle, M. D. True north or traveled terrain? An empirical investigation of authentic leadership [D]. University of South Florida Doctor Paper, 2009.

[262] Van Seters, D. A, &Field, R. H. G. The evolution of leadership theory [J]. Journal of Organizational Change Management [J]. 1990, 3 (3): 29 – 45.

[263] Valsania, S. E., León, J. A. M., Alonso, F. M., & and Cantisano, G. T. Authentic leadership and its effect on employees' organizational citizenship behaviors [J]. Psicothetna, 2012, 24 (4): 561 – 566.

[264] Viswesvaran, C., & Ones, D. S. Perspectives on models of job performance [J]. International journal of selection and assessment, 2000, 8 (4): 216 – 224.

[265] Wallas, G., The art of thought [M]. London: Cape, 1926.

[266] Walumbwa, F. O., Avolio, B. J., Gardner, W. L., et al. Authentic leadership: development and validation of a theory – based measure [J]. Journal of Management, 2008, 34 (1): 89 – 126.

[267] Walumbwa, F. O., Avolio, B. J., & Zhu, W. How transformational leadership weaves its influence on individual job performance: The role of identification and efficacy beliefs [J]. Personnel Psychology, 2008, 61 (4) : 793 – 825.

[268] Walumbwa, F. O., Wang, P., &Wang, H et al. Psychological processes linking authentic leadership to follower behaviors [J]. The Leadership Quarterly, 2010, 21 (5): 901 – 914.

[269] Walumbwa, F. O., & Schaubroeck, J. Leader personality traits and employee voice behavior: Mediating roles of ethical leadership and work group psychological safety [J]. Journal of Applied Psychology, 2011, 94 (5): 1275 – 1286.

[270] Walumbwa, F. O., Luthans, F., Avey, J., & Oke, A. Authentically leading groups: The mediating role of collective psychological capital and trust [J]. Journal of Organizational Behavior, 2011, 32 (1): 4-24.

[271] Walumbwa, F. O., Han, Y., Hartnell, C. A., & Zhang, Z. Authentic Leadership and Employee Creativity: A Multilevel Investigation [C]. The 27th Annual Conference of the Society for Industrial and Organizational Psychology. April 26-28, San Diego, CA, 2012.

[272] Wang, H., Law, S. K., Hackett, R., Wang, D. X., and Chen, Z. X. Leader-Member Exchange as a Mediator of the relationship between transformational leadership and followers' performance and organizational citizenship behavior [J]. Academy of Management Journal, 2005, 48 (3): 420-432.

[273] Weischer, A. E., Weibler, J., & Petersen, M (in press). "To thine own self be true": The effects of enactment and life storytelling on perceived leader authenticity [J]. The Leadership Quarterly, 2013.

[274] Welbourne, T. M., & Johnson, D. E., & Erez, A. The role-based performance sacle: validity analysis of a theory-based measure [J]. Academy of Management Journal, 1998, 41 (5): 540-555.

[275] Wherry, H. M. S. Authentic leadership, leader-member exchange, and organizational citizenship behavior: A multilevel analysis [D]. University of Nebraska-Lincoln Doctor Paper, 2012.

[276] Williams, L. J., & Anderson, S. E. Job satisfaction and organizational commitments as predictors of organizational citizenship and in-role behaviors [J]. Journal of Management, 1991, 17 (3): 601-617.

[277] Wood, A. M., Linley, P. A., Maltby, J., Baliousis, M., & Joseph, S. The authentic personality: A theoretical and empirical conceptualization and the development of the authenticity scale [J]. Journal of Counseling Psychology, 2008, 55: 385-399

[278] Wood, G. M. Authentic leadership: Do We Really Need another Leadership Theory? [D]. A Doctor dissertation in George Mason University, 2007.

[279] Wong, C., & Cummings, G. Authentic leadership: A new theory for nursing or back to basics? [J] Journal of Health Organization and Management, 2009

(a), 23: 522 -538.

[280] Wong, C. A., & Cummings, G. G. The influence of authentic leadership behaviors on trust and work outcomes of health care staff [J]. Journal of Leadership and Organizational Studies, 2009 (b), 3 (2): 6 -23.

[281] Woodman, R. W, Sawyer, J. E., &Griffin, R. W. Toward a theory of organizational creativity [J]. Academy of Management Review, 1993, 18 (2): 293 -321.

[282] Yammarino, F. J, Dionne, S. D, Chun, J. Uk., & Dansereau, F. Leadership and levels of analysis: A state - of - the - science review [J]. The Leadership Quarterly, 2005, 16 (4): 879 -919.

[283] Yammarino, F., Dionne, S., Schriesheim, C., & Dansereau, F. Authentic leadership and positive organizational behavior: A meso, multi - level perspective [J]. The Leadership Quarterly, 2008, 19 (6): 693 -707.

[284] Yukl, G. Managerial Leadership: A Review of Theory and Research [J]. Journal of Management, 1989, 15 (2): 251 -289.

[285] Zaleznik, A. Managers and leaders: Are they different? [J]. Harvard Business Review, 1977, 67 -78.

[286] Zhang, J. X., & Schwarzer, R. Measuring optimistic self - beliefs: A Chinese adaptation of the General Self - efficacy Scale [J]. Psychologia, 1995, 38 (3): 174 -181.

[287] Zhang, X. M., & Bartol, K. M., Linking Empowering Leadership and Employee Creativity: The Influence of Psychological Empowerment, Intrinsic Motivation, and Creative Process Engagement [J]. Academy of Management Journal, 2010, 53 (1): 107 -128.

[288] Zhou, J., & George. J. M. When job dissatisfaction leads to creativity: Encouraging the expression of voice [J]. Academy of Management Journal, 2001, 44 (4): 682 -696.

[289] Zhou, J., George, J. M. Awakening employee creativity: The role of leader emotional intelligence [J]. The Leadership Quarterly, 2003, 14: 543 -568.

[290] Zhou, J., & Shalley, C. E. Research on employee creativity: A critical review and directions for future research [J]. Research in personnel and Human re-

sources and management, 2003, 22: 165 – 217.

[291] Zhou, J., & Oldham, G. R. Enhancing creative performance: Effects of expected developmental assessment strategies and creative personality [J]. Journal of Creative Behavior, 2001, 35: 151 – 167.